因果漫步

李廉 刘礼 杨矫云 廖军 著／梁知音 绘

机械工业出版社
CHINA MACHINE PRESS

本书介绍了人们关于因果分析和因果推断认知的历史脉络与现代发展。主要内容分为 4 章，第 1 章介绍了因果概念的历史发展，重点阐述中国古代贤达对于这一问题的精辟理解，以及古希腊科学家对于因果关系认知所做的基础性贡献。文艺复兴以后，诸多科学家在这个问题上的逐步深入研究，给予了因果关系以现代科学的描述方式。第 2 章介绍当前因果分析与推断的一些理论和方法，主要介绍了 2011 年图灵奖得主朱迪亚·珀尔有关求解因果关系的理论框架和计算方法，这些方法已经成为当前因果科学的主流模型之一。第 3 章专门讨论了因果分析的一些重要而有趣的问题，包括如何识别抽烟对于肺癌的影响，以及其中延续几十年的争论，介绍了在具体问题中如何确定实际原因，这些实际原因经常具有独特性而被"一般的"因果分析方法所忽略，但在医疗、司法和决策中至关重要。最后在第 4 章，介绍了当前机器学习和人工智能的一个新发展趋势，就是如何将因果分析与机器学习进行"嫁接"，从而产生性能更加优越、更加近似于人类思维的人工智能。

本书是一本普及性读物，适合本科生及研究生，也适合从事数据科学和人工智能工作的专业人员阅读，同时对于希望了解因果科学的爱好者也是一本很好的入门书籍。

图书在版编目（CIP）数据

因果漫步/李廉等著；梁知音绘. —北京：机械工业出版社，2023.7
ISBN 978-7-111-73209-9

Ⅰ.①因…　Ⅱ.①李…②梁…　Ⅲ.①因果性-研究　Ⅳ.①B025.5

中国国家版本馆 CIP 数据核字（2023）第 096420 号

机械工业出版社（北京市百万庄大街 22 号　邮政编码 100037）
策划编辑：梁　伟　　　　　责任编辑：梁　伟
责任校对：张爱妮　王　延　责任印制：刘　媛
北京中科印刷有限公司印刷
2023 年 11 月第 1 版第 1 次印刷
148mm×210mm · 10.125 印张 · 3 插页 · 242 千字
标准书号：ISBN 978-7-111-73209-9
定价：89.00 元

电话服务　　　　　　　　　网络服务
客服电话：010-88361066　机 工 官 网：www.cmpbook.com
　　　　　010-88379833　机 工 官 博：weibo.com/cmp1952
　　　　　010-68326294　金 书 网：www.golden-book.com
封底无防伪标均为盗版　机工教育服务网：www.cmpedu.com

人类对于因果和因果关系的探索与追求，自人类文明起源开始，一直延绵至今。从上古时代人们对于动物活动规律的认知，到现代人们对于各种现象之间本质联系的挖掘，因果关系贯穿了其中的每一个环节。当前，几乎所有学科的研究内容都离不开对因果关系的分析，因果关系成为当代科学的基石之一。

但令人深思的是，这样一个重要的基础概念，长时间以来却一直处于朦胧和神秘的状态。几千年来，人们一直通过经验和直觉来理解因果关系，从而形成了所谓的常识因果知识，直到20世纪初叶，仍然能够看到有关因果关系的一些模糊的，甚至是相互矛盾的叙述。概念的含糊性和歧义性，并不影响人们在各种场合毫无顾忌地谈论因果关系，但同时也难免会让人们陷于各种各样的争论。这种现象在现代科学中即使不是绝无仅有的，也是极为个别的。

这种混乱的场面，到了100多年前才开始得到扭转，在耶日·内曼和罗纳德·费希尔等人的共同推动下，对于因果关系的理解开始走向了科学的道路，因果关系这个充满谜团的神奇之物变得逐渐清晰起来。用数学和统计学的语言描述因果和因果关系，终于使人们可以在一个共同认可的基础上讨论因果关系。正如马克思所说："一种科学只有在成功地运用数学时，才算达到了真正完善的地步。"对于因果关系的科学表述使因果关系从一个"自然之物"一跃成为"科学之物"，并且在众多学科领域的研究中获得巨大成功，特别是医学、经济学、心理学、生态学、管理学等这些不便做随机对照试验的学科。到目前为止，已经在绝大多数学科中发现了因果关系的成功应用，并且借助计算机科学和人工智能的推动，因果关系正在焕发新的青春和力量。尽管还有一些质疑的声音，但是总的趋势已经向着光明的未来前进。

这本《因果漫步》将带我们开启这段因果认知启蒙和发展的漫步之旅，去感知人们对于因果关系的理解在历史长河中如何一步步地发生变化，以及因果关系是如何成为一个科学的研究对象的。在这个过程中，许多科学家做出了重要贡献，使得因果关系从一个有些玄奥的哲学概念变为可以分析、计算、评价和比对的学术概念，同时借助各种精巧的算法，还使得我们可以在复杂的环境变量中知道应该做什么和怎样去做，并由此得到关于因果关系的具体结论。总而言之，科学使得人们在关于因果关系的认知和应用上产生了巨大的飞跃。

有两个贯穿全书的重要概念：因果效应和因果关系。因果效应指的是原因变量对于结果变量的影响程度，而因果关系指的是这个程度超越了设定的阈值，具有了显著性。两个概念之间相互联系而又有所区别。因果效应是客观存在的，具有数量上的刻画，而因果关系则是根据问题的需要和对问题的理解而主观设定的。因果效应使得因果关系具备了量化性质，而可量化的因果关系是现代因果关系研究的重要标志。当前普遍用概率统计的语言来描述因果效应，因为一个原因有时导致结果出现，有时可能不导致，即因果的发生是一个概率现象。常识因果论一般认为"有因必有果"，即原因必然导致结果，但是现实世界是复杂的，在人们可以观察的世界中，因果并不是必然发生的，而是"固然"发生的（金岳霖语），因此概率化的因果关系描述更加符合客观实际，也比常识因果更为科学。只有使用了科学的观察手段和描述方法，因果理论才能真正成为人们认知世界的工具，进而成为不同学科增添新方法的源头和做出新发现的利器。

现实世界是复杂的，需要面对的因果分析问题通常是一个庞大的系统，从中既简明又准确地给出有关因果关系的结论是一个十分有意义却困难的任务。例如一场山火，导致其发生的原因有很多，其中主要有两个：一个是火种的存在，一个是氧气的存在。但是氧气这个原因显然不是因果分析所要针对的目标，更需要针对的是那些不常发生的事情，也就是火种。毫无疑问，因果分析应该符合人们潜在的期望，但是这种期望经常处于一种朦胧和不清晰的状态，有时候人们希望因果分析告诉人们自己都说不清楚的结果，这就导致了因果分析天生就具有某种非计算性质和不确定性。全面的不分巨细的因果分析似乎并不是人们所追求的，试想一下，导致一场山火的原因多如牛毛，例如温度、水汽、植被分布、风向、风力等，如果机器真的开列了 1000 条理由（这是经常有的），这可不是什么好事，实际上只要知道一条，即火种的来源。那么我们追求的目标究竟是什么，如何向计算机描述我们的期冀（这经常因为目标的不同而不同），成为因果分析中一个极其特别的问题，这也使得因果分析始终无法脱去哲学的外衣而成为一个纯粹的学术问题。

2021 年的诺贝尔经济学奖与 2022 年的诺贝尔物理学奖都与因果关系有关，2021 年的经济学奖授予三位在美国工作的经济学家，分别是加州大学伯克利分校的大卫·卡德、麻省理工学院的乔舒亚·安格里斯特，以及斯坦福大学的吉多·因本斯，在颁奖词中，对卡德教授的表彰是"对劳动经济学的经验性贡献"，而对安格里斯特教授和因本斯教授的表彰则是"对因果关系分析的方法学贡献"。卡德教授正是应用了因果分析方法解决了劳动经济学的诸多问题，这是因果分析在经济学中成功应用的卓越案例。2022 年诺贝尔物理学奖授予法国科学家阿兰·阿斯佩、美国科学家约翰·克劳泽和奥地利科学家安东·塞林格，以表彰他们"用纠缠光子进行的实验，证伪了贝尔不等式，并开创了量子信息科学"的贡献。他们用实验说明，在量子世界里，"决定论"并不成立，因此以"决定论"为基础的因果论也不成立，但是这并不意味着在宏观世界范围里的因果论的终结，因为微观世界和宏观世界之间横亘着一道墙，在墙的两边有着完全不同的风景。尽管从理论上讲，可以通过描述每一个量子的行为来描述宏观物体的行为，但是实际上，这既不可能也无必要。人类几百年来建立的描述宏观世界的原理依然有效并且简明，因果关系依然是描述这个日常世界的基本法则。当然，从量子世界到宏观世界，随机论如何过渡到因果论，即因果涌现的问题，是当前人们关心的一个热点问题。

本书总共分为 4 章，第 1 章讲述了人类对于因果关系认知的发展历史脉络，特别是中国的古代先贤们对于因果关系的朴素理解和精辟表述，比如战国时期的哲学家墨子提出的"二故说"，描述了原因的充分性和必要性，早于亚里士多德的"四因说"。苏格兰哲学家休谟于 18 世纪提出类似的对于因果关系的表述，已经相差 2000 多年了。文艺复兴以后，诸多科学家在这个问题上的研究逐步深入，从古代的直觉主义过渡到现代的科学认知。人类天生就具备因果抽象能力，但是要将因果形成一门科学却并不容易，其中一些过程耐人寻味。第 2 章主要介绍了当代因果关系的基本理论和分析方法，这些介绍主要基于 2011 年图灵奖得主朱迪亚·珀尔提出的关于因果分析的框架，同时也介绍了其他的一些理论与流派。珀尔所开创的因果分析框架具有算法性特点，适合在计算机上予以实现，当然，与其他理论相比也各有优缺点，需要取长补短，综合应用。第 3 章介绍了因果论中一些颇为有趣的专题，通过吸烟是否导致肺癌的争论案例，讨论了在复杂背景下如何通过有效地处理各种因素而找出真正起关键作用的原因。介绍了处理因果关系的几种观点以及统计因果分析的三大方法，即断点回归、双重差分和倾向得分匹配。讨论了如何根据问题性质去确定和获取所需要的实际原因，这些实际原因经常因具有独特性而被"一般的"因果分析方法所忽略，但在医疗、司法和决策中至关重要。第 3 章还介绍了在不完美实验中如何正确评估因果关系，这在观察和实验研究中是经常遇到的。第 4 章专门讨论了因果分析与机器学习的关系，这在人工智能中是一个躲避不开且亟须解决的关键问题，通过将因果分析引入机器学习，可以创造出更加"聪明"的智能体，并使其行为更加类似人类智能。因果分析与机器学习的"联姻"，正在催生新一代的智能技术，并引发第二次因果革命。

写一本具有普及性质的"漫步型"书籍，对于我们来讲是一种全新的经历，其中有许多挫折和起伏，对于因果关系的学术理解并不足以胜任这样的一本书的编写，熟悉内容是一回事，能够给读者通俗地讲出来并讲好是另一回事。我们尽力处理好科学性与通俗性的平衡，但难免存在不当或遗漏之处，恳请读者批评指正。

十分感谢北京大学李晓明教授在本书写作过程中自始至终给予的鼓励和支持，感谢北京大学耿直教授、浙江大学吴飞教授、广东工业大学蔡瑞初教授对本书提出的许多有益建议，使我们进一步明确了这本书的基调和内容。感谢梁知音老师细心地为本书创作了插图，使得这本书增色不少。正是在他们的支持下，本书才得以出版，希望读者能够通过阅读本书受益，增强对于因果关系研究的兴趣。

作　者

2023 年 3 月

目 录

前言

第1章　如何认识世界 ……………………………………………… 1

1.1　因果概念的产生及意义 ……………………………………… 1

　　1.1.1　因果关系与认知 ………………………………………… 1

　　1.1.2　常识因果与科学因果 …………………………………… 5

　　1.1.3　因果关系的分析与推断 ………………………………… 11

　　1.1.4　因果关系的黄金法则 …………………………………… 17

1.2　从逻辑到因果 ………………………………………………… 20

　　1.2.1　因果的逻辑基础 ………………………………………… 20

　　1.2.2　亚里士多德的"四因说" ……………………………… 23

1.3　中国古代的因果观念 ………………………………………… 26

　　1.3.1　墨学的因果必然 ………………………………………… 27

　　1.3.2　道学的因果分层 ………………………………………… 29

　　1.3.3　佛学的因果缘起 ………………………………………… 32

1.4　对于因果科学的追求 ………………………………………… 36

　　1.4.1　因果关系的重生 ………………………………………… 36

　　1.4.2　因果关系数学模型的引入 ……………………………… 41

　　1.4.3　因果关系的现代诠释 …………………………………… 47

　　1.4.4　珀尔的因果分析框架 …………………………………… 55

1.5　本章结束语 …………………………………………………… 60

第 2 章　因果关系——决策与反思 ·········· 62

2.1　什么是混杂 ·········· 64

2.2　如何表示因果关系 ·········· 66

   2.2.1　因果结构图 ·········· 66

   2.2.2　因果结构图中的关系传递 ·········· 70

   2.2.3　因果关系量化 ·········· 74

   2.2.4　因果关系与概率 ·········· 76

   2.2.5　因果结构图与贝叶斯网络 ·········· 78

2.3　如何从观察数据中识别因果结构 ·········· 82

   2.3.1　为什么可以识别因果结构 ·········· 82

   2.3.2　识别因果结构的基本假设 ·········· 83

   2.3.3　识别因果结构的方法：以 IC 算法为例 ·········· 86

   2.3.4　识别因果结构的方法：评分优化 ·········· 90

   2.3.5　统计时间与物理时间 ·········· 92

2.4　如何估计因果效应 ·········· 94

   2.4.1　什么是干预 ·········· 94

   2.4.2　如何在因果结构图中表示干预 ·········· 95

   2.4.3　为什么可以利用观察数据估计干预的效果 ·········· 97

   2.4.4　观察数据校正与随机对照试验 ·········· 100

   2.4.5　校正变量的筛选——后门准则 ·········· 106

   2.4.6　结构方程与因果效应 ·········· 109

   2.4.7　线性系统中的因果效应估计 ·········· 110

   2.4.8　工具变量与工具变量悖论 ·········· 114

2.5　如何实现个体反思 ·········· 119

   2.5.1　什么是反事实 ·········· 119

2.5.2 反事实与干预的关系 ·············· 121

2.5.3 反事实与最邻近世界 ·············· 124

2.5.4 反事实推断的基本过程 ·············· 127

2.5.5 反事实推断与校正公式 ·············· 129

2.5.6 线性系统中的反事实 ·············· 130

2.5.7 直接原因和间接原因 ·············· 133

2.6 因果分析的待解问题 ·············· 138

2.6.1 亚群反转 ·············· 138

2.6.2 抽样偏差与变量选择 ·············· 140

2.6.3 假设检验 ·············· 143

2.6.4 因果区域 ·············· 146

2.7 本章结束语 ·············· 149

第3章 现实世界与实际原因 ·············· 151

3.1 究竟哪个是原因 ·············· 151

3.1.1 从吸烟致癌谈起 ·············· 151

3.1.2 因果解释 ·············· 159

3.1.3 特异因果和一般因果 ·············· 164

3.1.4 必要原因与充分原因 ·············· 168

3.2 因果关系效应估计 ·············· 175

3.2.1 诺贝尔奖的故事——因果关系可识别性 ·············· 175

3.2.2 断点回归 ·············· 178

3.2.3 双重差分 ·············· 186

3.2.4 倾向得分匹配 ·············· 191

3.3 不完美实验中的因果估计 ·············· 197

3.3.1 不完美实验问题 ·················· 197

3.3.2 不完美实验因果图 ················ 199

3.3.3 意向性因果分析 ·················· 201

3.3.4 不完美实验的边界估计 ·········· 203

3.4 关于实际原因的困惑 ·················· 205

3.4.1 什么是实际原因 ·················· 206

3.4.2 如何确定实际原因 ················ 208

3.4.3 因果抢占 ························ 214

3.4.4 过度确定 ························ 216

3.5 本章结束语 ···························· 219

第4章 机器学习与因果分析 ·················· 221

4.1 机器学习的神话 ······················ 221

4.1.1 什么是机器学习 ·················· 222

4.1.2 机器学习的起源和历史 ·········· 224

4.1.3 机器学习的趋势和未来 ·········· 228

4.2 大数据时代的信任危机 ················ 229

4.2.1 到底需要多大量的数据呢 ········ 230

4.2.2 为什么数据质量很重要 ·········· 231

4.2.3 统计数据也会说谎吗 ············ 234

4.2.4 机器学习模型稳健吗 ············ 242

4.2.5 结果可解释吗 ···················· 251

4.3 从因果关系中寻求突破 ················ 270

4.3.1 因果机器学习 ···················· 271

4.3.2 因果发现 ························ 282

　　　　4.3.3　因果模型对机器学习的意义 ···················· 287

　4.4　下一代人工智能 ···················· 293

　　　　4.4.1　因果建模的层次 ···················· 294

　　　　4.4.2　因果之梯——构筑稳固的基石 ···················· 300

　4.5　本章结束语 ···················· 306

参考文献 ···················· 309

第1章 如何认识世界

1.1 因果概念的产生及意义

1.1.1 因果关系与认知

人类的科学发展史可以归纳为，通过观察和实验发现各种现象之间的内在联系，提高对于未来变化及新生事物的解释和预测能力，建立人类发展所需要的知识图谱与科学架构。这种追求已经陪伴了人类上千年，只是在现代科学之光的照耀下，人类付出的努力才取得丰硕的回报，因果关系及其背后所表现的思想就是其中一颗璀璨的明珠。

德国物理学家马克斯·普朗克（1858—1947）认为"科学是内在的整体，它被分解为单独分支不是由于事物的本质，而是由于人类认识能力的局限性。实际上存在着由物理到化学，再通过生物学和人类学到社会学的连续链条，这是一个任何一处都不能断裂的链条"[1]。自然科学与社会科学的研究内容覆盖了这个链条，因果关系作为这个链条的黏合剂，为人们理解和预测世界万物提供了一套系统的理论和方法。

人们所处的自然界是一个系统，一个系统就是个体对象之间通过聚合和关联形成的整体，可以达到协调和平衡。系统的存在、演变、发展和灭失都是需要人们不断去研究的课题。自然界、社会经济和各类工程都是系统的典型实例。在一个系统中，人们特别关注现象以及现象与现象之间的关系。一般而言，系统内部的现象不是孤立存在的，而是相互依赖的，一个现象的出现必然导致另外的现象的出现，由此形成了系统内部生生不息的变化。人类从具有意识开始，就对这种支配系统（最直接的当然是自然系统）内部的规律有着持之以恒的探索热情，希望借此能够洞悉自然界内部的变化规律，从而掌握生产和生活的主动权，不再成为匍匐于自然脚下的"奴隶"。人们把这种支配自然系统中现象与现象之间关系的规律称为因果关系。这种探索已经持续了几千年，但是直到最近几十年，人们才能够围绕其中的因果关系科学地谈论一些问题，并且将结论用于预测和指导人们未来的行为。

因果关系是人类文化中最具有基础性，也是最伟大的发明之一。因果关系作为一种黏合剂，成功地把自然系统中繁杂错综、五花八门的各种现象铆接在一起，使它们显得井然有序，各种表面上全然不同的现象在因果的解释下变得顺理成章、错落有致。一个有组织的科学体系显然与有组织的社会一样重要，因为只有在了解我们知道什么、不知道什么的情况下，科学才能进步，社会才能发展。因果关系就是帮助我们去了解自然系统的工具。

因果是对客观现象之间关系的主观整理，自然界的现象很多，从量子到宇宙，具有不同量级的尺度。一般而言，因果关系是指同尺度现象之间的关系，很少有跨尺度的因果关系。例如对于疾病的研究，一般是从分子水平或者病菌水平考察与疾病的关系，尽管从根本上说，疾病总是与物质的量子行为有关，但是因果关系不会从这个角度来研究。这种在同尺度下比较的相互关系奠定了因果关系的基石。历史上，人们对于因果关系的整理并不是一帆风顺的，其中也发生过重大错误，例如托勒密的地心说，在一段时期内确实也完满地解释了日出的原因，但是最终随着新的天文学发现而被推翻。再如热素说，从因果的角度很好地描述热力学的一些现象，也曾经在热力学领域占据主流地位，但随后由于科学的进步，热素说也就销声匿迹了。这些历史的陈案说明，定义因果关系是一件复杂的事情，任何能够自圆其说的解释都有可能被当作规律。但是在因果关系的实质性研究中，什么是原因，什么是结果，究竟是单原因还是多原因，如何找出真正的原因，一直是科学研究所探索的重要目标，当代科学被划分为不同的学科，绝大多数学科的研究可以看作寻找因果关系。

谈到事件尺度问题，还有一个十分有趣的现象：在不同的尺度上，因果关系会表现为不同的形式。根据现在的主流观点，在量子层面上，因果关系就表现为很不一样的形态，甚至有人认为量子行为完全是随

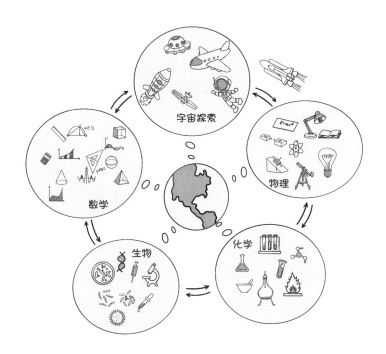

机的，而不是因果的。从如此小的尺度逐步演化为人类可以感知的宏观尺度，在这一过程中，人们所熟悉的因果关系出现了，这个现象称为"因果涌现"，至今仍然是科学之谜[2]。当代物理学的研究表明，物质结构在尺度上和能量上都呈现不同的层次，最微小（也是能量最高）的层次是粒子物理学（也称为高能物理学），再高一些的层次就是原子物理学和分子物理学。原子或分子聚集起来构成了不同的聚集相：气相、液相和固相，大尺度的固体与流体构成了岩石、土壤、河流、山脉、湖泊、海洋及大气等，而细胞、器官、植物、动物及人体构成了生物学的研究对象。这里所说的因果关系主要描述的是在这一个层面发生的事情。如果将物质研究的空间尺度继续扩大，就到了宇宙学的领域，包括黑洞、星系、星系团，这里面的因果是否继续得以成立，是否可以有完美理论合理地解释和说明人们已经观测到的现象，都尚不可知。不同的层次下有着不同的因果关系，它们之间的研究也呈现了不同的内容和特点[3]。

正是因为因果关系有着如此的性质，围绕因果关系才产生了两种不同的观点。一种是以拉普拉斯提出的"决定论"以及爱因斯坦等提出的"隐变量理论"为代表的观点，认为因果关系是具备确定性的，因必然导致果，其中出现的一些误差或者不确定性是由未知变量（隐变量）造成的。另一种是以海森堡提出的"不确定论"为代表的观点，认为因果关系本身就是不确定的，因此是不可预测的。两种观点在微观领域和宏观领域各有很好的展现。本书采用"决定论"的说法，因为它所包含的观点和工具对于我们研究这个现实世界的确能够有很好的帮助。举例来说，在"决定论"中，用方程 $Y=f(X,U)$ 描述了原因变量 X 对于结果变量 Y 的影响，U 称为协变量，该方程使原因变量与结果变量之间的关系具备了可解释性。而在"不确定论"的观点下，这样的方程难以获取，即使写出这样的方程，方程本身也缺乏可解释性。拉普拉斯和爱因斯坦的观点更符合人类的直觉，一些深奥的量子力学实验与"决定论"的预测相冲突，引发了人们的惊讶和深思，但是在我们周围世界的尺度上，倾向是维护和解释这些因果直觉，而不是否定和破坏它。

在人类所建造的科学大厦中，因果关系把各种具有相异性的现象整合得井然有序，富有层次性和逻辑性。从宇宙发生大爆炸的那一刻起，由于温度和压力的出现，必然随之产生大量的基本粒子（夸克），由此继续产生中子、质子等次级粒子，继而产生原子和分子，后来又在各种复杂的环境条件下，沿着因果路线产生人类自身以及赖以生存的环境和社会，再产生人类的未来。在因果的思想下，今天的一切都是在大爆炸的那一刻确定的，而未来又是由今天的状态决定的（包括统计学足以应付的某些不确定性）。由此一来，所有的事物和现象都在因果规律的支配下，有次序地演化和发展，如果能够把握这种因果规律以及宇宙最初的状态参数，就能够把握整个宇宙的发展规律。在这种激动人心的思想的照耀下，人类进行了持之以恒的探索，牛顿定律、麦克斯韦方程组、爱因斯坦场方程、哈勃定律等，都是闪耀着智慧光芒的产物，借助于这些产物，人类摆脱了对于自然现象和规律的茫然无知，从而能够更好地掌握自身的命运，正所谓"从天而颂之，孰与制天命而用之"。

1.1.2　常识因果与科学因果

在这样一个景色优美，同时也略显神秘的"因果田园"中漫步，还是需要从最基本也最自然的地方出发，也就是人们对于因果关系的常识性认识，或者说习惯性认识。

所谓常识性认识指的是在日常生活中所运用的知识，这些知识是朴素的，却是指导人们行动的原则，尽管当代科学已经能够在很多细节上解释人们遇到的问题，但是在实际生活中，人们还是习惯于使用直觉而不是数学推导来决定要干什么。如果问题不是太复杂，那么利用常识认知就能够应对自如。一个好的、正确的科学理论往往与人们的直觉高度契合，这一点是令人深思的。为什么常识性的因果知识会适应大多数情况？又为什么在一些稍显复杂的问题中，常识认知与科学认知之间会出现那么大的裂痕？本书试图在因果这个领域里去阐述这些问题，并从中得出一些深刻的结论。

中国古代就有"瑞雪兆丰年"的说法，是说如果冬天下了大雪，那么来年秋天就会有好的收成。古希腊时期的哲学家泰勒斯（约公元前624年—公元前546年）能够通过观察星象，预见来年橄榄要大丰收。这说明古代的人们已经在自觉地应用因果关系预测未来可能出现的现象（尽管现在看来有些地方显得牵强），类似的例子古今中外比比皆是。在科学体系中，人们采用因果关系作为整理和阐述科学知识的工具，并因此取得巨大成功。但是这段路程走起来却是漫长的，本书将在后面的篇幅中，逐步展开对于这一过程的寻求。

因果关系从幼儿产生朦胧的意识开始就伴随而生了，比如幼儿通过实践知道如果触摸了火就会被燎伤，从而建立了火与疼痛之间的因果关系。人类就是这样一步步地通过各种因果关系理解所处的世界的。这种常识性的因果关系一般可以总结为两条原则以表示现象 A 是现象 B 的原因：①A 先于 B 发生；②如果 A 发生，B 必然发生。在很多情况下只要满足这两条就认为具有因果关系，但有时还需要加上第三条：如果 A 不发生，则 B 也不发生（第三条有些特殊，本质上属于讨论原因的必要性）。这些原则是在日常生活中用来判断因果关系的

"铁律"，看起来也是很自然、没有问题的。但是以现在的科学观点来仔细裁量，还是存在问题的。公鸡打鸣与日出的关系符合第一、二两条，但是显然不能说公鸡打鸣是日出的原因。一个人吃了腐败的食物，同时又受凉得了病，不能因为即使不吃腐败食物也会因为受凉而得病

瑞雪兆丰年，明年的谷仓需要扩建了……

看这星象，明年橄榄要丰收，我需要多投资几个榨油坊……

这一事实，就断言吃了腐败食物不是得病的原因。常识性的因果关系使用起来方便顺手，并且在大多数情况下并不会出错，但是其问题在于缺乏一致性，100 个人就会有 100 种对于因果关系的不同理解。借助现代科学分析所用到的工具，具体地说就是数学（包括代数学、统计学和信息论等），就可以详细定义什么叫作因果关系，并科学地分析和确定因果关系。在这里我们丝毫没有贬低常识因果认知的意义，相反十分尊重这种认知，因为它陪伴了人类对于自然几千年的探索过程，并且取得了巨大的成功，使得我们现在可以从容地在书斋里谈论什么是因果关系。

再回到常识性的因果关系上来，事实上，关于它的三条原则并不是无懈可击的，尽管它们非常自然地符合每个人的认知，对于第一条，关于时间顺序，X 是 Y 的原因，X 必须出现在 Y 的前面，但是什么是时间？原因出现在结果前面，指的是人们感知的时间，还是实际的时间？如果是实际的时间？就涉及复杂的有关时间的定义和校准。而如果是感知的时间，举个例子，人们往往是先感知症状，才感知疾病，总不能因此说症状是疾病的原因。再举个例子，竖立起一个旗杆并观察它的影子，由于竖立旗杆和产生影子是同时发生的，如何判断因果呢？因此，对于"前后"这类的概念，只能从生活中"一般地"感受，不能将其作为绝对的标准。当然，从本质上说，原因应该出现在结果之前，现在很多因果关系的定义中也是这么要求的，这里只是强调了这一条标准在实际应用中的不方便性。对于第二条，原因的出现必然导致结果的出现也存在问题，比如人们被病毒感染可能得感冒，也可能（由于其他原因）不得感冒，但人们仍然认为病毒是感冒的原因。至于第三条，在前文用"腐败食物"的例子已经指出了它的不足。当然，我们并没有就此对于常识性因果关系判断的三个原则提出否定，而是通过指出它们的不足，为后面引出有关因果关系的科学定义进行必要的说明。

事实上，常识性因果关系的判断标准的最大不足是没有量化，因此缺乏严谨性和标准。首先是缺乏严谨性的问题，常识性因果关系经常表达绝对的观点，现象 A 绝对引起现象 B，那么现象 A 就是原因，否则现象 A 就不称为原因。其实除了极少数的例子外，因果关系一般是相对的，比如疾病可能引起症状，也可能不引起症状，再比如把一只玻璃杯扔向地面，可能破碎，也可能不破碎，结果的发生具有一定

概率，这是由于某些未知因素的存在，使得观察到的因果关系具有概率性质。换句话说，原因发生，结果必然发生，若结果未发生，则必有其他原因，这就是爱因斯坦提出的"隐变量理论"。由于一些潜在因素和变量（如力度、角度、碰撞点等）的影响，同样的观察条件下会看到不同的结果，因此使用概率的语言去描述因果关系似乎更为准确。其次是缺乏客观标准的问题，类似于前文提到的缺乏一致性的问题。很多人会根据自己的经验来判断是否有因果关系，例如一种疾病的病因，可能就会有各种各样的说法。因此，需要有一种严格的、明确的方式来定义什么是因果关系。为了达到这一目的，历代科学家做了大量的工作，试图把因果关系建立在一种客观的，或者说数学的基础上。事实上，在当前的有关因果的数学定义中，基本上采取因果效应的说法来取代因果关系。因果效应指的是 X 变化后，引起 Y 变化的程度，即 X 对于 Y 的变化的影响。如果用 $X=1$ 表示吃药，$X=0$ 表示不吃药，$Y=1$ 表示疾病痊愈，那么观察当 X 从 0 变到 1 时，$Y=1$ 的期望值是增加还是减少了，如果增加了，那么当这个增加值达到一定的强度（例如 0.5）时，就认为 X 和 Y 之间实际上存在因果关系。这是关于因果关系的科学定义，称为科学因果。这种用概率语言描述因果关系的方式，就是科学因果与常识因果的显著不同之处，在常识因果中，经常认为因就是因，果就是果，原因出现必然导致结果出现，非 1 即 0，黑白分明，这是片面的且不完全的。当代科学对于因果关系的深入研究表明使用概率语言描述因果关系更为准确，也更容易判断不同事件之间实际存在的因果关系。因此要从常识因果的窠臼中跳出来，熟悉和习惯于使用数学语言（即概率语言）描述因果及因果关系。用概率语言描述的量化的因果效应，以及由此设定的因果关系标准是当代科学研究的共识，是本书中讨论因果关系的基础，具体的内容将在之后各章展开。

　　尽管如此，常识性的因果关系仍然是人们关心的重点，这不仅是因为它在日常生活和科学研究中起了重要作用，更因为对于所有关于因果关系的定义，总会先与常识性因果关系的标准进行对照，使其尽可能保持协调性。人们对于常识性的因果标准已经产生了某种依赖，以至于在哲学层面上更愿意将其作为因果关系的初步标准。

1.1.3　因果关系的分析与推断

　　在大多数情况下，人们是通过观察来识别和推断因果关系的，这就导致了一个严重的问题，观察的结果往往无法正确反映实际的因果关系。例如，有数据显示，市场上冰淇淋的销量与社会犯罪率是高度相关的，冰淇淋的销量高的时候，犯罪率也高，那么能否因此断言冰淇淋销量高是犯罪率高的原因呢（或者反过来）？

　　从常识来看，这一推断显然是荒谬的，但这是常识帮忙纠正了错误，如果对于在人们常识之外的不熟悉的事物，如何保证能够不犯类似的错误？这就涉及观察因果关系的方法了。在只有两个变量（或者称为因素）的情况下，事实上是无法得到任何因果关系的，两个变量只对应两种情况，要么互相独立，要么互相关联，在关联的时候，可以认为它们就具有因果关系吗？答案显然是否定的。"关联关系不等于因果关系"是在统计课程上学到的一条"金科玉律"。因此，为了揭示冰淇淋销量与犯罪率之间出现的不寻常联系，就必须注意到第三个变量——气温。如图1-1所示，正是气温的升高，导致了冰淇淋销量的增加，同时也提升了犯罪率，气温才是冰淇淋销量高和犯罪率高的共同原因，两者之间在气温这个"媒介"下变得相互关联，从而产生了假象，似乎冰淇淋销量高成为犯罪率高的原因。这样的例子是非常普遍的，对于研究因果关系至少具有下面两条十分重要的意义。

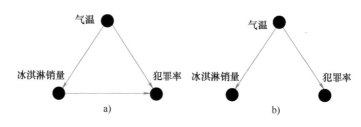

图1-1 冰淇淋销量与犯罪率的关联

1）因果关系一定是存在于至少三个变量之间的一种关系，无法确定两个变量之间是否存在因果关系还是关联关系，因此为了考察因果关系，需要尽可能地对于整个环境进行全面的观察，舍弃其中的一些变量（因素）都有可能带来错误的结论。

2）上面例子中的"气温"，既影响了冰淇淋销量，又影响了犯罪率，这样的变量称为"混杂"（confounder）。混杂是观察研究中经常碰到的现象，它可以影响我们对于因果关系的判断，把一些只是有关联的事物理解为具有因果关系。如何识别和处理混杂是观察研究中一个主要的课题，为此人们已经花费了数百年的时间，直到现在，也只能说对于混杂有一些初步的认知，要想真正解决这个问题，仍然需要时间和智慧。在有关因果关系的教材中，介绍如何科学计算和推断因果关系，特别是如何从观察数据中辨别因果关系时，对于混杂问题处理的讲解占据了大量的篇幅。

根据因果的观点，原因总是先于结果出现，这样追根溯源，就会得到所谓"初始原因"，或者叫作"第一推动力"。在当前的物理学中的确如此，从几个基本的定律出发，就可以推导出现在大千世界的万事万物。这种看法称为"还原论"，任何事物和现象都可以还原为一些不加证明地被认为是先天存在的基本事实。还原论是当前科学界的主流认知，通过少许的基本事实，就可以构建出现代科学的整个宏伟大厦，这个现象是令人赞叹的，同时也是令人深思的。与还原论并存的，还有另一种科学观，就是"系统论"。系统论认为系统是由本体、现象和现象之间的关联形成和运行的，因此想要了解系统就需要仔细辨识其中的本体、现象，以及现象之间的关联，并通过比较和类比等连接主义的方式来研究其中的运行规律。仔细讨论这方面的问题不在本书的范围内，我们只是关心，在因果关系的框架内如何去通过还原论或者系统论的方法来预测未来，并且为此采取必要的行动，以达到目标。

根据还原论，在错综复杂的因果关系中，也应该有一些因果假设可以作为基本定律，而其他因果关系就是建立在这些定律之上的，这意味着每一个因果结论背后都有未经检验的假设，事实也确实如此。这里列举两条主要的定律，它们以及其他一些定律对于本书所陈述的内容有着基本的支撑作用，因此会被经常提到。

● 共因原理（common cause principle，CCP）：如果两个可观察对象 X 和 Y 在统计上是关联的，那么就存在一组变量 Z（也可能是 X 或者 Y），它会对这两个对象产生共同的影响，并解释所有的关联关系。这一条也经常被解释为"每一个关联关系背后都有某种因果关系"。共因原理是一个重要的假设，虽然受到一些质疑，但是现在仍被众多理论所采纳。共因原理反映了因果关系的单向性，认为世界是沿着一个不可逆的方向在演化的。如"冰淇淋销量-犯罪率"的例子，在冰淇淋销量高和犯罪率高关联的背后，一定有第三个变量，即气温，使得在表观层面上两个毫无瓜葛的现象产生了强烈的关联，气温就是冰淇淋销量和犯罪率之间的共同原因。

● 独立因果机制（independence causal mechanism，ICM）：因果生成过程是由相互不影响的自治模块组成的，这表明每个因果关系之间是相对独立的。这一机制可以确保在研究中，只需要在相关的变量范围内推断因果关系，而无须担心其他因果关系的影响，这意味着因果关系具有稳健性、不变性和可重复性。例如在医学中，一项手术对于某个个体的治疗效果不会因为其他个体接受手术的情况而变化，一些细心的读者可能会想到，有些个体在看到别的手术出现不良效果时，情绪产生波动，从而影响了自身的手术效果，在这种情况下，所考虑的原因变量要增加一个，即情绪。在新的变量环境下，手术的效果还是独立的（当然与不考虑情绪是有区别的）。图 1-2a）不考虑病人的情绪，手术效果完全取决于手术本身。图 1-2b）考虑病人的情绪，则手术效果取决于手术和情绪。在这两种情况下，系统都是独立的，不受外部影响。

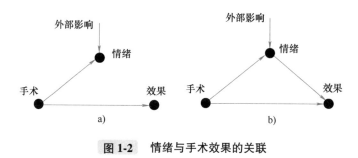

图 1-2 情绪与手术效果的关联

a）不考虑病人的情绪　b）考虑病人的情绪

独立因果机制有时也表述为个体处理效应稳定假设（stable unit treatment value assumption，SUTVA），两者的侧重点有所不同，但基本精神是一致的。ICM 允许把样本中的每个个体的因果效应看作独立事件，从而降低了需要的样本数量、模型规模和建模时间。例如，在治疗中，一项治疗措施对于一名患者的效果只与该患者的自身情况有关，而不涉及其他患者和非患者，因此只需要收集与该患者有关的数据就可以了。

统计学中，在总体分布不变的情况下，局部的参数可以在一定程度上反映总体的参数，这一条保证了通过抽样进行研究的可行性。数据是从总体中抽取的有限样本，在随机抽样的前提下，样本的分布就代表了整体的分布，例如在观察的某个随机样本中，男性的占比为 1/3，那么总体样本中，男性的占比也必然是 1/3。在实验条件下，实验室里观察到的现象在外部世界同样发生，这反映了一个基本假设，即在一定条件下，物理规律是普适的，不会随着空间或者时间的不同而不同，这条基本假设保证了实验的客观性，否则在实验室这个具体空间和时间里所做的一切都是无用的。从数据的角度讲，如果随机抽取了充分多的数据样本，在样本中，变量 A 和 B 是独立的，那么在实际的总体数据中，A 和 B 也是独立的。这是进行实验研究或者观察研究时所依赖的基本原则，也是进行因果分析和推断时所依赖的基本原则。

因果与统计学之间有着本质区别，然而因果分析与推断仍然是建立在统计学的语境上的。统计学主要研究数据中所蕴含变量的联合分布以及与联合分布有关的参数特征、分布密度、存在性和可检验性。与之不同的是，因果关系研究的是联合分布中变量的变化规律，即联合分布中的一个变量发生变化是如何影响其他变量的。简单地说，就是有关联合分布的静态性质与动态性质的区别。可见，传统统计学不能有效处理因果关系。由于联合分布中变量的动态变化所包含的内容很多，远远超出了因果关系的范畴，因此这个表述只是形象地说明因果关系，不能作为刻画因果关系的定义。一些科学家给出了有关因果关系的一些定义，例如图形化的定义或变量之间条件独立性的定义等，这都可以作为理解因果关系的不同的角度。在建立因果分析基本原理时，计算机科学家朱迪亚·珀尔提出的计算模式是对于因果关系很好的数学化的描述，在应用中也是与现象和常识解释契合的。但是珀尔提出的针对因果关系的分析和计算中，往往需要涉及一些先验假设，这是一个基本原则，珀尔认为这不可逾越，即"没有假设就没有因果"。对于这些假设的认可，仍然存在某些不确定性，导致在同样一个数据集合下，关于因果关系可能会有多种解释。就目前的状况而言，一个与常识符合的关于因果关系的通用定义也许还没有出现，由于因果关系具有人文属性，严格地、数学化地定义因果关系是非常困难的，要得到大家公认的定义看起来更是不可能的。

关于因果分析或者因果推断，当前有各种学派，从最保守的到最宽容的各不相同。最为保守的学派只相信建立在严格的动机——效果模型（或认为是这样的模型）上的推断，对于数据和假设有近乎苛刻的要求。有些学派则认为因果推断可以借助随机化的实验或者准随机化的实验（包括自然实验），并在一些强制假设下进行数据处理。更为宽容的学派认为通过适当的观察和必要的假设可以从关联中识别因果关系。最宽容的学派认为人类在日常生活中进行因果推断时很少诉诸实验，因此计算机也可以基于这样的原理设计因果推断算法，即推断完全借助经验或者纯数据进行。尽管这些不同的学派对于因果关系的看法有分歧，但是有一点是共通的，即都不认为单靠统计学可以解决因果问题。

再强调一下形式因果和实质因果（或物理因果）之间的关系。根据数学定义计算或者推断出来的因果关系属于形式因果，只是说明两个事物（或者两个变量）之间具有数学意义上的因果关系，但是在现实世界中这样的因果关系是否真正存在，还需要给出相应的实质性的解释或者物理的解释，即需要说明因果之间的内在联系。计算和推断是数学意义上的，但是实质性解释却涉及其他学科的知识。例如，假设有一些数据表明手术对于疾病的效果，数据反映手术效果与病人的情绪有微弱关联，但是不能判断这种关联是来自于总体还是采样的偏差。这时可以在两个假设下推断，一个是手术结果不受病人情绪影响，另一个是受其影响，并为此建立不同的模型。从数学意义上说，这两个假设都可以从形式上推出手术对于疾病的因果效应，当然程度上的大小可能是不同的。实质因果则需要医学的分析，说明情绪是否和如何影响手术。有了医学上的保证，才能在数学计算中选取正确的模型，否则所做的事情只是一种符合数学标准的"形式推导"。形式推导只是从一个假设（受影响或不受影响）出发，得到相应的因果关系，只负责符合假设的因果关系在逻辑上的正确，但问题在于不同的假设可以推出不同的因果关系，可是真正合乎物理世界规则的因果关系看起来只有一个，这需要运用相关领域的知识予以说明和解释。形式因果与实质因果的关系问题在常识性因果推断和科学因果推断中都存在，两者关系也可以被叙述为一个颇为有趣的问题：如何在众多可能的形式因果关系中寻找实质因果关系？

1.1.4　因果关系的黄金法则

在日常生活中，人们是根据经验和直觉判断因果关系的，由此常常会出现一些错误和歧义。科学的因果推断必须建立在稳固的理论基础上，并且保证具有稳健性和可重复性。令人吃惊的是，这样一个在

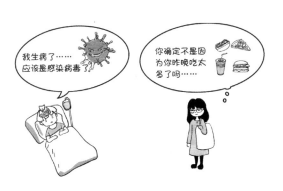

几千年里被反复应用的概念，它的真正科学含义直到将近 100 年前才逐渐清晰。这就是被称为因果关系发现"黄金法则"的随机试验（randomized trial，RT），在 20 世纪 20 年代由耶日·内曼提出，并由罗纳德·费希尔完成了其中的关键工作。举个例子来说，假定需要评估一个粮食品种的收成，最直接的方式是播撒这个品种的种子，等收获的时候去计算它的收成并比较与其他品种的差别。但是决定收成的变量（或者因素）有很多，比如土壤、水分、肥料等，因此简单的比较是没有意义的。那么如何能够科学地评估该粮食品种的优劣呢？费希尔设计了一个巧妙的方法，既然单独比较收成没有意义，那么就把其他的环境因素都考虑在内，将该品种的种子随机播撒到不同条件的土地上，然后对收成进行平均计算，就大概可以知道实际的收成情况到底如何了，这个方法就叫实验设计。在实验设计中，环境条件是随机指定的，差异是被科学控制的设计需要技巧，每两块土地的条件都是不同的，否则实验结果没有什么意义。在品种评估的例子中，假设三个变量分别是土壤、水分、肥料，每一个变量取三个水平 A、B、C，如此设计的随机试验情况见表 1-1，最终计算平均收成为 670。这样的结果能够真正反映该品种在不同环境下的收成情况，具有较高的可信度。当然这个例子是为了说明问题而设，实际情况要复杂得多，但是基本的思想已经含在其中了。

表 1-1　关于评估某个粮食品种收成的随机试验设计表

序号	收成	土壤	水分	肥料
1	600	A	B	C
2	690	B	C	A
3	720	C	A	B

在随机试验中，有一类在因果分析中经常使用的，称为随机控制试验（randomized controlled trail，RCT），也称为随机对照试验。在原理上，RCT 是将实验对象随机地分为两组，一组给予处理措施（例如治疗），称为处理组，另一组不给予处理措施（例如不治疗），称为控制组或对照组，然后比较两个组的不同结果，其中的差别即为处理措施所引起的影响，通常称为因果效应。实验是科学研究的基本手段，长期以来被认为是获取科学结论的唯一手段。尽管随机对照试验已经成为检验因果关系的主流标准，但是在很多情况下，随机对照试验可能是难以实现的。有些是因为伦理问题，比如不能为了实验而让一个本可以进行手术的病人放弃手术治疗；有些是因为成本问题，比如不能去限制冰淇淋的销量来判断犯罪率是否下降；有些则是因为法律问题，比如不能通过制造交通事故来实验车辆的安全性；等等。因此在社会科学、经济学等领域中，应用随机对照试验时会碰到许多现实的困难和问题，导致无法进行实验，这一巨大的障碍在几百年来影响了这些领域的深入发展，以至于物理学等学科已经在实证主义的旗帜下高歌猛进的时候，许多人文社会科学的相关学科仍然徘徊在"经验主义"的泥沼之中。

这一现象直到 20 世纪初才开始有所转机，在大量的统计学家所做工作的基础上，人们逐渐认识到，既然人工设计的随机对照试验在许多问题上难以实施，那么为什么不借助自然的力量呢？事实上，我们周围的世界和社会每时每刻都在运动和变化中，这些变化产生了大量的数据，这也被看作一种实验，只不过不是人为设计的，而是自然发生的，我们称之为"自然实验"（人为设计的实验称为"控制实验"）。控制实验和自然实验都会产生大量的数据，分别被称为"实验数据"与"观察数据"，它们之间的主要区别是，控制实验可以设置各个因素的取值，因此容易看出其中一个因素对于另一个因素的影响，即因果效应。而自然实验无法进行这样的设置，各个因素之间的相互影响和干扰（即 1.1.3 小节中提到的"混杂"）在所难免，因果效应变得扑朔迷离，由于观察数据量庞大，处理起来十分复杂，有些要求还超过了当时已有的技术能力所及，因此长期以来人们对于"自然实验"及其所产生的数据没有足够的重视。但是随着近些年来人类处理大数据的能力逐步加强，以及机器学习等归纳推断技术的发展，原来横亘在人类面前的这堵墙壁已经能够被翻越了，由此也引发了从大数据中发现因果关系的新的研究浪潮。2021 年的诺贝尔经济学奖就颁发给了 3 位在经济学研究中成功应用自然数据进行因果发现和分析的科学家。

1.2 从逻辑到因果

1.2.1 因果的逻辑基础

在现代的因果关系中，人们使用数学对因果和因果关系进行描述，这样才能使因果的讨论建立在一个客观和科学的基础上。由于数学的基础是逻辑学，所以先从逻辑的角度对因果关系做些说明，以便更好地理解因果和因果关系。

现代逻辑学起源于古希腊，应用于解释世界的科学研究，毕达哥拉斯（Pythagoras，约公元前 580 年—公元前 500 年，如图 1-3 所示）及其学派对此做出了巨大的贡献。

毕达哥拉斯是古希腊数学家、哲学家，他很重视数学，最早把"数"的概念提到突出地位，企图用数来解释一切。他认为研究数学的目的不仅在于使用，更是为了探索自然的奥秘。在当时来看，这算是一个巨大的进步。在实用数学方面，

图 1-3　毕达哥拉斯

他使得算术成为可能，还坚持数学论证必须从"假设"出发，由此开创演绎逻辑思想，并且认为世界万物都是因果相袭的，只不过他认为这一切都来源于数以及数的和谐，宣称数是宇宙万物的本原。毕达哥拉斯曾证明用三条弦来发音，当能发出第五度音和第八度音时，这三条弦的长度之比为 6：4：3。他从球形是最完美几何体的观点出发，认为大地是球形的，提出了太阳、月亮和行星作均匀圆运动的思想。毕达哥拉斯的思想对于后世的数学发展影响很大，也成为亚里士多德创立逻辑学的一个源泉。

柏拉图（Plato，公元前 427 年—公元前 347 年）的学生亚里士多德（Aristotle，公元前 384 年—公元前 322 年，如图 1-4 所示）提出了逻辑学的基本原理和主要框架。亚里士多德在《物理学》开篇中写道："我们探索的目标是知识，只有掌握了'为什么'，才算真正理解一个事物，即掌握该事物的根本原因。"这个深刻的思想一直影响着整个古希

腊的科学研究，并且在文艺复兴时期的发扬光大，可谓现代科学的支

柱之一。爱因斯坦（1879—1955）说过："西方科学的发展是以两个伟大的成就为基础的，那就是古希腊哲学家发明的形式逻辑体系（在欧几里得几何学中）以及在文艺复兴时期发现通过系统的实验可以找出因果关系。"

用现代的语言来说，亚里士多德建立的逻辑框架（特别是数理逻辑）有两个部分：一个是公理系统，一个是推理规则。一个纯粹的称为自然推

图1-4   亚里士多德

理系统的逻辑体系，属于一阶逻辑，其公理部分由所有的重言式（tautology）组成，例如 $A \rightarrow A$（同一律）、$A \vee \neg A$（排中律）、$(A \rightarrow B) \rightarrow (\neg B \rightarrow \neg A)$（逆否律）等，而推理规则只有一个，即三段式：若 A，且 $A \rightarrow B$，则 B，或者写作 $\dfrac{A,\ A \rightarrow B}{B}$。一个命题 β 的推导过程（deduction）就是从公理出发，反复应用三段式组成的序列，序列的最后一个命题是 β。这个系统已经被证明是协调的且完备的，即凡是由该系统推出来的一阶命题都是永真的，凡是永真的一阶命题都可以由该系统推出。那么在实际的数学推导中为什么见不到这样的序列呢？这是因为真正要写出这样的序列是一件十分繁重的事，因此我们采取了描述的方法，使得读者相信这样的序列是存在的，这个过程称为证明（prove），证明与推导的区别在于证明并不需要完整地写出推导序列，因此带来的问题是看懂推导很容易，甚至计算机都可以予以验证，而读懂证明则需

要一定的数学基础。

搞清楚一阶逻辑之后，就容易弄明白具体的数学公理体系了，一个具体的数学体系就是在一阶逻辑的基础上再加上该领域自身的一些公理形成的，比如自然数系统，就是加上了诸如加法结合律、加法和乘法分配律这样的公理而形成的；欧式几何就是加上了相应的五大类公理组成的。自然而然地，根据柯尔莫哥洛夫（Andrey Kolmogorov，1903—1987）所开创的公理概率理论，可知概率论和统计学也是属于这类公理体系。由此发展的因果关系的数学推理和推断，也是建立在这样的基础上的，在当代科学中，所有关于因果关系的讨论与计算都与公理概率论有着密切联系，也受其中规律的约束。因此，必须仔细识别、推导所用到的各种假设，这些假设就相当于公理，有些是明显的，有些却是隐晦的，根据不同的假设会得出不一样的因果关系，它们在数学上都是"正确的"，但是在真正解决问题时有些却表现为"南辕北辙"，只有进一步借用已有的知识或者经验，才能通过选取正确的假设得出合乎事实的结论。

1.2.2 亚里士多德的"四因说"

由于一阶逻辑的严密性和协调性，由一阶逻辑推出来的结果肯定符合因果关系，例如说 A 推出 B，就是说只要有 A，一定有 B，与外部因素无关，是一种绝对的关联。但是因果关系却不总是这样，例如说 A 是 B 的原因，是指如果发生了 A，那么一般地 B 可能随后发生，但是是否实际发生却还要看外部因素的情况。为了区别逻辑关系和因果关系的不同，金岳霖（1895—1984）称逻辑关系为"必然性"，而称因果关系为"固然性"。必然性是"自有的"，而固然性是"依它的"，例如感染病毒与发病的关系，显然就是一种因果关系，而非逻辑关系。

单纯由逻辑推出的结果符合因果关系，是"逻辑使然"，但是有些因果关系却未必能够由逻辑推出，则是"规律使然"，两者是不同的。研究因果关系是显得比较独特而又具有重要意义的。对于它的研究，亚里士多德用其典型的系统性语言构建了一个完整的因果关系分类，较早地讨论了这个问题，并为此提出了著名的"四因说"，即在任何过程都起作用的四种原因[4]，具体如下。

（1）质料因　可理解为天然的、未分化的材料，事物就是由质料因构成的。古代哲学家试图用水、气或其他某种物质为基础解释世界时就引入了这一原因类型。

（2）形式因　是当事物完全实现其目的时，事物所体现出来的模式或结构。所有的事物都是以某种形式呈现自身的本质的。

（3）效力因或动力因　是产生变化的积极作用者，将产生的事物作为其结果。正是由于动力因，事物得以产生和演化。

（4）目的因　是引导过程的实现目标或目的，相当于为了达到目标的动机。

关于"四因说"的来源，亚里士多德本人解释道，质料因是"由事物所产生的，并在事物内部始终存在着的那东西"，来源于以泰勒斯为首的米利都学派以及留基伯和德谟克利特的"原子论"，作为万物之本，强调的都是"质料"的始基作用。形式因是事物的"原型亦即表达出本质的定义"，来源于毕达哥拉斯学派的"数"和柏拉图的"理念"。不难看出，以"数"和"理念"为万物之本，所强调的实际上都是"通式"的定性作用。动力因是"那个使被动者运动的事物，或引起变化者变化的事物"，来源于赫拉克利特的"火"和恩培多克勒的"爱憎说"。毫无疑问，以"火"为万物之本所强调的是其善变的动力作用，而"爱憎说"进一步把动力划分为吸引和排斥两个方面。从现在的观点看，动力因颇像人们常说的引起事物发生的原因。最后，目的因是事物"最善的终结"，可追溯到巴门尼德的"存在"和阿那克萨戈拉的"理性"，以永恒不变的"存在"为万物之本，所强调的是因果的同一性，而以"理性"作为安排万物秩序的"善"，更表明了其趋向性。通过对古希腊自然哲学发展的历史回顾，亚里士多德指出，人们似乎都在寻找他在《物理学》中指明的诸原因，再也没有找到过其他原因。其他人的研究是模糊的，有些像是说到了，又像全没说到。

亚里士多德是古希腊科学的集大成者，继承了苏格拉底、柏拉图和其他古希腊科学家的思想，他的主要著作围绕逻辑学、形而上学、修辞学、伦理学、自然科学和政治方面进行论述。在因果关系的研究方面，他的功绩在于指出了"四因"在自然界的普遍性，其中"质料""动力""形式"的普遍性是不难想象的，而"目的"的普遍性则颇有争议。对此，亚里士多德是这样说明的："若有某一事物发生连续运动，并且有一个终结的话，那么这个终结就是目的……须知并不是所有终结都是目的，只有最善的终结才是目的。""无论在技艺制造活动中和在自然产生中都是这样，一个个前面的阶段都是为了最后的终结……既然技术产物有目的，自然产物显然也有目的，因为前面阶段对终结的关系在自然产物里。"

亚里士多德提出四因说之后，很长时间没有进一步跟进研究，这是一件奇怪的事情。几千年来，对于因果关系的分析在科学研究中都被作为最重要的对象，但是对其本身的研究相对缺乏，可能大家觉得这个概念如此自然，以至于并不需要进行更多的探讨。又或许是在中世纪之前，科学结论相对比较粗糙，定性的结论比较多，朴素的因果关系足以解释所得到的结论，并没有出现什么问题。但到了中世纪之后，特别是现代科学体系建立起来后，对于科学问题的考察越来越细致了，使得朴素的因果关系中存在的缺陷暴露出来，这才引起人们对于因和因果关系的本质，以及如何定义和计算因果关系产生了兴趣。另外，亚里士多德使用自然语言描述因果关系，因此让人们在理解上产生诸多分歧，这导致对于因果关系的研究出现重重困难。现在人们知道，只有把因果关系（其实任何学科都一样）建立在一种严格的形式语言上，即数学语言上，关于它的研究才会持续得以深入，而这一点到 20 世纪初才开始实现。

1.3　中国古代的因果观念

当西方的哲学和科学得到毕达哥拉斯、苏格拉底、柏拉图、亚里士多德这些先贤们辛勤的耕耘的时候，中国的文化也开始展现灿烂的光辉。中国古代的经典著作《列子》成书于大约公元前 400 年，其中的《汤问》篇记载了两个小孩关于太阳距离的争论的故事，一个说早上的太阳离我们近，因为看起来比中午的太阳大，另一个说中午的太阳离我们近，因为感觉更热。争论的结果以及理由的对错在这里都不重要，重要的是中国的先贤们也在考虑事物的因果关系了。

因果这个词是公元 4—5 世纪翻译印度的佛教典籍时出现的，但是由于因果关系本身的重要性和根本性，中国过去几千年的教育、政治、道德等的思想，也都非常重视因果及因果关系。因果问题是哲学的大问题，对于因果性的研究自然一直是中西方各个学派所关心的共性问题。

1.3.1　墨学的因果必然

墨子（约公元前 468—公元前 376 年，如图 1-5 所示）大体上与柏拉图是同时代人，是中国古代逻辑思想的重要开拓者之一。他比较自觉地大量运用了逻辑建立自己的政治、伦理思想。

墨子认为，宇宙是一个连续的整体，个体或局部都是由这个整体

分出来的，也就是整体包含着个体，由个体所构成，整体与个体之间
必然有着有机联系。从这样的观点出发，
中国逻辑史上第一次出现了辩、类、故等
概念，并将"辩"作为一种专门的知识
来学习。墨子的"辩"虽然统指辩论技
术，却是建立在知类明故，即事物的类别
以及相应的原因和理由基础上的，因而属
于类比推理的范畴。而对于"故"的研
究是诠释因果关系的直接表现。大约成书
于公元前 388 年的《墨经》的开篇文章
《经上》就对"故"下了明确的定义：

图 1-5　墨子

故，所得而后成也。在这里，"故"的含义是事物的缘故，即事物形成
的原因，因此这句话的意思是"原因，就是得到它后才会产生某一结
果"，也就是说有原因才会有结果，结果的出现是以原因为前提的。这
句话揭示的是客观事物之间先有原因后有结果的因果关系。[5]由于墨子
的倡导和启蒙，墨家养成了重视逻辑的传统，并由后期墨家学说派别
（代表人物如惠施、公孙龙等）建立了第一个中国古代逻辑学的体系。

　　墨子所创立的学说关心和研究整体中的个体、个体与个体的联系，
以及个体与整体的联系，这在一定程度上涉及事物变化之间的因果关
系。墨子常提及"故"，总爱询问"为什么"，可见十分重视事物形成
的原因，以及由原因会产生什么样的结果，也就是因果关系。除此之
外，《墨经》还区分了"大故"和"小故"，《经说·上》篇中写道：
"大故，有之必然，无之必不然，若见之成见也。"这句话的直接含义
是，"大故"出现，必然会有相对应的结果出现；"大故"不出现，与
之相对应的结果也必然不出现。实际上这里的"大故"就是原因的充

分必要性。《经说·上》篇中对"小故"的含义的表述是"小故，有之不必然，无之必不然"。它的意思是，"小故"出现，与之相对应的结果并不必然出现，即可能出现也可能不出现；而"小故"不出现，其结果则必然也不出现。很明显，"小故"是原因的必要性，是产生结果的部分原因而不是全部原因。可见《墨经》中对形成结果的"大故"和"小故"进行了严格的区分，也就是将充分条件和必要条件进行了界定，它将逻辑与因果思想通过这一划分联系了起来，对于因果关系中因果作了深入剖析[5]。墨子肯定了人类在获取外部知识方面的能力，阐述了人类知识的相对性，以及通过"明辨是非"而由此及彼逐渐得到正确结论的过程。由于中国文化的影响，墨子所创立的学派并不是建立在古希腊逻辑主义基础上，而是系统论上的因果观，这一点从他的很多表述中可以看出。墨子的学说更多地关心因果关系对于社会和人生的意义，关心的是如何通过个体与整体的联系获取对于人生或者治国有用的知识，而不是因果关系本身的含义辨析，这一点与古希腊逻辑主义是不相同的。在系统的观点下，墨子提倡用类比的方法研究事物之间的联系，"摩略万物之然，论求群言之比。以名之实，以辞抒意，以说出故。以类取，以类予"。这与当代系统论强调现象之间的相似性，即相似的原因必然导致相似的结果的论点是一致的。

1.3.2　道学的因果分层

中国周朝时期的"守藏室之官"（相当于国家文史馆官员）老子（李耳，约公元前 571 年—公元前 471 年，如图 1-6 所示）辞官出走后，写了一本《道德经》，这是一部内容博大的哲学著作，具体成书时间不详，大约在公元前 500 年，这里面就包含了很多与因果关系相关的内容。

　　"道"指的是天地之间一切事物的基本变化规则，在"道"的作用下，万事万物皆由此及彼生生不息地发生变化，由原因推出结果，结果又成为新的原因，即所谓"道生一，一生二，二生三，三生万物"。《道德经》中提出"人法地，地法天，天法道，道法自然"，把因果演替分为有层次的变化，底层的原因决定了高层的变化，认为自然是最高的道，是万物变化的终极原因，这提出了因果关系的起因说和层次说。当然，这种说法在现在看来比较粗糙，有些地方显得比

图1-6　老子

较牵强，比如把世间万物的出现归结为一个初始原因是有问题的，但是在2000多年前能够提出这样的理解还是令人惊叹的。对于因果关系在日常生活以及国家管理方面，《道德经》中也有许多精辟的论述，例如"曲则全，枉则直；洼则盈，敝则新；少则得，多则惑。是以圣人抱一为天下式。不自见，故明；不自是，故彰；不自伐，故有功；不自矜，故长。夫唯不争，故天下莫能与之争。古之所谓'曲则全'者，岂虚言哉？诚全而归之。"[6] 这段话的意思是，懂得变通的人才能成全自己，成全自己是结果，懂得变通才是原因；能弯曲的东西才能直伸，弯曲是因，直是果；只有低洼的地方才会蓄满水，没有洼地，再多的水也无法蓄储；破除旧的东西才能生成新的东西，没有破旧，新就立不起来；正因为现在拥有的东西少，才有再得的可能，贪图多了，人便会迷惑，人迷惑了，是因为贪图太多，什么东西都放不下。所以圣人做事坚守"天道"的原则，作为天下做事的范式，这个"天道"就是注重事物的内因，外"相"是自然而然的结果。不去自我表现，别

人才能感知你的达干；不自以为是，才是明白人；不自夸功劳，别人才会认为你的功劳很大；不傲，才能保持自己的才华。正因为有道之人不与他人争，所以普天下没有人能与之争，没有争，就没有成与败，处处化敌为友，反而可以成全自己。古时所谓"懂得变通的人才能成全自己"的话，怎么会是虚言呢？确实是真正的道理啊。这段话就包含了很多做人和做事的道理，出于很好的原因或动机，才能够得到很好的结果，万事万物都需要一步步地达到目的。对于社会动荡，老子说："民之饥，以其上食税之多，是以饥。民之难治，以其上之有为，是以难治。"在这里，老子用朴素的例子分析结果与原因的必然关联，说明内因才是事件发展的根本，才是改变事物状态的决定力量。因果关系互为里表，"因"才是决定事物变化的根本。

同样是在当时的文化背景下，道学在阐述因果关系的问题上，走向了关心社会、关心人生的道路，更多地考察因果对于社会和人生的影响，这对于国家治理和人生道路都起到了积极作用。

其他的一些学说也持有同样的观点，反映了孔子许多观点的著作《论语》里，就有很多孔子对于治国理政、人生得失方面的因果考虑。如"君子不以利害义，则耻辱安从生哉？"就是告诫人们，有了出于良好的原因的心态，自然生活就会有无忧的结果。又如"恭而无礼则劳，慎而无礼则葸，勇而无礼则乱，直而无礼则绞"[7]也是说明了做事要注意出于正确的礼数，否则会导致迷茫。《周易》中同样有因果关系相关的表述，如"积善之家，必有余庆；积不善之家，必有余殃"[8]等，都是由原因与结果方面提出的见解，也是很好的有关人生哲理的总结。

事实上，《周易》也是一部比较系统地反映我国古代的因果思想的典籍。严复（1854—1921）曾经评说道："《周易》八卦，皆常住因之代表也。作《易》者。以万化皆从此出，则杂糅错综之以观其变。故

《易》者，因果之书也。虽然，因而至于八，虽常住，乃非其最初。必精以云，是真常住者惟太极已。"[9] 严复的论述表明，《周易》实际上也是一部有关因果关系的著述，它通过运用"爻""卦"和"太极"来表征世间万物的起源以及它们之间的因果演变关系，认为"太极"是最原始的"因"，并且进行了系统的阐述。《周易》运用对立统一的世界观揭示了宇宙间事物发展、变化的自然规律，内容十分丰富。而贯穿这些内容的主线则是万物皆有因以及因果之间相因相袭的朴素思想。

1.3.3 佛学的因果缘起

佛教是由古印度迦毗罗卫国（约在今印度、尼泊尔边境地区）国王净饭王的王子乔达摩·悉达多（约公元前565 年—公元前 486 年，如图 1-7 所示）创立的，大约在公元 1 世纪传入中国，并得到了繁荣发展，成为中华文化的重要组成部分。按照佛教的看法，宇宙的一切现象，或者更确切地说，任何一个有情物所看出去的世界，都是其内心自造的景象。每当其有所动作，或只是说话，或心里动念，都是心的作为。这个作为必然产生它的后果，不论这后果要等多久才显现出来。这个

图 1-7　乔达摩·悉达多

后果便是"业"的报应，即"业"是因，"报"是果，每一个人都是因与果、业与报的连环套。"显诸法生灭，无不由因"，因此佛教从一开始的教义就是因果循环和报应，这种报应相当于我们说的因果关系。

当然，佛教是从人生以及与大千世界的关系的角度阐述因果，与我们所说的科学现象之间的因果关系不可同日而语，但是其表述的因果之间的联系、因和果之间的转化却反映了古代哲人是如何考虑因果关系的，并且把世间万物的变化都看成因果轮回的结果。

早期佛教的这一学说，反映了客观事物的最普遍的存在状态，含有辩证法的要素，但一旦具体运用于它的社会观和人生观，立即显示出严重的缺陷来。首先，它把"缘起说"最终归结为因果规律：一切缘起现象中都存在因果关系，因而世上的所有变化，唯有因果一种，这就是十二因缘。但是佛教又否认因果关系在环境下的可变性以及因果关系的客观性，这样就把世间的事情看死了，认为一切都是冥冥中的注定。在佛教中，因表示原因，缘表示促成由因变果的外部因素，缘起说是佛教的独创理论，基本命题是"此有故彼有，此起故彼起"，也可以反面表述为"此无故彼无，此灭故彼灭"。意思是，世界是普遍联系的，没有孤立存在的现象，任何现象都处在生灭变化中，没有永恒不变的现象。这些联系和变化，只有在一定条件下才能产生，这就叫"缘起"。一切缘起现象都是因果关系。这样，世界上的一切事物，特别是人，统统被铸结到一条因果链条上，几乎没有偶然和"自由"。在早期佛教学说中，"缘起"和"法"（佛法）是同位的格，所谓"若见缘起便见法，若见法便见缘起"，"缘起"说等于是佛法的本质规定。佛教中的因缘学说是古代人们对于世界变化以及个人生老病死等现象的朴素的和直觉的理解，其中含有一些从今天看来也很有哲理的阐述，只是佛教的因缘学说主要用于解释人生轮回、因果报应，其中不乏许多牵强和附会的内容，违背了因果律原有的辩证思想，因此因缘学说难以得到进一步的发展。事实上，佛教中的因果思想从创立开始还表现有积极的作用，因果属于佛教的基础理论，是佛法的核心。不明白因果，就不可能真正懂得佛法。因果规律并不是人为规定或制造的，而是客观存在的，佛教所做的只不过是把它揭示出来罢了。但是佛教的因果思想现在越来越衰落，"因果"一词已经被赋予了更加具有"宿命感"和神秘感的内容，而真正的因果关系已经不再被继续深入研究了[10]。

用现在的语言说，中国古代哲学并不是属于还原论中的逻辑主义的，而是属于系统论中的经验主义的。中国古代哲学中的认识论，又称知行观，探讨人的知识来源、认识过程和求知方法，特别是知识的应用方式和效果，因此与西方不同，中国古代哲学关于因果和因果关系的研究中，就较少进行"形而上"的讨论。"上本之于古者圣王之事""下原察百姓耳目之实""废以为刑政，观其中国家百姓人民之利"，通过历史经验以及实际运用的效果来确定研究的内容，这基本上是属于系统论的观点。系统论强调系统内部的个体（或称本体），现象以及现象和现象的关联，系统论强调现象之间的类同性，用比较和联想的方式预测和推断未知的事物，这是和逻辑主义完全不同的方式，中国古代学者认为知识有三类：闻知是通过传授得来的知识，说知是由推论得来的知识，亲知是从直接经验中得到的知识，三者不可偏废，并且强调认知过程中的亲知的重要性。先秦以后的科学家，大多重视总结历史经验，承认历史是演变的和进化的，一些富有哲学思想的学者，着重通过阐发心性问题，加强关注行为内因与外部结果的辩证关系，劝导人们加强主观修持，适应自然规律的因果变化，以达到"齐家、治国、平天下"的境界。这对于历史发展和国家建设很有影响，遗憾的是缺少理论上的提炼。北宋时期的司马光（1019—1086）写了一本《资治通鉴》，这是一部多卷本编年体史书，共294卷，历时19年完成。从周威烈王二十三年（公元前403年）写起，到五代后周显德六年（公元 959 年）征伐淮南时停笔，涵盖 16 个朝代、1362 年的历史。将历史上发生的重大事件一一记叙，这部著作就是通过记叙历史上发生的事情，达到古史今用的目的，以便后来的执政者进行比较、借鉴，从而处理好眼前发生的事情。这是一部治国理政的著作，反映了编纂者诸多的思想和观点，但是没有过多的理论上的总结和阐述，这是典型的用经验主义的方式叙述问题的风格，相似的原因和过程必然对应相似的结果，实际观察的问题似乎更多的是偶然事件，而不是一个由因果链明确指向的结果。系统的结构是由一组所观察的偶然事件形成的，需要从相似性上寻找事件发生的原因和结果。这种思考事物及其相互关系的方式，比起西方用因果链来解释世界万物之间的关系的方式，风格上的迥异一目了然。

　　中国古代科学家往往直接用实际发生的问题，通过经验和知识去说明自己的自然观，而鲜少做出哲学的概括。冯友兰（1895—1990）在《中国哲学史（上）》中对此评论道："此点亦由于中国哲学家之不为，非尽由于中国哲学家之不能。所谓'乃折枝之类，非携泰山以超北海之类'也。盖中国哲学家多未有以知识之自身为自有其好，故不为知识而求知识。不但不为知识而求知识也，即直接能为人增进幸福之知识，中国哲学家亦只愿实行之以增进人之幸福，而不愿空言讨论之，所谓'吾欲托之空言，不如见之行事之深切著明也'。"正是由于中国古代哲学在方法论上的特点，以《道德经》《墨经》等先秦著作体现的朴素的因果关系为代表的中国古代因果思想，还是具有相当的认识和研究水平的。尽管它在治理国家、修养人生方面，甚至一些科学技术（例如印刷术、火药等）的发明方面帮助古人取得了辉煌的成就，但是在从理论上，即形而上的角度研究因果关系这方面，遗憾地未能深入下去，止步于西方文艺复兴时期发展起来的现代科学大门之外。

1.4 对于因果科学的追求

1.4.1 因果关系的重生

西方关于因果及因果关系的讨论自亚里士多德之后，沉寂了 2000 多年，直到 18 世纪文艺复兴时期才再一次被学者带到科学的舞台。首先要提及的是苏格兰哲学家大卫·休谟（David Hume，1711—1776，如图 1-8 所示）。

休谟主张人类都有一种信赖因果关系的本能，这种本能来自神经系统中所养成的习惯，长期下来便无法移除，但对此并没有任何论述，也不能

图 1-8　大卫·休谟

通过演绎或归纳来证明这种习惯是正确的。休谟被认为是自亚里士多德以来第一个试图对因果关系做科学定义的哲学家，他认为因果关系是一种前后传承的现象："一切关于是实际的事情的推理，似乎都是建立在因果关系之上的。仅仅通过这种关系，我们的认知便能超出我们感官和记忆的见证之外了。"[11] 从现象与现象的联系中，休谟给出有关因果关系的定义：如果 A 与 B 具有时间上的前后顺序和空间的相近性，且如果 A 发生，B 必然发生则称 A 和 B 是因果关系，A 是 B 的原因。这几点倒是很符合人们对于因果关系的常识性理解。当然，现在看来，这仍然没有很好地定义因果关系，因为根据这两点，可以推出公鸡打鸣是太阳升起的原因，第二点实际上说的是原因的充分性，而实际情况要复杂得多，因为原因可以既不是充分的也不是必要的。例如人们

一般说感染病毒是身体不舒服的原因，但是这个原因既不是充分的，因为感染病毒，也许因为抵抗力好，对于身体没有产生影响，也不是必要的，因为身体不舒服并不见得是感染了病毒。休谟本人最后也对因果关系持怀疑态度，他说："关于这一联系的观念，当我们努力去构想它时，甚至连究竟想要知道它的什么内容，都没有一个哪怕是模糊的意识。只不过是一种习惯性联想。"休谟认为，只有感知到的东西才能承认其真实性。这就是近代西方哲学中的主观认知的基本原则，这种原则强调感觉是真实性的基础。反之，没有感觉到的东西不能承认其真实性。既然没有感知到甲事物和乙事物之间的因果关系，那么就没有充分的理由承认甲乙运动之间存在的必然性。但是，人们总是下意识地以为甲和乙之间存在着必然的联系，这是为什么呢？对此，休谟的解释是，人们只是出于一种心理习惯，即在时间的序列中多次看到两个事件相继发生，就会把这两个事件"想象"在一起并"幻想"其中包含关联性。休谟强调，是想象力使我们产生了因果关联的假象。这种假象建立在一个信念的基础上：未来必定和过去相符合。所以休谟的结论是，科学的必然有效性只建立在由想象力带来的信念的基础上，除此以外再无其他。休谟将因果关系建立在主观的"想象力"上，否认了因果关系的客观性，但是他在因果关系探究中所持有的科学态度和方法，却启发和激励了后来的学者。

德国哲学家伊曼努尔·康德（Immanuel Kant，1724—1804，如图 1-9 所示）对休谟关于因果关系是一种主观意识的观点提出了批判。他认为，因果关系是一种客观存在之物，是自在之物，不论人们有感觉或者没有感觉，它总是存在的。一个事物引起另一个事物的变化在某些方面是必然的，这就是人们所说的因果关系。康德认为"一切变化都按照因果关联的规律发生……一切发生的（已经存在的）事都预

设了某种它按照规则紧随其后的事情"[12]。康德把因果关系正确地理

解为客观事物的某些变化规律，将因
果推理放于因果先验范畴之内，因果
也因此具备了普遍性及必然性。这对
于因果关系的后续研究有重要意义。

从17世纪开始，在帕斯卡、拉普
拉斯、伯努利、贝叶斯等科学家的杰
出工作的推动下，概率论和统计学逐
渐建立起来，这为描述不确定现象打
开了一扇"光明之门"。从此，诸如
社会科学、经济学等学科也开始应用
数学方法进行研究，尽管道路是崎岖

图1-9　伊曼努尔·康德

且漫长的，但是成果却在与日俱增，其中就包括先天具有不精确性的
因果关系。

托马斯·贝叶斯（Thomas Bayes，
1702—1763，如图1-10所示）是一位长
老教会牧师，身为英格兰教会的反对者，
他不能到牛津大学或剑桥大学学习，因而
在苏格兰大学接受了高等教育，并在那里
学到了许多数学知识。回到英格兰后，他
继续探索数学领域，并组织了一个数学讨
论圈，他的一个研究内容与他的职务
（牧师）很相配，那就是用概率论的方法

图1-10　托马斯·贝叶斯

证明上帝的存在，贝叶斯发现了从已知结果反推原因的公式，现在称
为贝叶斯公式。他发明公式的想法来源之一是，究竟需要多少证据才

能相信一个事情确实成立。理查德·莱斯是与贝叶斯同属一个教会的牧师，对于贝叶斯的工作，他亲自写了一篇热情洋溢的推荐信，在信中非常清楚地表明："我的目的是说明我们为什么要相信事物的形成自有其固定法则，从而说明我们为什么要相信这个世界的建构一定是由某种具有高度智慧和力量的因导致的果，进而证实作为那个最终的因的上帝的存在。不难看出，本文所解决的逆向问题可以更直接地服务于这一目的，因为它清晰、准确地告诉我们，在任何事件以某种特定的顺序发生或重复发生的情况下，为什么我们应该认为这种顺序或重复发生是源于某个自然稳定的因或规则，而不是源于任何偶然。"[13] 撇开莱斯的一些宗教上的说辞，它指出了贝叶斯的工作实际上界定了世界事物之间的因果关联。贝叶斯公式

$$P(A \mid B) = \frac{P(B \mid A) P(A)}{P(B)}$$

说明可以从已知的证据 B，反推引起该结果的原因 A 到底有多大的可能性。贝叶斯公式使得人们既可以从原因发现结果，有时也能够从结果回溯到原因，贝叶斯的工作成为因果关系研究从定性到定量的一个转折点。以至于现在人们讨论因果分析，仍大量沿用了贝叶斯的逻辑思想以及相应的一些数学公式。

1856 年，奥地利科学家格雷戈尔·孟德尔（Gregor Mendel，1822—1884，如图 1-11 所示）弄来了 34 个品种的豌豆种子，在他的花园里进行实验，他把其中的 22 个品种进行了有规律的杂交，对不同代的豌豆性状和数目进行细致入微的观察、计数和分析。经过 8 个寒暑的辛勤劳作，孟德尔发现了生物遗传的基本规律，并得到了相应的数学关系式。人们分别称他的发现为孟德尔第一定律（分离定律），即在生物体的细胞中，控制同一性状的遗传因子成对存在，不相融合；在形成配

子时，成对的遗传因子发生分离，分离后的遗传因子分别进入不同的配子中，随配子遗传给后代。以及孟德尔第二定律（自由组合规律），即控制不同性状的遗传因子的分离和组合是互不干扰的；在形成配子时，决定同一性状的成对遗传因子彼此分离，决定不同性状的遗传因子自由组合。它们是生物遗传奥秘的基本规律，事实上，孟德尔的工作指出了植物遗传的因果关系，上一代植物有规律地将自身的性状遗传给下一代，而且这个规律是可以用数学推导的，孟德尔的工作引入

图 1-11 格雷戈尔·孟德尔

了概率论，从而开启了概率表达和计算因果关系的先河，在因果关系发展史上有重要意义。可惜孟德尔本人却没有从这方面继续深入研究，与因果关系的本质擦肩而过。

1855 年，英国科学家弗朗西斯·高尔顿（Francis Galton，1822—1911，如图 1-12 所示）发表《遗传的身高向平均数方向的回归》一文，他通过观察 1078 对夫妇的身高数据，以每对夫妇的平均身高作为自变量，取他们的一个成年子女的身高作为因变量，分析子女身高与父母身高之间的关系，最终发现通过父母的身高可以预测子女的身高，两者的关系近乎可以拟合成一条直线。当父母更高或更矮时，子女的身高会比父母身高平均值更高或更矮。他还将儿子与父亲身高的数据拟合成一种线性关系，分析出儿子的身高 y 与父亲的身高 x 大致可归结为以下关系：

$$y = 33.73 + 0.516x \text{（单位为英寸）}$$

而且还发现了一个有趣现象，尽管这是一种拟合较好的线性关系，但
仍然存在例外：矮个父亲所生的儿子
比其父要高。一般来说身材较高的父
亲所生儿子的身高却会逐渐回降到多
数人的平均身高。换句话说，当父亲
身材过于高时，儿子的身高要比父亲的
身高更接近平均身高，即有"回归"
到平均数去的趋势，高尔顿把这一现
象叫作"向平均数方向的回归"，因此上
述方程被称为"回归方程"，这就是统
计学上最初出现"回归"时的含义。

图 1-12　弗朗西斯·高尔顿

　　子女身高与父母身高是一种因果关系，高尔顿的工作第一次将因
果建立在数学方程上。采用数学方程描述因果关系，使过去显得模糊、
神秘与难以驾驭的因果关系有了数学的"束缚"，成功地对因果关系做
了量化表达。现在看来，高尔顿发现的回归方程实际上描述了两个事
物之间的相关性，无论这两个事物看起来多么不同，也总是可以用一
个回归方程使它们联系起来。如果愿意的话，可以尝试将每天日出的
时间与吃早点的时间做个回归方程，看看它们之间有什么关系。高尔顿
从寻找子女与父母之间身高的因果关系出发，发现了统计学上的相关
性概念，这是一件有意思的事情，但是相关性在数学上的清晰描述却
是在皮尔逊的手上完成的。

1.4.2　因果关系数学模型的引入

　　英国科学家卡尔·皮尔逊（Karl Pearson，1857—1936，如图 1-13
所示）于 1857 年 3 月 27 日出生于伦敦。1866 年，皮尔逊进入伦敦大

学学院学习，1873 年因病退学，1875 年获得剑桥大学国王学院的奖学金而入学学习，1879 年获得学士学位。

皮尔逊是现代统计学的开拓者和领军人物，他从高尔顿那里学会了建立事物之间相关性的方法，并把它发展为一套严谨的数学表达，这使他感到颇为高兴，并认为相关性足以说明事物之间的联系，完全不需要在数学中给因果关系留出位置了。他清晰地表达了自己的因果观："一个特定的事件序列在过去已经发生并且重复发生，

图 1-13　卡尔·皮尔逊

这只是一个经验问题，对此，可以借助因果关系的概念给出其表达式……在任何情况下，科学都不能证明该特定事件序列中存在任何内在的必然性，也不能绝对肯定地证明它必定会重复发生。"皮尔逊进一步说道："我认为，高尔顿的工作开拓了比因果关系更为广泛的概念，即相关关系，因果关系只是它的一个特例。"皮尔逊反感谈论因果关系，不惜与持有这类想法的人闹翻，他与高尔顿创办的《生物统计学》甚至拒绝发表这方面的文章，在皮尔逊时代，这似乎成了一种习惯，人们忌惮于谈论因果关系，而只有相关关系才是统计学的正路。由于皮尔逊的压制，因果以及因果关系的研究被沉淀了将近半个世纪。

无独有偶，同时代的英国哲学家伯特兰·罗素（Bertrand Russell，1872—1970）也对因果关系持否定态度，他说："所有的哲学家都认为因果是科学基石之一，但令人奇怪的是，在现代科学里，因果这个词从来没有出现，我相信，因果性只是一个过时的文物，就像君主体制一样，保留它只是因为没有坏处。"这些著名的科学家对于因果关系的

偏见影响了整整一代人的研究。

现代因果关系研究的新曙光出现在 20 世纪 20 年代，其代表人物是美国科学家杰西·内曼（Jerzy Neyman，1894—1981，如图 1-14 所示）和英国科学家罗纳德·费希尔（Ronald Fisher，1890—1962，如图 1-15 所示），这两位都是现代统计学的奠基人，内曼和费希尔在统计学的诸多领域都有建树，在因果关系方面，内曼研究了随机对照试验（RCT），并且指出从随机对照试验中发现因果关系的可能性和必要性，费希尔与内曼在随机对照试验方面有过许多争论，这些争论对于逐步完善随机对照试验起到了促进作用，费希尔在建立使用随机对照试验检测因果关系的方法上取得了突出的成就。如今随机对照试验已经成为检验因果关系的"黄金法则"，特别是在医学、物理学等领域，只有拿到随机对照试验的数据，相应的结论才能被真正认可。内曼的另一个贡献是于 20 世纪 20 年代在实验研究中提出了"潜在结果"的思想，由于研究结果是用波兰文发表的，所以当时并未引起关注。

图 1-14　杰西·内曼

图 1-15　罗纳德·费希尔

从 20 世纪 20 年代开始，因果以及因果关系的研究逐渐深入起来，由于使用了诸如统计学、结构方程的方法，对于因果关系的描述变得越来越清晰，同时也遗憾地变得越来越复杂，与朴素的对于常识因果关系的理解不同，现在关于因果关系的定义有十几种，它们中有些观点甚至是对立的，从这些繁芜错综的概念中理出头绪，成为横亘在研究者面前的一座高山。第一个做出勇敢尝试的是美国遗传学家休厄尔·赖特（Sewall Wright，1889—1988，如图 1-16 所示）。1920 年，他发表了一篇有关豚鼠的毛色遗传的论文。他假设有 3 种因素可能影响毛色，分别是发育（d）、遗传

图 1-16 休厄尔·赖特

（h）和环境（e），他把这 3 种因素画成了因果关系图（如图 1-17 所示）。

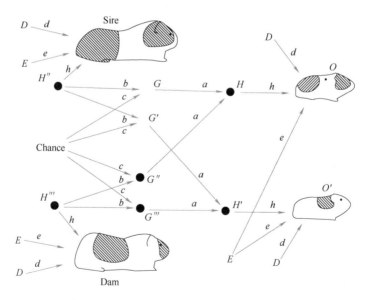

图 1-17 赖特用于研究豚鼠毛色变异规律的路径分析图[13]

其中西雷（Sire）和达姆（Dam）分别是豚鼠父母的名字，左侧"Chance"一词在此表示随机因子。该路径图说明了决定豚鼠毛色的因子。D 代表发育因子（存在于豚鼠母亲怀孕以后，子鼠出生之前），E 代表环境因子（存在于子鼠出生以后），G 代表来自豚鼠父亲或母亲个体的遗传因子，H 代表来自豚鼠父母双方的混合遗传因子，O 和 O' 代表豚鼠后代。该分析的目的是估计 D、E、H 的影响强度（图中记作 d、e、h）。

赖特根据自己的实验结果，用解方程的方法算出了 3 种因素的相对大小，解决了豚鼠的毛色问题。这张路径分析图也是第一张用来描述因果关系的路径分析图，是以后研究因果关系的一个关键的直接原型。赖特表示，如果知道该图中的因果量，就可以通过简单的图形规则推测出数据中的相关关系，并且首次证明了"某些相关关系确实意味着因果关系"。然而，长期以来，统计学及其相关学科对于路径分析图并没有给予认真的对待，直至 20 世纪 80 年代，这仍然还是描述因果关系的唯一方式。赖特的方法不但第一次使用了因果模型，而且还提出了一个洞见。赖特说："我这个因果模型并不是客观的。你不可能通过数据分析、用机械化的流程得到这张图。图中之所以考虑了这些关系而没考虑别的关系，是因为你自己做了的主观选择，这张图是你用自己的知识、阅历和判断画出来的。"他的意思是，因果关系其实是你的主观假设。数据是客观的，而人的观点是主观的；相关性是客观的，因果关系是主观的。

在后续对于因果关系进行艰苦探索的科学家中，必须提及克里夫·格兰杰（Clive Granger）、汉斯·赖辛巴赫（Hans Reichenbach）、约翰·麦基（John Mackie）等人。他们做了大量的工作，也取得了许多新的突破，这使得人们对于因果关系的概念有了更加理性的把握。

因果关系在现代科学研究中占有中心地位，绝大多数学科的研究内容都是"因果关系"。被称为"巫师"的美国统计学家内特·西尔弗（Nate Silver）说过："在大数据时代，有了这么多信息，'谁还需要理论'的说法似乎越来越司空见惯，但对预测来说，这样的态度绝对是错误的，尤其是在像经济那样的领域，数据那么杂乱。有了理论或至少是关于其根本原因的某种更深入的思考，统计推理就会可靠得多。"计算机科学家朱迪亚·珀尔也说过："今天我的观点已经非常不同，现在我认为因果关系是客观世界的现实性和人类理解这种现实性的基本构件，并且认为概率关系只是因果关系的表面现象，而因果关系才是我们理解世界的基础和推动力。"

1984 年，美国哲学家韦斯利·萨尔蒙（Wesley Salmon，1925—2001）提出了一种统计相关性模型，让因果关系的探究更贴近于统计学。这个模型表明，为了建立事件 E 和事件 C 之间的因果关系，在环境变量明确的情况下，只要比较两个概率：

$$P_A(E \mid C) > P(E)$$

即在环境 A 下，在事件 C 发生的条件下，事件 E 发生的概率大于事件 E 单独发生的概率，这时就可以在事件 C 和事件 E 之间建立一种因果关系。这个定义虽然有过于简单之虞，却也比较符合人们对于因果关系的直观理解，这可能是最后一个简单的并且契合常识的关于因果关系的定义了，朴素的直观因果关系尽管在现实生活中大量使用，但是其中的不严谨和不严密性问题也是显而易见的。首先，这样的定义无法确定事件 E 和事件 C 之间谁是因、谁是果，除非增加一些额外的条件，例如时间顺序。其次，如果事件 C 与事件 E 之间存在未知共同原因 D，可知这时事件 E 和事件 C 之间将可能是关联关系而非因果关系。萨尔蒙关于因果关系的定义过于简单，以至于常常把没有因果关系的

事件也判定为有因果关系。例如，某种药品 A 对于一种病有疗效 E，但是疗效在白天 C 或者晚上¬ C 是不一样的，白天为 80%（$P_A(E|C)=$ 80%），晚上为 60%（$P_A(E|¬C)=60\%$），于是平均疗效 $P_A(E)=$ 70%，从而有 $P_A(E|C) \neq P_A(E)$，但显然不能由此断定时间与疗效有因果关系，实际上与疗效有因果关系的是药品 A，不同的时间只是对于药的疗效起到了促进或者阻碍的作用。

事实上，早在 1969 年，经济学家克里夫·格兰杰（Clive Granger，1934—2009）就提出过类似的定义。他认为，如果

$$P(E|C,\Psi) > P(E|\Psi)$$

事件 E 和事件 C 之间就存在因果关系（格兰杰因果），其中 Ψ 是除去事件 C 和事件 E 的所有环境变量，显然萨尔蒙对于因果关系的定义与格兰杰的定义本质是一样的，都是考虑事件 C 出现和不出现的情况下，事件 E 出现的概率是否会更大一些。另外还有一点，这两种定义都要求考察所有的环境变量，这在许多场合的无法做到的，遗漏一些变量是因果分析的常态，也是定义一个理论上合理、技术上可行的因果关系所需要考虑的因素[14]。

1.4.3 因果关系的现代诠释

从 20 世纪 80 年代（也许更早一些）开始，关于因果关系的研究突飞猛进，在几条路线上都取得重大突破，形成了因果关系研究的繁荣时代。

内曼关于"潜在结果"的思想，被唐纳德·鲁宾（Donald Rubin，如图 1-18 所示）独立地再次发现，并且加以丰富和提升，使之成为当前因果分析的重要模型之一，称为"鲁宾因果模型"或者"潜在结果模型"。其基本内容来自一个绝妙的想法，还是举药品疗效的例子说

明。为简单起见，假设所有的因素都只有两个状态 0 和 1，用 X 表示是否服药，$X=0$ 表示不服药，而 $X=1$ 表示服药，$Y(0)$（$Y(1)$）表示不服药（服药）的效果，即 $Y(0)=1$ 表示不服药而痊愈，$Y(1)=1$ 表示服药而痊愈。$E(Y(0))$（$E(Y(1))$）表示不服药（服药）的期望痊愈率。这时，平均因果效应定义为

$$E(Y(1))-E(Y(0))$$

记作 $ACE(X \rightarrow Y)$。由于 $Y(1)$ 和 $Y(0)$ 涉及反事实推理，以及可能存在其他变量对 Y 产生干扰（即所谓的混杂），$E(Y(1))$（或者 $E(Y(0))$）并不容易从观察数据中计算。

图 1-18 唐纳德·鲁宾

现在面临一堆数据，其中既有病人不服药的情况，也有服药的情况，同时也包括其他一些变量，例如病人的生理指标（血压、肝脏等）和自然属性（性别、年龄等），这些变量称为协变量，协变量虽然不会直接决定病人的痊愈，但是会影响病人的痊愈。如果存在协变量集合 $Z = \{Z_1, Z_2, \cdots, Z_k\}$，使得对于任意的取值 $z = (z_1, z_2, \cdots, z_k)$，$z_i \in Z_i$，不服药的痊愈率 $P(Y(0) = 1 | z)$ 和服药的痊愈率 $P(Y(1) = 1 | z)$ 都与服药与不服药的人数比例无关，即服药与不服药的痊愈率不依赖人群的服药分布 X。用统计的语言说，就是在条件 Z 下，联合分布 $\{Y(0), Y(1)\}$ 独立于 X 的分布，即

$$\{Y(0), Y(1)\} \perp\!\!\!\perp X | Z$$

$\perp\!\!\!\perp$ 表示独立，该公式称为可忽略性条件。再假设服药和不服药的两个组都不为空（即 $P(X=1) > 0, P(X=0) > 0$），该假设称为正性假设，满

足正性假设的可忽略性条件称为强可忽略性条件。在强可忽略条件成立的情况下，因果效应 $E(Y(1))-E(Y(0))$ 是可以从观察数据中计算的。假设对于一个具体的病人，已经知道在服药的情况下可以痊愈，那么希望知道若他不服药也能够痊愈的概率，即已知 $Y(1)=1$，希望计算 $P(Y(0)=1)$，这就是所谓的反事实推断。由于在现实世界中，对于一个个体，不可能同时观察到状态 $Y(0)$ 和 $Y(1)$，因此 $Y(0)$ 是假设的，这个假设状态所引起的 Y 的变化称为"潜在结果"，因此该方法有了"潜在结果方法"的名称。具体细节可参看第 2 章。图 1-19 展示了变量集合 Z 与服药情况 X 和服药与否的效果 Y 的关系。变量集合 Z 既影响 X（服药与否），又影响 Y（痊愈与否）。现在固定 Z（以 Z 为条件），就切断了 X 与 Y 通过 Z 的关联，这时 $P(Y)$ 只

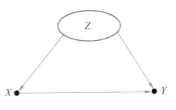

图 1-19　变量集合 Z 与服药情况 X 和服药与否的效果 Y 的关系

与服药与否有关联，而与服药人数比例（即 X 的分布）无关，在这个情况下，Y 对于 X 的响应称为因果效应。

潜在结果理论揭示了一个原理，即在一组条件 Z 下，虽然 $Y(1)$ 和 $Y(0)$ 的分布依赖于其他变量的取值（例如身体健康水平、免疫能力、年龄等），但与 X 的分布无关时，就认为 X 对于 Y 有因果效应。也就是说，不管服药人数是 100 人还是 1000 人，其服药人群的期望痊愈率 $E(Y(1))$ 以及不服药人群的期望痊愈率 $E(Y(0))$ 都是不变的，在这种情况下，则断定因果效应成立。如果这个效应 $E(Y(1))-E(Y(0))$ 在数值上超过设定的阈值 p，则可看作两者之间具有因果关系，当前主要对于因果关系的识别或计算都明确地或隐含地采纳了这一准则。

从历史上看，内曼洞察了自然实验的巨大价值，并且首次试图用

数学语言来描述和定义观察数据中所蕴含的因果关系。比起用自然语言来定义因果关系，数学语言准确而精细，可以更严格地讨论和比较因果关系，这在因果关系研究中具有划时代的意义。但是数学定义的因果关系总是感觉有些复杂，舍弃了经验因果关系中的许多直观的、朴素的、有效的判别标准。在实际生活中，人们似乎仍然更加愿意使用经验因果关系，而不是数学定义的因果关系。由追求准确而带来的复杂似乎是不可避免的，但无论如何，由于内曼的天才思想以及鲁宾的推动，因果关系得以成为科学的研究对象，受到越来越多的关注。

1983 年，鲁宾还与保罗·罗森鲍姆（Paul Rosenbaum）合作，提出了倾向得分匹配方法。由于观察数据不是随机对照试验数据，如果将这样的数据用于因果效应研究，比如研究饮酒与健康的关系，观察数据中存在的数据差异（例如身体素质的差异）或者一些混杂现象（例如生活习惯）会使因果分析失真，一个解决方法就是选取那些在其他方面大体上"相似"的人群，例如身体素质差不多、生活习惯类似等，这样分析出来的结果才显得更为可靠。用数学语言说，就是建立一个函数 $t(x) = a$，其中 x 是数据，a 是一个数值，这就把所有数据分为不同的水平，$t(x)$ 称为倾向得分函数，是一种描述"相似性"的函数，具体定义依赖于具体问题。例如可以使用 $t(x)$ 表示身体素质，取值为好、较好、较差、差这 4 类情况，具有相同取值的数据被归为一类，然后在这些类中进行匹配，干预组中每一个个体，匹配对照组中的一个同类个体（倾向得分相同），使得饮酒和不饮酒的人数基本相同，然后在匹配后的数据中进行因果效应分析。由于这时人群中的身体素质基本类似，因此数据的差异与混杂问题基本被"抹平了"，这样分析得到的因果效应具有较高的可信性。该方法一般常用于医学、公共卫生、经济学等领域。上述例子研究的问题是饮酒对于健康的影响，能够得到的数据是观察数据，因为饮酒者与不饮酒者的行为和结果是很容易观察到的。但如果要进行随机对照试验，则需要招收大量被试人员，然后随机分配到饮酒组和不饮酒组，这种实验设计不太容易实现，也并不符合科研伦理。由此可以看出，在医学等领域，通过观察数据研究因果关系是较为合适的方法。但是面对最容易获得的观察数据，如果不加调整，很容易获得错误的结论，比如拿饮酒组健康状况最好的一些人和不饮酒组健康状况最不好的一些人作对比，就可能得出饮酒对于健康并无负面影响的结论。从统计学角度分析原因，这是因为观察研究并未采用随机分组的方法，从而无法应用随机对照试验的一些原则来减弱或消除混杂变量的影响，很容易产生系统性的偏差。倾向得分匹配就是用来解决这个问题，消除分组之间的干扰因素的。

因果分析的方法还有"断点回归"，这也是当前在因果分析中常用的方法，该方法最早由唐纳德·斯特里斯维特（Donald Thistlethwaite）和唐纳德·坎贝尔（Donald Campbell）于20世纪60年代首次提出。假设要考察参加补习班对于高考录取的影响，简单地比较高考录取的情况是没有意义的，因为其中的影响因素太多，比如平时的学习努力程度、资质与兴趣等，因此需要找一个"断点"，在该断点附近的人群具有较好的可比较性，从而确定参加补习班对于高考录取的影响。很显然，这个断点自然就是录取分数，比如录取分数为500分，则500分左右的考生的其他条件可以认为是相似的，考过500分和没有考到500分（即被录取或者未被录取）完全是偶然的，因此除了是否参加补习班之外，其他因素并不对考试成绩产生强影响。可以认为在考分为500分左右的考生中，其他因素完全是偶然地影响了考试成绩，与考试成绩是独立的，也就是说，其他因素的差异被断点"抹平了"。因此，分析500分左右的考生参加补习班的情况，可以较好地得出有关参加补习班与高考录取的因果关系。使用断点回归设计就不需要考虑遗漏变量问题，因为断点的选择本身与其他特征不相关，就不会影响分析的结果。因此，断点回归在当前因果分析中也得到了较为广泛的应用[15]。

从 20 世纪 80 年代中期开始，在一些经济学家和统计学家的持续推动下，一种处理多元统计学问题的新方法在社会科学领域悄然兴起，这就是结构方程模型，该方法最早可追溯到美国遗传学家赛沃尔·赖特（Sewall Wright，1889—1988），挪威经济学家特吕格弗·哈维默（Trygve Haavelmo，1911—1999）分别在 1921 年和 1943 年建立的理论。结构方程模型利用变量之间的协方差计算各变量之间的相互影响，并且这些变量允许存在未被观察的潜变量，它的代数部分可以用方程刻画，一组变量 X_1，X_2，$\cdots$，X_n 对于变量 Y 的影响可以用如下函数表示

$$Y = f(X_1, X_2, \cdots, X_n, U) + \varepsilon$$

其中，U 是未观察变量，ε 是随机扰动项，一般来说，ε 是均值为 0 的高斯分布。结构方程也可以写成迭代方程组的形式

$$X_1 = f_1(U) + \varepsilon_1$$
$$X_2 = f_2(X_1, U) + \varepsilon_2$$
$$\vdots$$
$$X_n = f_n(X_1, X_2, \cdots, X_{n-1}, U) + \varepsilon_n$$
$$Y = f(X_1, X_2, \cdots, X_n, U) + \varepsilon$$

其中，每个 X_i 至多在方程左边出现一次。未在方程左边出现的变量称为外生变量，这种变量只影响别的变量，而不被别的变量所影响。未观察变量就是外生变量。在方程左边出现的变量称为内生变量，内生变量受外生变量的影响，同时也受内生变量的影响。结构方程看起来与代数方程并无二致，实际却有本质区别，对于结构方程，有些代数变换是没有意义的。例如，X 表示某种商品的价格，Y 表示该商品的销

售量，根据长期的观察，通过回归，得到二者之间的关系为

$$Y = -\frac{1}{2}X + Y_0$$

其中，Y_0 是基础销售量，这个公式说明，价格增加一个单位，销售量减少 1/2 个单位。但是如果把方程做如下变换

$$X = -2Y + 2Y_0$$

就可以解释为，销售量减少 1 个单位，价格必然增加 2 个单位，这并不总是符合事实，可能有别的原因使销售量增加，而不止价格，因此这样的变换是没有意义的。一个变量对于另一个变量的影响常常表现出单向性，因此方程两边的变量并不对等，代数变换破坏了这种非对等性，因而不被允许[16]。

再举一个例子，假设有一种药品的服用情况 X，对于治疗效果 Y，白天的期望有效率为 85%（$Y = 0.85$），晚上期望有效率为 20%（$Y = 0.2$），用 Z 表示时间，$Z = 1$ 表示白天，$Z = 0$ 表示晚上，对应情况见表 1-2。

表 1-2　考虑时间因素时药品的治疗效果

时间	服药情况 X	治疗效果 Y
白天（$Z = 1$）	服药（$X = 1$）	$Y = 0.85$
	不服药（$X = 0$）	$Y = 0$
晚上（$Z = 0$）	服药（$X = 1$）	$Y = 0.2$
	不服药（$X = 0$）	$Y = 0$

可以列出如下方程来描述 X 与 Y 之间的期望因果关系：

$$Y = 0.85ZX - 0.2(Z - 1)X$$

之所以称其为期望，是因为这个方程把药品有效率的波动 ε 通过期望给"屏蔽"掉了，成为一个简单的结构方程，这个方程描述了吃药对于治疗效果的因果效应，看起来很直观。更为复杂的方程可以通过数

学方法获取，现在更是大量地使用机器学习来获取结构方程，但是机器学习目前遇到的问题是，其结构方程基本上是一个"黑箱"，看不出各个变量之间的具体关系，因此缺乏可解释性和可靠性。

结构方程模型可以很好地模拟经济学或者决策论中的干预操作，干预是一种对于某个特定变量施加动作的操作，使其取定某个固定的值，同时在这种情况下观察其他变量的变化。显然经济学中的许多决策问题就是某种干预，通过干预就可以知道在别的变量不变的情况下，一个变量（干预变量）是如何影响另一个变量的（结果变量）。干预是一种主动的操作，与人们被动地观察变量的关联变化完全不同。对于一个干预，例如强制将变量 X_i 设置为 a，则干预后的方程变为

$$X_1 = f_1(U) + \varepsilon_1$$
$$\vdots$$
$$X_i = a$$
$$\vdots$$
$$X_n = f_n(X_1, X_2, \cdots, X_{n-1}, U) + \varepsilon_n$$
$$Y = f(X_1, X_2, \cdots, X_n, U) + \varepsilon$$

解释这个方程就可以分析干预后系统其他变量的行为。顺便说一句，在结构方程模型出现之前，统计学对于如何描述经济学中的干预操作是束手无策的。

结构方程模型后来被一些科学家用于建立因果模型，称为结构因果模型，2000 年诺贝尔经济学奖得主，美国科学家詹姆斯·赫克曼（James Heckman）在模型建立过程中起到了关键的作用。在结构因果模型中，变量 X 对于 Y 的因果效应被一组结构方程以及因果图表示，很显然，在因果模型中，变量之间的关系函数可以用回归、拟合甚至机器学习等方式给出，但是对于它的解读需要遵从因果关系中原因和

结果之间不能互换的原则。这里需要再说明一下，结构因果模型分析的是因果效应，至于是否存在因果关系取决于主观裁定。例如某个事件 Y 出现的概率为 99%，事件 X 的出现只是将事件 Y 的出现概率提高了 0.1 个百分点，即从 99% 提高到 99.1%，即便是稳定提高，两者之间是否成立因果关系依赖于各自的见解。

1.4.4　珀尔的因果分析框架

从 20 世纪 80 年代开始，以朱迪亚·珀尔（Judea Pearl，如图 1-20 所示）为代表的一些研究人员提出一种新的因果分析模型。主要由两部分组成，一部分来源于结构方程的结构因果方程（structure causal function，SCF），另一部分来源于贝叶斯网络的因果图（causal graph，CG）。根据共因原理，因果关系具有单向性，因果链可以看作一个马尔可夫过程，因此因果图是一个有向无环图。同时珀尔还引入了 do-操作、反事实分

图 1-20　朱迪亚·珀尔

析等概念，提出了一种全新的形式化理论，开创了另外一条从观察数据（或者观察数据与实验数据结合）进行因果分析和推断的路线。

假设 X 和 Y 是两个取值 0 或 1 的变量，$X=0$ 表示 X 没有出现，$X=1$ 表示 X 出现，$Y=0$ 表示 Y 没有发生，$Y=1$ 表示 Y 发生，Z 是环境变量，定义 X 对于 Y 的平均因果效应（average causal effect）$\mathrm{ACE}(X \rightarrow Y)$ 为

$$\mathrm{ACE}(X \rightarrow Y) = E(Y \mid \mathrm{do}(X=1), Z) - E(Y \mid \mathrm{do}(X=0), Z)$$

其意思是，强制将 X 设置为 1，固定其他变量不动（这就是所谓的

"干预"），观察 Y 变化的期望值，并与其在 X 强制设置为 0 时的期望值进行比较，其中的差被认为是 X 对于 Y 的因果效应。为了判定 X 与 Y 是否具有因果关系，可以确定一个阈值 $p \geqslant 0$，当 $|\mathrm{ACE}(X \rightarrow Y)| < p$ 时，认为 X 与 Y 没有因果关系，否则认为两者之间存在因果关系（正因果关系和负因果关系），这再一次说明，因果效应是客观的，但因果关系依赖于主观标准。

珀尔的关于因果效应的定义既比较符合常识认知，又具有坚实的数学基础，do-操作是该定义的核心，同时也具有契合常识的含义以及严格的计算程序。上面的叙述是对珀尔对于因果效应的定义做了简化处理，更多的精彩内容将会在这本书后面的篇章中进行介绍。新的理论充满了对于因果和因果关系的深邃领悟，将直觉经验、数学描述和形式演算完美结合起来，一层层地揭开长期以来笼罩在因果关系上的神秘面纱。其中对于各种悖论的解释，以及对于因果效应、反事实推理、隐变量处理、不完美实验、特例原因（或个体原因）等问题的阐述，更是引人入胜。珀尔建立的因果分析与推断框架，具有数学概念清晰、形式化程度高、易于算法化等特点，在基于算法的各种平台上得到了广泛应用，是当前因果分析领域中重要的理论框架和应用工具。

珀尔把因果分析理论框架建立在 do-操作基础上，该理论与随机对照试验有着深刻的联系，它们之间可以互相印证、互相转换，简直可以说是随机对照试验的数字孪生，因此该理论具有坚实的理论基础，也得到了学术界的公认。借助这一理论，就可以通过观察数据来分析和判断因果效应，从而使得原来一些无法进行实验的学科也引入了因果分析，建立了一套严谨和系统的新的研究方法。无论是经济学或者社会科学中所涉及的因果问题，还是在人工智能中所关心的因果知识和因果推理，都可以在这样的理论框架中展开，因此该理论为各个学科的新的研究革命提供了强大的武器。另一方面，珀尔本人证明了该理论与潜在结果理论是等价的，这样一来，原本是两个不同路线和观点发展起来的因果理论竟然具有内涵同一性和本原一致性。这就进一步肯定了该理论的普适性和可信任性，尽管它仍然受到某些直觉主义者的批评。

现在回顾一下珀尔对于因果分析和推断的一些基本观点，这些观点还会在本书的后续章节中看到，代表了珀尔关于因果论的基本看法，包括（但不限于）以下 4 点。

1）"在任何因果结论背后一定有某种未经检验的因果假定"。从数据中进行因果分析需要事先有一些假定，以减少变量之间关联的可能数量，揭示出真正的因果关系。从数学角度看，这种假定在数据中往往表现为一些变量之间的独立性，或者条件独立性。例如本书 2.6.3 小节中提到的"吃药不会改变性别"以及 1.1.1 小节中提到的"未来的状态只与当前状态有关，而与过去的状态无关"等。一般来说，这些假定需要有合理性，合理性包括：①被所收集的数据支持；②常识能够接受；③足够简单和直观。可能还有其他一些要求。统计学中的贝叶斯主义也讲先验假设，但并不太看重，只要给定足够多的样本和足够细致的测量，原则上先验假设是可以检验的，并随之修改的。但是因果分析的假定所需要的数据支持，却与数据量无关，这一点与先验假设有很大的不同。在因果分析中，一个（或一组）合理的假定会推断出相应的因果关系，如果不同意这个假定，则自然也就否认相应的因果关系成立。不同的假定会得到不同的因果结论，当然，越是简单和直观的假定，越有可能使推出来的因果结论符合实际问题。所以，只有数据本身是做不了因果分析的，还需要知道数据生成的过程（即数据的语义），以便做出合理的假定。

2）"因果以及相关的概念（例如随机化、混杂、干预等）不是统计概念"。这是贯穿珀尔因果分析和演算思想的一条基本原理。"如果混杂是一个统计学概念，我们就可以从非实验数据的特征中找出混杂因素，对这些混杂因素进行校正，得到无偏差的因果效应估计。这违反了我们的一条基本法则——在任何因果结论背后一定有某种未经检验的因果假设。"用一句简单的话来描述两者的差别，那就是"统计学研究变量与变量之间分布的静态性质，而因果分析研究动态性质"。珀尔多次强调，在统计学里，是从数据中研究和估算各种分布以及它们的参数，而在因果分析中，则研究当一个变量的分布发生变化时，如何影响其他变量的分布。具体的数学工具之一就是 do-操作。do-操作是一种对于数据的主动干预，在传统的统计学中甚至找不到对它的描述，这是珀尔定义因果关系而创建的一种操作，借助这一概念，可以很好地定义什么是变量之间的因果效应。例如在决策理论中，决策是一种对于现有状态的主动干预，已知当前环境 Z，拟采取决策 X，预测结果 Y。这个情况可表示为 $P(Y|do(X),Z)$，而不是 $P(Y|X,Z)$。前一个公式表示在决策前的环境 Z 中，实施决策 X 之后，预判 Y 出现的概率。后一个公式则表示在决策 X 与实施后的环境 Z 共存的情况下，Y 出现的概率，这个共存环境与决策前的环境可能不一样。统计分析是观察，看到了什么（所谓的 seeing），并估计会发生什么。因果分析是干预，做了什么（所谓的 doing），并预测会发生什么。这就清楚地表明了统计分析与因果分析的不同之处。

3）"反事实是在最邻近世界中的替换操作"。"反事实"是因果关系中一个特有的术语，指的是如果在发生 $X=x$，同时又出现了结果 Y 的情况下，若 $X=x'$，Y 仍然发生的可能性有多大，表示为 $P(Y_{X=x'}|X=x,Z)$。

反事实讨论的是原因的必要性，反映了人类的反思和回顾，这是人类智能中的核心部分。在反事实分析中，引入了 do-操作 $do(X=x)$，即对于变量 X 强制设为水平 x，do-操作是描述人工操纵的算子，反映了对于现实世界的一种干预。如果在现实世界 Z 中实施了操作 $do(X=x)$，结果是 $P(Y|do(X=x),Z)$，若改为反事实操作 $do(X=x')$，即做了 X 的另一种替换操作，所得到的结果应该是 $P(Y|do(X=x'),Z^*)$，其中 Z^* 是所谓的与 Z 最邻近的假设世界，即在 Z^* 与 Z 中，所有不受 X 影响的变量都取相同的值。以前也有过各种关于反事实的定义，但是大多数含义是模糊的或者难以识别的，没有严格区分现实世界与假设世界的异同。例如有些定义将反事实放在另一个更一般的世界中，这可能与反事实概念的初衷相违。有些定义用自然语言描述，无法转化为数学公式，从而难以具体计算。而珀尔的定义则语义明确，在很多情况下，又易于在计算机上进行运算。更重要的，该定义与人们的常识较为吻合，有利于与现有的知识体系相结合。反事实在日常生活和科学论述中是大量出现的。尽管从数学上说，珀尔对于反事实的定义仍然是一种约定，却是目前关于反事实推断的最为清晰、涵盖面最广以及最便于在实际中应用的概念。

4）"人工智能的水平分为 3 个台阶"。这 3 个台阶依次是：①根据观察（seeing），预测和判断将会发生什么；②根据干预（doing），预测和判断将会发生什么；③根据反思（imaging），预测和判断应该发生什么。这 3 个台阶分别对应于"关联关系""因果关系"和"反思关系"。关联关系使用统计学公式 $P(Y|X,Z)$ 基本就可以描述，也就是在观察到 X 以及环境变量 Z 时，预测 Y 发生的概率，当前大多数人工智能设备处于这一台阶。因果关系使用公式 $P(Y|do(X),Z)$ 描述，也就是计划对 X 实施干预，在实施前的环境变量 Z 下，预测 Y 发生

的概率，当前在这一个台阶上的人工智能也已经有了很多的研究，也使得根据这个模式做出来的机器有了初步的"智能"。$P(Y|X,Z)$ 与 $P(Y|do(X),Z)$ 的意义是不同的，干预 $P(Y|do(X),Z)$ 使人们能够事先分析某个决策产生的效果，而不是等着决策实施后，被动地观察产生的效果。而反思关系（也称反事实关系）使用公式 $P(Y_{X=x'}|X=x,Y=y)$ 描述，说明在已经知道当前决策是 $X=x$，以及结果是 $Y=y$ 的前提下，若采取另一个决策 $X=x'$，可能产生的效果。例如一个病人拒绝手术使病情加重，那么若他接受了手术，病情是否能够好转，这就是典型的反思。反思是人类智能特有的想象力，使人类能够不断改进和不断完善。具有反思功能的人工智能也将具有这种能力，以实现自我的不断进化，这是人们所期盼的人工智能形式[17]。

1.5 本章结束语

我们已经简要地描述了因果关系的历史，其中既包含有关因果关系概念的演化，也包含一些主要的推断分析和计算方法，同时也介绍了其中的一些观点和问题。本书将在后面几章陆续介绍到因果关系相关分析和推断的具体概念与方法，这会进一步帮助大家加深对于因果关系的理解。虽然到目前为止，对于因果关系的研究已经取得了相当丰富的成果，从实验数据和观察数据中提取因果关系都有了一些可以应用的方法，并且解决了一些重大的问题。因果推断已经成为当前人工智能、机器学习等领域不可或缺的工具，在社会经济学领域也已经逐步成为主要的研究手段，但这些进展也只是掀开了因果这个深邃事物的一角帷幕。总体上说，因果关系不仅是一个数学对象，更多的还是一个哲学对象，甚至是一种信仰，将因果关系完全归于数学计算是不现实的，既不符合因果关系本身的内涵，也不利于它的进一步应用。

因果关系天生就是一个横跨哲学与科学的概念，因此我们既要注重从数学的学科层面去推进和丰富因果推断的各种方法，又要从哲学层面更好地理解因果关系，理解推断因果关系所必需的各种假设，理解数据的生成过程，理解数据与数据之间的相互关系，以及理解各种计算方法存在的优缺点。一句话，因果关系还有更多的谜等待我们去解开。

第 2 章　因果关系——决策与反思

　　现实生活中，我们常常面临诸如"吃药是不是会让身体康复""若吃药使身体康复了，那不吃药是否仍会使身体康复"等问题，这类问题涉及人类思维中的预测、决策与反思。基于此，图灵奖得主朱迪亚·珀尔（Judea Pearl）提出了人工智能三级阶梯：关联、干预、反事实。关联是指建立所要识别的对象间的关联关系，对应的是预测过程，也是当前以深度学习为代表的人工智能技术所聚焦的目标。

　　干预是指主动改变一个对象的状态，考察另外的对象会产生什么样的相应变化，对应的是决策过程。该过程须以确定事情的缘由为目标，仅靠关联分析无法实现。如图 2-1 所示，美国人均马苏里拉奶酪消费量与土木工程博士学位授予量成正相关，那为了提高土木工程博士人数，政府决策者是否应该刺激马苏里拉奶酪的消费？要回答这类问题，显然需要识别导致土木工程博士人数变化的实际原因是什么，然后深入回答"为什么"的问题，做到既要知其然，还要知其所以然。作为人工智能的第二级阶梯，干预的本质是要识别事物的原因，回答"是否是 X 的变化导致了 Y 的变化"之类的问题。

　　反事实则是指在当前状态已经发生的情况下，判断如果采取另外一种策略是否会得到不同的结果，对应的是反思过程。这有利于人们总结经验教训，提高自身的决策能力，或是为后续的决策制定提供支持，这是智能活动的高级形式。具备反思能力的智能机器，可以自动调整学习策略，修改和完善内部机制，这是人们开发人工智能所追求的目标。与预测和决策不同，反思是指在有一个已发生的前提下进行假设推断，由于需要推理的部分与已发生的事实相矛盾，因此称为反事实推断。作为人工智能的第三级阶梯，反事实问题通常表述为"X 的变化引起 Y 的变化后，若 X 不发生改变，那 Y 还会不会发生变化"。

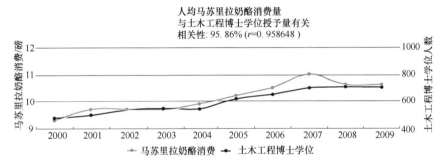

图 2-1　美国人均马苏里拉奶酪消费量与土木工程博士学位授予量成正相关⊖

　　预测涉及关联关系的处理，当前机器学习在这方面已取得巨大成就，决策与反思均涉及因果关系的处理，是构成下一代人工智能的基础。目前因果分析有两大主流框架：潜在结果框架（potienal outcome framework）和结构因果模型（structure causal model）。本章将围绕决策与反思，基于结构因果模型介绍如何通过数据分析手段实现因果估计与反事实推断，同时也会简要介绍潜在结果框架及其与结构因果模型的一些联系。

　　⊖　数据来自美国农业部和美国国家科学基金会。（资料来源：Vigen T. Spurious correla-tions. Hachette UK；2015 May 12.）

2.1 什么是混杂

如何确定一个事件 X 是另一个事件 Y 的原因？例如，如何确定是服药（事件 X）导致了身体的痊愈（事件 Y）？一个简单想法是让患者 A 吃药，然后看其是否痊愈，若痊愈，则认为服药是身体痊愈的原因。但有可能患者 A 不吃药也能痊愈。因此，单纯通过实施事件 X 来查看事件 Y 的结果，并不足以说明事件 X 是事件 Y 的原因，就像不能看到公鸡打鸣后太阳升起，就认为公鸡打鸣是太阳升起的原因，还须查看不实施事件 X 后的事件 Y 的结果。两相对照，即再找一个患者 B，让其不吃药，看能否痊愈，若患者 A 吃药痊愈，患者 B 不吃药不痊愈，则认为服药是身体痊愈的原因。

似乎找到了识别因果关系的方法：改变事件 X，查看事件 Y 是否改变，若事件 Y 发生改变，则认为事件 X 是事件 Y 的原因。但事情并没有这么简单，回到服药的例子，影响身体痊愈的因素较多，比如服药的患者 A 比较年轻，身体抵抗力较强，即使不服药，依靠自身免疫力依然能够痊愈，这种情况下，虽然对比患者 B，患者 A 服药且痊愈了，但我们并不能认为服药是痊愈的原因，自身免疫力也可能是痊愈的原因。这反映了因果关系识别的难题，患者 A 与患者 B 的年龄差异导致了识别痊愈原因的困难。在现实世界中，存在诸多影响事件 X 和事件 Y 的因素，在判断事件 Y 的变化是否是由事件 X 引起的时候，要排除这些因素的干扰。对于这种存在第三个变量 Z 同时影响事件 X 和事件 Y 的情形，称事件 X 和事件 Y 之间存在混杂变量，或者称事件 X 和事件 Y 是混杂的，变量 Z 被称为事件 X 和事件 Y 的**混杂因素**，例如年龄（Z）便是服药（事件 X）和痊愈（事件 Y）的混杂因素。

　　在实验环境中,可以通过随机化来消除混杂因素对因果效应的影响,比如随机地分配一些人服药,一些人不服药,这两部分人的年龄等其他方面没有什么区别,两部分人里的老年人和青年人的比例(及分布)都是一样的,因此两部分人痊愈的情况就与吃药密切关联,与年龄无关,由此可以看出服药与痊愈的因果关系。该方法即为识别因果效应的黄金法则——随机对照试验(RCT),内曼应用中心极限定理证明通过随机对照试验计算得到的因果效应是真实因果效应的无偏估计。但实际中,这种实验可能是无法执行的,或因为成本很高难以执行,或因为受到伦理的约束而无法执行(试想一下,如果实验是关于癌症的,让本来有可能通过服药痊愈的人不服药是一个难以接受的事情)。

　　在实际应用中,可以转而通过观察数据来进行分析,通过观察服药人群与不服药人群的痊愈率来判断是否有因果关系。但是观察数据有一个问题,服药与不服药是自愿选择的,因此可能老年人更愿意选择服药,青年人更愿意选择不服药,因此在服药人群中,老年人居多,而不服药人群中,青年人居多,这样比较下来,服药人群的痊愈率反而可能低于不服药人群,但这不能得出服药不利于痊愈的结论。在自愿选择的情况下,因果关系受到选择的影响而出现了偏移。正确的做法是将观察数据中的老年人和青年人分别分组,在这样的分组里,年龄的差别被消除了,然后比较这两个组(即老年人和青年人)里面,服药与不服药在痊愈率上的差别,就能真正得到服药和痊愈之间的因果关系。在这个问题中,年龄形成了对于服药效果的干扰,它一方面影响服药与否,一方面又影响服药的效果。年龄就是上面所说的混杂因素,混杂的出现使因果分析变得复杂。而对老年人和青年人分别分组,就是一种消除混杂的方法。由此看出,基于数据的因果关系计算与分析，需要做的是消除混杂因素的影响，从而确定真正的因果关系。

2.2 如何表示因果关系

2.2.1 因果结构图

要消除混杂因素的影响，首先需要确定数据中蕴含的因果关系。但数据本身不会告诉我们这些关系，即使相同的数据，其背后的因果关系也会不同。考虑如下两个评估药物效果的案例。

案例 1：服药患者 400 例，不服药患者 400 例，护士 A 在分配药物前，为患者量了血压，其中低血压患者 410 例，高血压患者 390 例。患者痊愈情况见表 2-1。

案例 2：服药患者 400 例，不服药患者 400 例，护士 B 在患者服药后的第二天为患者量了血压，其中低血压患者 410 例，高血压患者 390 例。患者痊愈情况见表 2-2。

表 2-1　服药前测量血压的药物效果检测

	不服药	服药
服药前低血压	110 例中有 102 例痊愈（痊愈率为 92.73%）	300 例中有 254 例痊愈（痊愈率为 84.67%）
服药前高血压	290 例中有 212 例痊愈（痊愈率为 73.10%）	100 例中有 72 例痊愈（痊愈率为 72.0%）
总　体	400 例中有 314 例痊愈（痊愈率为 78.50%）	400 例中有 326 例痊愈（痊愈率为 81.5%）

表 2-2 服药后测量血压的药物效果检测

	不服药	服药
服药后低血压	110 例中有 102 例痊愈（痊愈率为 92.73%）	300 例中有 254 例痊愈（痊愈率为 84.67%）
服药后高血压	290 例中有 212 例痊愈（痊愈率为 73.10%）	100 例中有 72 例痊愈（痊愈率为 72.0%）
总 体	400 例中有 314 例痊愈（痊愈率为 78.50%）	400 例中有 326 例痊愈（痊愈率为 81.5%）

医生，我们的测试结果出来了。我在用药前给他们测了血压，高血压和低血压的病人比例上基本持平，但给药组和不给药组血压分布不持平，可以吗？

这个不行，因为给药组和不给药组的高低血压病人比例相差很大，显然不符合随机测试的要求……

医生，我们这组是用药后测的血压，结果显示用药后高血压和低血压的人数差异明显，这种符合要求吗？

嗯，既然我们用药前没有测血压，分组的时候也没考虑这个因素，差异明显只能认为是用药引起的，无法证明当初的分组不合理。

这两个案例中，患者痊愈数据完全相同，区别在于案例1中患者的血压是服药前测量的，案例2中患者的血压是服药后测量的。二者都呈现"低血压患者和高血压患者不服药痊愈率高，合并后的总体患者服药痊愈率高"的特点。假设知道该药物有降低血压的额外效果，那对于这两个案例，药物对身体痊愈的因果效应是否一致？

先来看案例1。血压为服药之前测量的，说明服药组和不服药组的血压分布并不一致，在服药组中，低血压患者占多，反映了低血压患者更倾向于服药，而不服药组中，高血压患者占多，反映了高血压患者更倾向不服药，这说明血压对选择是否服药的确有影响。此外，低血压患者不管服药还是不服药，其痊愈率都要高于高血压患者，说明血压对是否痊愈有影响。这里，血压成为服药与痊愈之间的混杂因素，从分组之间的血压差异也可以看出，由于两个分组血压分布不一致，说明至少一个组不符合随机抽样的要求。即违背了随机对照试验的分组原则，因此单看总体痊愈率，并不能反映服药对身体痊愈的效果，疾病痊愈的差异更有可能是血压差异造成的。而总体痊愈率和分组痊愈率之间存在矛盾，是由于实验分组不规范导致的。

再来看案例2。血压为服药后测量的，因为没有数据证明分组不是随机的，所以在假定分组随机的情况下，血压在服药组和不服药组的差异被认为是由服药造成的，即服药造成血压降低，使得服药组中的低血压患者多，而不服药组中的高血压患者多，因此药物对血压有影响，而非案例1中表明的血压对药物有影响。此案例中的血压不构成混杂因素，依据分组假定，认为该案例服从随机对照试验设置，因此查看总体痊愈率可以反映药物对疾病的因果效应，即该药物是有效的。

案例1的总体实验数据是无效的，而案例2的总体实验数据是有效的，这体现了二者背后因果假设的差异。通常无法单纯从数据中获取因果假设，在这两个案例里，依据数据获取方式，判断出案例 1 的分组数据存在明显的血压分布的不同，因此分组明显不符合随机对照试验，这时看总体结果是没有意义的。而案例 2 的血压是服药后测量的，依据假设相信服药之前的分组符合随机对照试验要求，服药后测得的血压分布差异是由服药造成的，因此选择相信案例 2 的总体数据的结果。若怀疑案例 2 的分组可能不符合随机对照试验要求，则需要另外做随机试验了。当然，在实际临床中还是建议事前测量血压，使其符合随机对照试验。

如何表示这两个案例背后隐藏的因果关系呢？这里，就要借助计算机中图的概念来实现这个目标。图由节点和连接节点的边构成。用节点表示变量，一个变量对应图中的一个节点，因此，案例 1 和案例 2 的图均有 3 个节点，分别表示是否服药（X）、血压（Z）、是否痊愈（Y）。用带箭头的边（也称为有向边）表示因果关系，箭尾为因，箭头指向果。在图中，箭头指向的变量称为**子节点**，箭尾的变量称为**父节点**。因此案例 1 和案例 2 中蕴含的因果关系分别表示为图 2-2a）和图 2-2b），其中 Z 是 Y 的原因，因此有一个从 Z 指向 Y 的有向边，Z 是 Y 的父节点，Y 是 Z 的子节点。

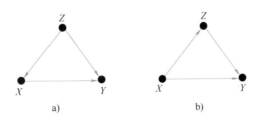

图 2-2　案例 1 和案例 2 中的因果关系表示

a）案例 1 中的因果关系　b）案例 2 中的因果关系

从图 2-2 中可以发现，二者的区别在于 X 与 Z 之间的因果关系不同，在案例 1 的数据中，血压影响服药的选择，在案例 2 中，服药影响血压。借助图形化表示，可以清晰地表示出数据蕴含的因果关系。这种表示形式更为直观，利于观察原因与结果的方向性，我们将这种图称为因果结构图。

2.2.2　因果结构图中的关系传递

因果结构图中的边表示变量间的依赖关系，这种关系一般具有传递性（也有不具有传递性的情形，但比较少见）。

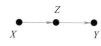

图 2-3　链式结构

如图 2-3 所示的链式结构，其中 X 表示是否下雨，Z 表示是否打伞，Y 表示是否被雨淋。X 会影响 Z，Z 会影响 Y，因此，X 也可能会影响 Y，即下雨这个原因会通过是否打伞而导致是否被雨淋。可以把边想象成管道，因果关系想象成水流，在管道畅通的情形下，水流会发生流动，形成因果的传递关系。如果切断管道，对应图中就是 Z 保持不变，X 的变化不会引起 Z 的变化，也就不会引起 Y 的变化，此时 X 对 Y 无影响，这在统计学上的表述为 X 与 Y 独立。考虑到 Z 保持不变这个前提条件，则这种情形在统计学上表述为以变量 Z 为条件，X 与 Y 独立，即在出门打伞的条件下，无论下不下雨，都不会被雨淋。

图 2-3 中的依赖关系是沿着箭头方向传递的，即从 X 到 Z 再到 Y。这种传递也会发生在箭头方向不一致的情形中。如图 2-4 所示的分叉结构，Z 既是 X 的原因，也是 Y 的原因，我们将这种结构称为分叉结构，其中从 X 到 Y 有一条箭头方向不一致的

图 2-4　分叉结构

路径。例如 Z 代表气温，X 冰淇淋销量，Y 可能代表犯罪率。气温升高会提高冰淇淋的销量，同时气温升高导致人易烦躁从而提高了犯罪率。

观察到冰淇淋销量升高，意味着气温升高，也意味着犯罪率升高，因此会在观察数据中发现冰淇淋销量和犯罪率有关。但注意，这种依赖关系传递不是因果关系传递，只能说明冰淇淋销量与犯罪率相关，但冰淇淋销量不是犯罪率升高的原因，造成这种相关的原因在于二者有一个共同原因。但如果 Z 维持不变，则依然会切断 X 到 Y 的管道，从而切断依赖传递，即当温度不变时，冰淇淋销量不再与犯罪率有关（此时的冰淇淋销量变化可能由其他原因造成，如儿童节等），这在统计学上表述为以变量 Z 为条件，X 与 Y 独立，与链式结构一致。分叉结构也是现实中观察到的许多相关性无法解释为因果关系的原因，如前文提到的公鸡打鸣和太阳升起。Z 实际上构成了 X 与 Y 之间的混杂因素。在图 2-2a）中，血压也是服药和痊愈之间的混杂因素。

那是不是说，只要 X 到 Y 有一条路径，无论箭头方向如何，都会造成依赖关系传递？考虑如图 2-5 所示的因果结构，其表示的因果关系与分叉结构相反，即 X 是 Z 的原因，Y 也是 Z 的原因，由于箭头在 Z 处对撞，我们将这种结构称为对撞

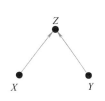

图 2-5 对撞结构

结构。例如，X 是高考成绩，Y 是学科竞赛成绩，Z 是大学录取结果。若高考成绩达到大学录取分数线，则会被录取，若学科竞赛成绩达到大学录取要求，则也会被录取。高考成绩和学科竞赛成绩都是是否被大学录取的原因。从 X 到 Y 也存在一条箭头方向不一致的路径，但这里的依赖关系不再发生传递。高考分数高，并不意味着能取得优异的学科竞赛成绩，而优异的学科竞赛成绩并不意味着高考分数高，X 和 Y 是无条件独立的。箭头在 Z 处对撞，Z 实际上起到了截断 X 和 Y 之间信息流动的作用。但 Z 维持不变的情况下，例如知道同学 A 被大学录取了，此时若知道同学 A 的高考分数不高，那立马会知道其有优异的学科竞赛成绩，反之亦然。此时，X 和 Y 之间发生了信息流动，形成了依赖关系。因此，以 Z 为条件，X 和 Y 是相关的，不再是独立的。

　　链式结构、分叉结构和对撞结构是因果结构图中的 3 种基本结构，表示了数据间不同的依赖关系。3 种结构中，从 X 到 Y 均有路径连接，但链式结构传递的是因果关系，分叉结构传递的是相关关系，而对撞结构则阻断了信息流动，但如果固定对撞节点，则在两个节点之间出

现了相关关系（一个节点的变化必然导致另一个节点随之变化，才能保持对撞节点固定）。例如前述对撞结构例子中，分析的数据都来自被大学录取的学生，则在高考成绩和学科竞赛成绩之间出现了相关，在已经被录取的前提下，如果一个学生的高考成绩不好，则必定学科竞赛成绩很好。一般情况下，人们可能认为相关关系都是由因果关系产生的，要么一件事情是另一件事情的原因，要么这两件事情都是第三件事情的结果，但对撞结构告诉我们，有时候固定某些变量的取值，会使另外两个变量之间产生相关关系，因此相关关系不全是由因果关系造成的。

　　实际应用中的因果结构要更为复杂，但关系传递原理是一致的。对于 X 到 Y 之间的路径，若路径中有两个箭头指向同一节点，即有对撞结构，则该条路径是被阻断的，其他情形的路径是存在信息流通的。此时，若固定对撞节点，即以对撞节点为条件，则连接对撞节点的两个节点会具有相关关系，因此会重新使信息流通。若两个变量之间有信息流通，则称之为 d-连通，这里 d 是 direction 的意思，即表示方向上的连通，若没有信息流通，则称之为 d-分离。d-连通意味着两个变量是相关的，d-分离意味着两个变量是独立的。例如，图 2-6 给出了含有 6 个变量的复杂结构，表示了参加聚会（X）、醉酒（Y）、头疼（Z）、脑瘤（W）、一身酒味（P）和核磁检查结果（Q）之间的因果关系。参加聚会和脑瘤之间有一条被对撞节点（头疼）阻断的路径，因此二者是 d-分离的，即是否参加聚会和是否得脑瘤是独立的。头疼和一身酒味之间有连通路径，是 d-连通的，该路径中

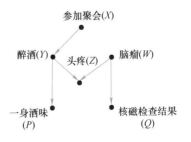

图 2-6　含有 6 个变量的复杂结构

的箭头不是指向同一个方向的，包含了分叉结构，传递了相关关系，表明二者不是因果关系。参加聚会和一身酒味有连通路径，是 d-连通的，该路径中的箭头是指向同一个方向的，传递了因果关系，即一身酒味是参加聚会的结果。

2.2.3 因果关系量化

当谈到 X 是 Y 的原因时，并不意味着若 X 发生，则 Y 必定发生，就像我国哲学家金岳霖所说的，因果之间具有"固然性"，而非"必然性"。如 2.2.1 小节中的案例 2 展示的，服药是痊愈的原因，但并不是服药后必定会痊愈。因此，因果关系有强弱之分。而在因果结构图中，用边表示变量间的关系，这种表示是定性的，即能确定哪两个变量之间有因果关系或是独立的，但不确定具体的强度。

为表示变量之间的量化关系从而量化因果效应，在因果结构图中引入函数的概念，对于每个变量 X 和其父节点集合 $PA(X)$，定义其函数表示为 $X=f_X(PA(X),U_X)$，其中 U_X 是除了 $PA(X)$ 外影响 X 的其他因素，其未在图中标明。由于表示结果的变量放在等号左边，表示原因的变量放在等号右边，从函数中可以确定原因和结果，因此该函数被称为**结构方程**，以下为几种因果结构的结构方程。

1）图 2-3 链式结构的结构方程包括：
$$X=f_X(U_X),Z=f_Z(X,U_Z),Y=f_Y(Z,U_Y)$$

2）图 2-4 分叉结构的结构方程包括：
$$Z=f_Z(U_Z),X=f_X(Z,U_X),Y=f_Y(Z,U_Y)$$

3）图 2-5 对撞结构的结构方程包括：
$$X=f_X(U_X),Y=f_Y(U_Y),Z=f_Z(X,Y,U_Z)$$

在对撞结构中，Z 的父节点有两个，包括 X 和 Y，因此 Z 的结构方程中，等号右边的函数 f_Z 的变量包括 X、Y 和 U_Z。

结构方程与一般方程具有本质区别。结构方程严格限制了变量的位置，即原因变量出现在等号的右边，结果变量出现在等号的左边，不具有对称性，不能将原因变量移项到等号左边。而一般方程仅表示变量之间的关系，具有对称性，可以随意移项。例如方程 $Y=aX+bZ+e$，若其为结构方程，则表示 X 和 Z 是 Y 的原因。若为一般方程，则仅表示 3 个变量之间的关系，可变形为 $X=\dfrac{1}{a}Y-\dfrac{b}{a}Z-\dfrac{e}{a}$，而在结构方程中不允许这样的变形。

表示某个数据集合的所有结构方程合起来称为结构因果模型。在结构方程中，我们严格限制变量的位置，因此每个结构因果模型都有唯一的因果结构图与其对应。而由于结构方程中的函数是任意的，因此，每个因果结构图可以对应无数个结构因果模型。由于因果结构图定性地表示了变量间的关系，因此共享相同因果结构图的结构因果模型也具有相同的变量独立性关系。例如，具有链式结构的结构因果模型中，X 和 Y 均以 Z 为条件独立。注意，这里限定独立性关系，是因为对于依赖关系，可通过调整函数中的参数令其变为独立，例如链式结构的结构方程中，若 $Z=aX+U_Z$，则 $a=0$ 时，X 的变化不再引起 Z 的变化，X 与 Z 不再具有依赖关系，而独立性不受函数形式的影响。

结构因果模型可以作为数据生成蓝本。若能写出结构因果模型中所有函数的具体形式，那么便可以依据函数生成该数据集。这反映了拉普拉斯决定论的哲学思想。考虑将结构因果模型扩大到整个宇宙所包含的因果关系，如果某个生物知晓这个模型中所有结构方程的确切形式，那么它可以基于某个初始状态推导出后续所有的宇宙发展。后人将这个全知的生物称为拉普拉斯妖，与芝诺龟、麦克斯韦妖、薛定谔猫并称物理四大神兽。

2.2.4 因果关系与概率

当谈到因果时，通常想到的是必然的联系，就像拉普拉斯决定论表述的，我们知道了原因，就会知道结果。实际情况并非如此。例如，我们知道打伞是下雨的结果，但下雨了不一定就会打伞，可能会由于粗心等因素，导致出门没带伞。那这是不是违背了拉普拉斯决定论呢？

考虑前文提到的因果关系量化，令 X 表示下雨，Y 表示打伞，则可以写出结构方程：$Y=f_Y(X,U_Y)$，之所以引入 U_Y，是因为是否打伞这件事除了受下雨影响外，还受其他因素影响，例如出门急不急，家里有没有伞等。用 U_Y 表示这些未知的影响因素（即隐变量）。实际上，如果能够获知所有影响打伞的因素，那么依据函数关系，就能够唯一确定是不是打了伞。这一看法反映了我们对于因果关系的一种观念，即如果 X 是 Y 的原因，那么 X 发生，必然引起 Y 的发生，如若 Y 没有

发生，则一定另有原因。遗憾的是，通常没有办法找到所有的因素。而且，有时为了处理问题方便，也会考虑忽略某些因素。因此，知道原因后，结果的发生便有了不确定性。为了表示这种不确定性，可以引入条件概率，即在某件事情发生的条件下，另一件事情发生的概率。例如，可以用 $P(Y|X)$ 表示已知下雨的条件下，打伞的概率。

对于结构因果模型的每一个结构方程，都可以用条件概率来表示因果关系的不确定性。以 2.2.1 小节的案例 1 为例，图 2-7 给出了结构因果模型的概率表，其中 X 表示是否服药，有两种取值，是与否；Z 表示血压水平，有两种取值，低血压与高血压；Y 表示是否痊愈，有两种取值，是与否。在表示条件概率时，须以全部的原因变量作为条件，以血压水平与是否服药影响痊愈为例，我们可以给出在血压水平与是否服药的条件下痊愈的概率，P（是 | 低，是）代表一个人是低血压且服药后，痊愈的概率（0.8467）。

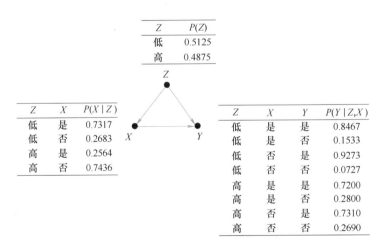

图 2-7　结构因果模型的概率表

由于结构因果模型表示了数据背后的生成蓝图，因此可以进一步计

算每个样本的生成概率。例如，若某个个体低血压，服药且痊愈了，则该个体的生成概率为 $P(Z=低,X=是,Y=是)=P(Z=低)P(X=是|Z=低)P(Y=是|X=是,Z=低)=0.5125×0.7317×0.8467=0.3175$，这一概率等于满足低血压、服药且痊愈的样本数 254 例在总人群 800 例中的比例，即 $254/800=0.3175$。实际上，个体数据的生成概率就是该类型个体在总人群中所占比例，例如总样本有 10000 个，满足低血压、服药且痊愈的个体的生成概率为 0.3175，则最后生成的总群体中理论上会有 3175 个样本满足低血压、服药且痊愈。

上述计算过程体现了因果结构图的马尔可夫性质。该性质表述为以变量的父节点集为条件，其与非子孙节点的变量独立。因此，上述计算过程可一般化为假设因果结构图包括 n 个变量，$X_1,X_2,\cdots,X_n$，则有概率分解公式，

$$P(X_1=x_1,X_2=x_2,\cdots,X_n=x_n)=\prod_{i=1}^{n}P(X_i=x_i|PA_i),$$

其中 PA_i 为 X_i 在因果结构图中的父节点集，等号左边表示的是这 n 个变量取值的联合概率，右边是每个变量的条件概率乘积。

2.2.5 因果结构图与贝叶斯网络

了解贝叶斯网络的读者可能会对图 2-7 有些疑惑，认为"这不就是贝叶斯网络吗？"确实，当贝叶斯网络里的箭头方向表示因果关系时，因果结果图和贝叶斯网络的含义是一致的。基于贝叶斯网络和因果结构图的相关性，本节将简要介绍贝叶斯网络及其与因果结构图的关系。没有接触过贝叶斯网络的读者也无须担心，阅读本节无须具备贝叶斯网络基础知识。

实际上，贝叶斯网络和因果结构图都由珀尔提出，他由于这两方

面的贡献被授予图灵奖。2011 年，美国计算机协会授予珀尔图灵奖时，对其贡献进行总结："通过发展概率和因果推理演算对人工智能做出了基础性贡献。"珀尔又被称为贝叶斯之父。贝叶斯网络的核心思想是贝叶斯公式。因此，我们先从该公式谈起。

首先，我们看两个事件 A 和 B 的联合概率，即它们同时发生的可能性，写作 $P(A,B)$，例如 A 为下雨，B 为打伞，$P(A,B)$ 表示下雨且打伞的概率。这个概率可由下雨（A）发生的概率乘以下雨（A）条件下打伞（B）发生的概率计算得到，即 $P(A,B)=P(A)P(B\,|\,A)$。由于 A 和 B 在数学上可互换，因此，该概率还可以写为打伞（B）发生的概率乘以打伞条件下下雨（A）发生的概率，即 $P(A,B)=P(B)P(A\,|\,B)$。依据这两个公式，可以得到如下公式。

$$P(A\,|\,B)=\frac{P(A,B)}{P(B)}=\frac{P(B\,|\,A)P(A)}{P(B)}$$

上述公式即为贝叶斯公式，由贝叶斯最先提出，后来发展，逐渐演变出了贝叶斯学派，成为哲学研究的一个重要学派。读者可能会好奇，这跟哲学有什么关系？分析一下该公式的神奇之处。首先，我们思考这样一个问题，你认识了一个新朋友（A），你如何判断他是好人还是坏人呢？假设 $A=1$ 表示他是好人，$A=0$ 表示他是坏人，那么我们的问题形式化表述为计算：$P(A=1)$ 和 $P(A=0)$。

在没有任何信息的情况下，很难直接确定这个人的好坏。但可以"听其言，观其行"，从他的行为表现加以分析。因此，可以用 B 来表示他做过的一些事情。那么问题变为估计 $P(A=1\,|\,B)$ 和 $P(A=0\,|\,B)$。直接估计这两个概率仍然很难。通常熟悉的是 $P(B\,|\,A=1)$ 和 $P(B\,|\,A=0)$，即好人通常的行为表现和坏人通常的行为表现。我们的常识告诉我们，好人经常做好事，坏人经常做坏事，因此这两个概率是可以基于我们

已有的知识获得的。那么依据贝叶斯公式，可以将 $P(A=1|B)$ 和 $P(A=0|B)$ 转化为 $P(B|A=1)P(A=1)/P(B)$ 和 $P(B|A=0)P(A=0)/P(B)$，在未知任何信息的情况下，可以假定这个人好和坏的概率各一半，即 $P(A=1)=P(A=0)=0.5$，$P(B)$ 同时出现在两个公式的分母，不影响大小比较，因此可以比较 $P(A=1|B)$ 和 $P(A=0|B)$，若这人做的好事多一些，此时 $P(B|A=1)$ 要大于 $P(B|A=0)$，则可以认为他是好人。同理，若坏事做的多一些，则可以认为他是坏人。

通常将 $P(A|B)$ 称为后验概率，$P(A)$ 称为先验概率，这个公式本质上反映了我们对事物认识的过程。例如与人交往，在初始时，我们刚与其见面，只能凭主观感受进行判断。如果没有任何偏见，可认为好和坏各占一半，而随着跟这个人的接触不断加深，依据其言行，我们对其的认识也会逐渐改变，这个改变即由 $P(B|A)$ 控制。就像我们通常说第一印象很重要，这就体现在先验概率 $P(A)$ 中，而我们也说日久见人心，这则体现在 $P(B|A)$ 引发的后验概率的调整上，即我们对该人的接触越多，对其做出的判断也越符合真实情况。该公式实际上也解释了迷信等行为是如何产生的。刚开始人们对灵异、鬼怪等事件无任何感受，故先验概率 $P(A)$ 可假设为 0.5，而迷信人士为了让人们相信灵异、鬼怪事件，必然要为人们展示一些超出常识的认知，只有在灵异、鬼怪存在的条件下才能成立的事情 (B)，例如"白纸显字""空盆来蛇"等，这样，$P(B|A=1)$ 要远大于 $P(B|A=0)$，从而改变人们对灵异、鬼怪事件的看法，达到使人们相信他们的目的，即提高了 $P(A=1|B)$。而破除迷信，纠正人们认知的最佳方案也是加强教育，告诉人们这些所谓的"神迹"完全可由科学方法解释，以此达到提高 $P(A=0|B)$ 的目的。

前面介绍了贝叶斯推理的核心思想。贝叶斯网络与因果结构图类

似，也是用图的形式组织变量之间的依赖关系，同时辅以条件概率表进行量化。这样基于贝叶斯网络，我们就可以实现概率推理。例如依据图 2-7 计算已知痊愈条件下服药的概率，即 $P(X|Y)$。实际的贝叶斯网络推理要更为复杂，作为条件的变量可以是所要推断变量的祖辈变量（称之为正向推理），也可以是子孙变量（称之为反向推理），还可以是二者的混合，因此，通常采用吉布斯采样等方法进行概率估计。通常意义的贝叶斯网络构造一般不关心其因果语义，主要从网络结构与数据的拟合程度来看，例如 2.3.4 小节介绍的基于评分优化的方法。

珀尔在贝叶斯网络的基础上，认为只有网络中的箭头表示因果语义，才能反映大自然的真实规律。他将概率表拓展为结构方程，贝叶斯公式描述的概率关系属于认识论，反映了我们对世界的认知或信念。而因果关系描述了世界中的客观物理约束，属于本体论范畴。实际上，

从贝叶斯公式来看，认为 $P(B|A)$ 比 $P(A|B)$ 更容易估计，本质上也暗含了因果关系更为稳定，只要世界运行的客观规律没有发生变化，即使我们对环境的认识发生了变化，因果关系也应该保持不变。

2.3　如何从观察数据中识别因果结构

2.3.1　为什么可以识别因果结构

如何获得数据背后的因果结构？直观的方法是依据先验知识人工构造。这种方法依赖于先验知识的储备，费时费力，且难以识别出所有的因果关系。那么是否能够通过数据分析自动化构造因果结构呢？

从统计学上，通常识别的是两个变量是否相关，这种相关关系是无方向性的，即若 X 与 Y 相关，则 Y 也与 X 相关。但因果关系具有方向性，X 是 Y 的原因，说明 X 会导致 Y，而不会反过来。现实中，可以借助时间因素进行判断，原因先于结果，若确定两个变量之间具有因果关系，则只要确定哪个发生在前，便可识别原因和结果。

实际获取的观察数据通常不会标记时间信息。例如，想要分析运动量、饮食和体重的关系，我们获得了一个数据集，包含每个人这三项的信息，但数据中通常不会标记获取这些信息的时间，比如体重可能是增加运动量之前获得的，也可能是增加运动量之后获得的。在这种情况下，如何从数据中识别因果关系，从而确定因果结构呢？或者说，如果能通过数据分析识别出因果关系，如何确定这是对的呢？

考虑三者之间依赖关系：若只知道运动量与体重相关，则可能是因为运动导致体重变化，也可能是因为体重增加导致增加运动量。如果我们还知道体重和饮食是相关的，而运动量和饮食是独立的，此时的相关关系呈现出非传递性特点。回想前面我们提到的 3 种基本结构，链式结构和分叉结构会传递依赖关系，因此，该数据集的一个最自然的解释是，运动量和饮食习惯为两个独立的原因，体重为它们共同的结果，即运动→体重←饮食。这表明即使没有时间信息，特定的依赖模式依然可以体现出因果方向性，因此，可以通过识别此类依赖模式，发现观察数据中蕴含的因果关系。

2.3.2 识别因果结构的基本假设

由于因果结构表示的是数据之间的依赖关系，特别是独立性关系，因此从观察数据中识别因果结构，本质上是找到一个因果结构，使其能解释数据中包含的所有独立关系。在 2.2.3 节中，我们提到可以通过调整结构方程函数，使相关变为独立，因此对于相同的数据，满足数据中独立关系的因果结构并不唯一。我们设定一些基本假设，帮助我们找到反映数据中真实因果关系的结构图。

第一个假设是极小性假设，该假设遵循奥卡姆剃刀原则，即"如无必要，勿增实体"。换句话说，当对同一事物有两个合理的解释时，我们倾向于选择简单的解释，这是因为简单往往意味着鲁棒、有效、经得起检验。我们寻找能解释数据依赖关系的极小结构，复杂的结构往往意味着可能有更多的边，对应地就需要更多的操作去控制函数关系，增加了数据中满足关系的难度。

在定义极小结构前，首先定义结构的偏好。对于两个因果结构 G_1 和 G_2，如果 G_1 能包含 G_2 所蕴含的所有条件独立性，则 G_1 优于 G_2。这里条件独立性限定为共享相同因果结构的数据所共有的条件独立性，排除经过特别函数调整所得到的条件独立性，即该条件独立性仅由因果结构确定。变量独立意味着边的缺失，也意味着更简单的结构，包含的条件独立性越多，结构越简单。数据中也可能缺失了某些与已知变量有依赖关系的变量，此类未被观察到的变量被称为隐藏变量。由于这类变量的条件独立性无法确定，因此上述定义限制为数据中无隐藏变量，若有隐藏变量，则该定义表述为如果 G_2 能生成 G_1 所生成的所有数据，那么我们认为 G_1 优于 G_2。

一个数据对应的极小结构定义为在所有能解释该数据的所有结构中，结构最简单的那个结构。一般而言，极小结构也具有最优性，例如更少的节点个数，或更少的边，或者与数据拟合得最好。若无隐藏变量，则最优结构为包含了数据中能观察到的所有条件独立性的结构。考虑这样的 4 个变量：$X=$ 感冒，$Y=$ 发烧，$Z=$ 打喷嚏，$W=$ 擦鼻子。对应的数据包含的独立性关系为"X 独立于 Y"和"在 Z 条件下 W 独立于 $\{X,Y\}$"。则图 2-8 中 a）和 b）都是该数据的极小结构，二者都包含了数据中的两个独立性关系，其中 a）无隐藏变量，b）包含了一个隐藏变量（以星号标记）。而 a）优于 c），即 c）中包含的条件独立性均能在 a）中找到。c）能允许 X 与 Y 之间的任意关系。

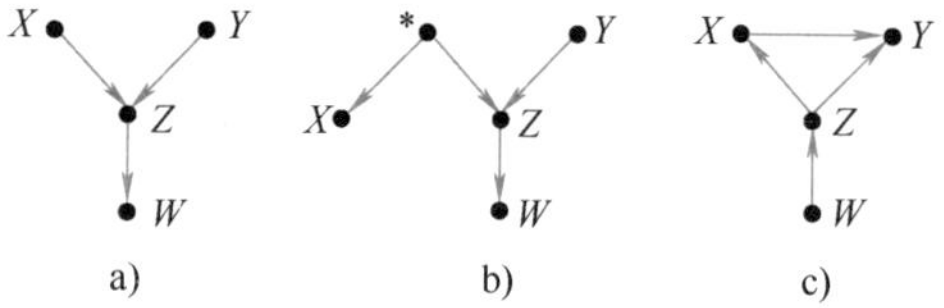

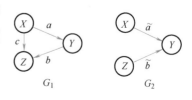

图 2-8　极小性假设实例

第二个假设是忠实性假设。在收集数据时，由于偶然因素，可能使数据包含了不真实的（额外的或者缺失的）独立性关系，使得依据数据构建因果结构，可能不能反映其蕴含的真实因果关系。例如，如下 3 个结构方程，对应的是图 2-9 的 G_1 结构，由于某些原因，我们收集到的数据中，a、b、c 的关系恰好满足 $a \times b + c = 0$，则将 Y 的方程带入 Z 后，X 的系数为 0，即 Z 与 X 变得独立。

图 2-9　忠实性假设实例

$$f_X:\ X = U_X$$

$$f_Y:\ Y = aX + U_Y$$

$$f_Z:\ Z = bY + cX + U_Z$$

此时，依据极小性我们应该选择图 2-9 的 G_2 结构，而这显然不能反映实际的因果关系。我们认为这种独立是不稳定的，因为 a、b、c 中任何一个微小变动，都会使得上述等式不成立，所以我们要求数据具有忠实分布，即若其由因果结构 G 生成，则其只包含 G 中蕴含的条件独立性。不包含额外的或者缺失的条件独立性，这类条件独立性被称为偶发性独立，造成这种现象多是由样本收集的局限性导致的。例如，我们想探索森林火灾发生的原因，由于时间较短，我们收集的数据仅包含一起火灾，并且是由天气因素造成的，我们得到的结论是造成森林火灾的原因是天气因素。实际上据国家森防办（国家森林防火指挥部办公室）统计，近 5 年来，在已查明起火原因的森林草原火灾中，人为原因引发的占到 97% 以上。由于数据观察的局限性，没有发现人为因素引发的火灾，导致我们得不到人为因素是森林火灾的原因。由此，为保证数据分布的忠实性，使得我们得到的观察数据分布跟大自然的真实数据分布一致，通常在获取数据时要求独立同分布抽样，并且数据量需要有一定的规模，以覆盖各种可能的情况。例如对于火灾案例，我们可以将数据量扩大到一整年的数据，这样数据更具有代表性。

极小性和忠实性之间的关系可以用下面的类比来说明。假设我们看到一张椅子的图片，如图 2-10 所示，我们需要在以下两种理论中做出选择。

T_1：图片中的对象是一把椅子。

图 2-10　说明忠实性的椅子图

T_2：图片中的对象要么是一把椅子，要么是两把椅子，其中一把藏在另一把之后。

相比于 T_2，我们更偏好 T_1，这可以用两个原则来说明，一个是极小性原则，另一个是忠实性原则。极小性原则认为，T_1 优于 T_2，因为由单个对象构成的场景是由两个或更多对象构成的场景的子集，除非我们有相反的证据，否则我们应该偏好更简单的场景。忠实性原则先验地排除了 T_2，因为它认为两个对象不太可能整齐到一个完全隐藏另一个的程度。如果观察角度发生了微小的变化，我们就会发现原来是两把椅子，因此图中出现的两把椅子对齐的状况是不稳定的。

即使有了极小性假设和忠实性假设，我们通常找到的也不是唯一的因果结构，这是因为不同的因果结构可能蕴含相同的条件独立性关系。例如，在运动、体重和饮食的案例中，我们观察到运动跟体重相关，体重跟饮食相关，运动也跟饮食相关，而以体重为条件，运动跟饮食独立。那么对于这个数据集，既可以用链式结构解释，也可以用分叉结构解释。链式结构解释为增加运动量导致体重变化，而体重变化导致该个体改变饮食习惯。分叉结构解释为体重增加导致该个体决定增加运动量并控制饮食。此时链式结构和分叉结构都满足极小性。我们将蕴含相同条件独立性关系的因果结构集合称为马尔可夫等价类，等价类中的因果结构无法单纯依靠数据中的条件独立性检验区别。

由于链式结构和分叉结构具有相同的数据依赖关系，而对撞结构则不同，因此判定两个因果结构是不是属于同一个马尔可夫等价类的方法是，若两个因果结构图中的对撞结构一致，且去掉图中箭头后两个因果结构完全相同，则它们属于同一个马尔可夫等价类。

2.3.3 识别因果结构的方法：以 IC 算法为例

本节我们以 inductive causation（IC）算法为例，介绍如何以潜在

的因果结构 G_0 生成的概率分布 $\widehat{P}$ 为输入，输出一个属于 G_0 的等价类。该算法由威尔玛和珀尔[18]于 1990 年提出，共分三大步骤。第一步是寻找数据中包含的条件独立集合，第二步是寻找对撞结构，第三步是为尽可能多的边添加方向。具体步骤描述如下。

输入：变量集 V 上的分布 $\widehat{P}$

输出：与 $\widehat{P}$ 相容的等价类 $H(\widehat{P})$

1）对于 V 中的每对变量 a 和 b，寻找集合 S_{ab}，使得在 S_{ab} 条件下，a 和 b 在 $\widehat{P}$ 中独立。构建无向图 G 使得当且仅当集合 S_{ab} 不存在时，连接节点 a 和 b。

2）对于每对具有公共邻居 c 的非邻接变量 a 和 b，检查 $c \in S_{ab}$ 是否成立。如果成立，则继续。如果不成立，则添加指向 c 的有向边（即 $a \rightarrow c \leftarrow b$）。

3）在得到的部分有向图中，为尽可能多的无向边定向，除非以下两个情况出现：（i）任何可选的方向会产生一个新的对撞结构；（ii）任何可选的方向会产生一个有向环。

第一步，寻找条件独立集，可采用穷举的方式实现，对于给定的变量 a 和 b，先穷举只包含 1 个变量的集合 S_{ab}，查看以该变量为条件，a 和 b 是否独立，然后穷举包含 2 个变量的集合，以此类推，直至 S_{ab} 包含除 a 和 b 以外的所有变量。

第二步，寻找对撞结构，我们知道若以对撞结构为条件，会使得原本独立的变量变为相关，因此若 c 为 a 和 b 的共同邻居且不在集合 S_{ab} 中（即 a 和 b 关于 c 不独立），则 c 应为对撞节点，应添加 a、b 指向 c 的边。

由于第二步已确定对撞结构，因此，第三步要求在不产生新的对撞结构和有向环的条件下，为尽可能多的边添加方向。不产生新的对撞结构是保证扩展后的结构跟原来的结构等价，而不产生有向环是避免循环因果的情况。

威尔玛和珀尔指出，从任何图开始，要确定边的方向，获得有向的图，都需要遵循以下 4 个规则。

R1：如果存在箭头 $a \to b$ 使得 a 和 c 不邻接，则将 b-c 定向为 $b \to c$。

R2：如果存在链 $a \to c \to b$，则将 a-b 定向为 $a \to b$。

R3：如果存在两个链 a-$c \to b$ 和 a-$d \to b$ 使得 c 和 d 不邻接，则将 a-b 定向为 $a \to b$。

R4：如果存在两个链 a-$c \to d$ 和 $c \to d \to b$ 使得 c 和 b 不邻接而 a 和 d 邻接，则将 a-b 定向为 $a \to b$。

图 2-11 给出了 R1～R4 四种情况的示意图，红色边表示所能定向的边。R1 中，若将 b-c 定向为 $b \leftarrow c$，则产生新的对撞结构，因此只能定向为 $b \to c$。R2 中，若将 a-b 定向为 $a \leftarrow b$，则产生有向环，因此只能定向为 $a \to b$。R3 中，若将 a-b 定向为 $a \leftarrow b$，为了不产生有向环，则只能将 a-c 和 a-d 定向为 $a \leftarrow c$ 和 $a \leftarrow d$，此时产生了 $c \to a \leftarrow d$ 的对撞结构，因此 a-b 只能定向为 $a \to b$。R4 中，若将 a-b 定向为 $a \leftarrow b$，则为了不产生有向环，需要将 a-d 定向为 $a \leftarrow d$，进而需要将 a-c 定向为 $a \leftarrow c$，此时产生了 $c \to a \leftarrow d$ 的对撞结构，因此 a-b 只能定向为 $a \to b$。

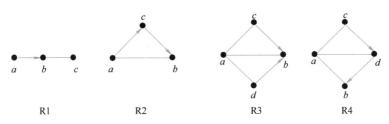

图 2-11　IC 算法中边定向示意图

图 2-12 给出了 IC 算法的一个实例。图 2-12a）是真实的因果结构，

在图 2-8a）的基础上，增加了变量 T，这 5 个变量可以代表：T=降温、X=感冒、Y=发烧、Z=打喷嚏、W=擦鼻子。依据第一步可获得的条件独立集为 $S_{TZ}=\{X,Y\}$、$S_{XY}=\{T\}$、$S_{TW}=\{Z\}$、$S_{XW}=\{Z\}$、$S_{YW}=\{Z\}$。T 与 X、T 与 Y、X 与 Z、Y 与 Z、Z 与 W 找不到条件独立集，因此在变量之间连接无向边，得到图 2-12b）。第二步检测对撞结构，其中 Z 与 X 和 Y 相邻，但不在 X 和 Y 的条件独立集中，因此构成对撞结构，添加 X 到 Z 的箭头和 Y 到 Z 的箭头。第三步对边定向，$X{\rightarrow}Z\text{-}W$ 或者 $Y{\rightarrow}Z\text{-}W$ 满足 R1，因此添加 Z 到 W 的箭头。T 与 X 和 T 与 Y 之间的边无法定向。X 与 Y 在 T 的条件下独立，无法帮助我们确定这是链式结构还是分叉结构。最终我们得到图 2-12d），其代表一个马尔可夫等价类，这个等价类内的因果结构共享相同的条件独立关系。图 2-13 给出了该等价类中的 3 种结构。X、Y、T 之间的边可以是 $X{\rightarrow}T{\rightarrow}Y$、$X{\leftarrow}T{\rightarrow}Y$ 或 $X{\leftarrow}T{\leftarrow}Y$。

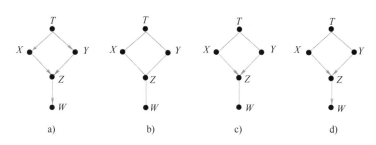

图 2-12　IC 算法执行实例

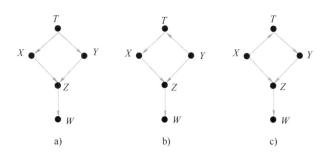

图 2-13　马尔可夫等价类

2.3.4　识别因果结构的方法：评分优化

　　IC 算法的目标是寻找满足数据集中条件独立性的结构因果图，最后获得的是马尔可夫等价类。除了条件独立性约束之外，也可以从因果结构生成数据的角度，评估结构的优劣。

　　回顾在 2.2.4 小节中提到的，结构因果模型可以作为数据背后的生成蓝图，基于此模型，可以计算每个样本的生成概率。而极大似然估计表明，若有多个结构因果模型可以选择，那应该选择生成该数据集概率最大的那个模型。

　　极大似然估计是概率统计中常用的一个参数估计方法，最早由高斯提出，后来由罗纳德·费舍尔重新发现并命名为极大似然估计。该方法依据假设：任何数据后背的模型应该是最能够合理解释该数据的模型，这种合理性表示为概率，则应该是生成该数据集概率最大的模型。因此，对于由 m 个样本构成的数据集，令 $P_G(x^{(i)})$ 表示由模型 G 生成的第 i 个样本的概率，该概率可依据 2.2.4 小节的公式得到，那么该数据集的生成概率为 $\prod\limits_{i=1}^{m} P_G(x^{(i)})$，由于概率值为大于 0 且小于 1 的数，多个概率值相乘会导致数值过小，为此，对齐取对数，表示为 $\sum\limits_{i=1}^{m} \log P_G(x^{(i)})$，或者记作 $\mathrm{KL}(G|D)$。

　　仅考虑生成概率可能会导致图模型比较复杂，因此，同时考虑极小性假设和生成概率，定义评分函数为

$$s(G|D) = T|G| - \sum_{i=1}^{m} \log P_G(x^{(i)})$$

其中，$|G|$ 是因果结构模型的参数个数，若 $T=1$，则得到 AIC（akaike information criterion）评分函数：

$$\text{AIC}(G|D) = |G| - \text{KL}(G|D)$$

若 $T = \dfrac{1}{2}\log m$，则得到 BIC（bayesian information criterion）评分函数：

$$\text{BIC}(G|D) = \frac{\log m}{2}|G| - \text{KL}(G|D)$$

BIC 会对样本个数 m 有所限制，以避免样本数量过大而造成过拟合现象。

若 $T = 0$，则表示评分函数退化为负对数似然，学习任务则相应简化为极大似然估计。

寻找评分最优的模型可以转化为一个搜索问题，应用爬山算法求解。在搜索的每一步，首先用搜索算子对当前结构进行局部修改，得到一系列候选结构，然后计算每个候选结构的评分，并将最优候选结构与当前结构比较，若最优候选结构的评分高，则以它为下一个当前结构继续搜索，否则就停止搜索，并返回当前模型。

搜索算子有 3 个：加边、减边和转边，如图 2-14 所示。加边是指在网络结构中添加一条边，减边是指减去一条边，转边是指把一条边的方向反转，加边和转边算子的前提是不能在结构中形成有向环。

爬山算法容易陷入局部最优，克服此缺点的一个方法是多次运行爬山算法，每次都从一个随机产生的新结构开始，最后取各次运行结果中最优的那个作为最后结果，这种方法称为随机重复爬山算法。除此之外，也可以用组合优化领域中的其他启发式搜索方法，比如禁忌搜索、模拟退火以及遗传算法等。目前也有一些将独立性检验和评分搜索相结合的方法，该类方法以独立性约束来建立初始结构，然后在此基础上，基于评分进行搜索，从而降低评分搜索算法易陷入局部最优的问题，提高算法执行效率，例如最大最小爬山算法（MMHC 算法）[19]。

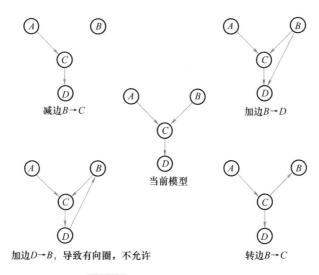

减边 $B \rightarrow C$

加边 $B \rightarrow D$

当前模型

加边 $D \rightarrow B$，导致有向圈，不允许

转边 $B \rightarrow C$

图 2-14 爬山算法搜索算子

2.3.5 统计时间与物理时间

前文提到的因果结构发现方法均未用到时间信息，但当提到因果关系时，时间因素是无法回避的，因为潜在意识会告诉我们原因发生在前，结果发生在后。那么得到的因果结构图能不能反映真实的时间信息呢？这是一个很有趣的问题，即在寻找因果关系时，能不能也同时获取因果发生的自然时序（客观时序）呢？

实际上，对于找到的马尔可夫等价类，可以将等价类中的每个结构图依据箭头指向进行层次划分，无箭头指向的变量是最初始的事件，然后依次展开，我们将这个事件发生的先后顺序称为统计时间，即统计学上成立的变量发生顺序。在统计时间里，父节点变量的事件发生于子节点变量的事件之前。与之对应的，我们将事件发生的自然时序称为物理时间。

假设 $X(t)$ 和 $Y(t)$ 的时序变化由如下方程描述：

$$X(t) = aX(t-1) + bY(t-1) + \varepsilon(t)$$

$$Y(t) = cX(t-1) + dY(t-1) + \eta(t)$$

其中，$\varepsilon(t)$ 和 $\eta(t)$ 是噪声项。这时统计时间与物理时间重合（即过去决定现在）。

在实际观察或者实验中，系数 a、b、c、d 由获取的数据确定，当数据不充分时，可能得到如下另一种描述。

$$X(t) = a'X(t-1) + b'Y(t-1) + \varepsilon'(t)$$

$$Y(t) = c'X(t-1) + d'Y(t-1) + \eta'(t)$$

于是统计时间（如果存在）不再与物理时间重合。这说明单纯从数学角度看，过去可能以不同的方式影响现在，如果数据不充分，不能唯一的确定是哪种方式，那么统计时间可能与物理时间不一致。

接下来要说明，在某些特定的条件下，甚至可以通过选择参数 a^*、b^*、c^* 和 d^*，使统计时间与物理时间相反（即现在决定过去）。也就是说，通过逆转上述方程，能够根据 $X(t)$、$Y(t)$、$\varepsilon'(t)$ 和 $\eta'(t)$ 的线性组合表示 $X(t-1)$ 和 $Y(t-1)$。若上面公式中的 $\begin{pmatrix} a & b \\ c & d \end{pmatrix}$ 是可逆的，则两边乘以逆阵，并通过移项，使之变为

$$X(t-1) = a^*X(t) + b^*Y(t) + \varepsilon(t)$$

$$Y(t-1) = c^*X(t) + d^*Y(t) + \eta(t)$$

这就得到了与物理时间相反的统计时间，实现了时间反转。这说明，在某些条件下，到底是过去决定现在，还是现在决定过去，取决于我们对于坐标的选择，即在数学上两者是等价的，但是物理时间只有一个，因此理解数据产生的过程是十分重要的。每一个从数学（或者统计学）中推理出来的因果结构都对应一个统计时间，不同的统计时间可能导致不同的因果解释，从应用角度看，自然应该找出那个

与物理时间相对应的统计时间，但是在数据本身缺失时间标记时，这种寻找是困难的。特别是由于马尔可夫等价类的存在，统计时间通常存在多个。有一个有趣的猜测：在这些统计时间中，必然有一个与物理时间一致，即统计计算与物理过程是相协调的。为找到这个统计时间，也要关心数据的语义问题，也就是说，不仅需要关心数据本身，也要关心数据产生的机制和方式，即数据产生的环境。不加区别地单纯使用数据，可能会走进"死胡同"。

2.4 如何估计因果效应

2.4.1 什么是干预

2.1 节中介绍了因果关系识别中的混杂因素问题。由于混杂因素的影响，我们不能直接通过查看 X 的变化是否引起 Y 的变化，从而确定 X 是否是 Y 的原因。通过随机化进行随机对照试验可校正混杂因素的影响，获得因果效应的无偏估计。我们将这种处理方法称为对变量 X 的干预，即干预 X，从而确定 X 对目标变量 Y 的因果效应。干预 X 表明 X 的取值是由实验者强制执行的，不受任何其他因素的影响，该操作用符号 do( ) 表示，干预 X 则形式化表示为 do(X)。干预 X 后 Y 取某值 y_i 的概率表示为 $P(Y=y_i \mid do(X))$。

干预表达式 $P(Y \mid do(X))$ 与条件概率 $P(Y \mid X)$ 有本质区别。条件概率 $P(Y \mid X)$ 指的是在给定的数据集里，在具有 X 取值的那些样本里，同时取值为 Y 的样本所占的比例。例如 P（痊愈 | 服药）表示服药且痊愈的人数除以服药的人数所得到的比例。在随机对照试验中，由于消去了混杂因素，二者相等，即 $P(Y \mid do(X)) = P(Y \mid X)$。而在观察研究中，由于混杂因素的存在，二者并不一致，即 $P(Y \mid do(X)) \neq P(Y \mid X)$。在观察

研究中，是否服药受许多因素影响，这导致服药与不服药人群之间存在差异，服药人群更可能疾病比较严重，有更明显的服药意向，这部分人群的服药痊愈情况显然与总人群的服药痊愈情况不同，因此 $P($ 痊愈$|$服药$)$ 不能反映服药对痊愈的真实因果效应。而 $P($ 痊愈$|\mathrm{do}($服药$))$ 表示强制服药，服药这一决策不受其他任何因素影响，不依赖个人意愿，因此可以估计出服药对痊愈的真实因果效应。实际上，在决策过程中，要估计 X 对 Y 的因果效应，本质是估计干预 X 后的 Y 的变化，即计算 $P(Y|\mathrm{do}(X))$。

2.4.2　如何在因果结构图中表示干预

2.2.2 小节中提到混杂因素通过分叉结构在原因变量 X 和结果变量 Y 之间传递了依赖关系。干预 X 表示强制为变量 X 赋值，该赋值不受任何其他因素的影响，因此干预 X 就是从观察数据中消除这种混杂因素造成的关系传递，强制切断信息流动，图 2-15 给出了这种图形化表示，其中 X、Y、Z 可以代表冰淇淋销量、犯罪率和气温。图 2-15a）表示干预前的因果结构，图 2-15b）表示干预后的因果结构，可以发现干预后，Z 不再对 X 产生影响，即 X 的变化与 Z 无关，此时 X 与 Y 之间也不存在使信息传递的路径，因此 X 与 Y 独立，这也符合我们的认知，即冰淇淋销量与犯罪率之间没有因果关系。

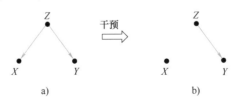

图 2-15　干预的图形化展示

a）干预前　b）干预后

再来看下 2.2.1 小节中的两个案例，其中案例 1 是依据患者血压水平提供药物，案例 2 是在服药后测量患者血压水平。在案例 1 中，血压构成了服药与痊愈之间的混杂因素，而案例 2 中血压对是否服药没有影响，因此不构成混杂因素。如果对这两个案例施加服药干预，因果结构图会如何变化？图 2-16 给出了这两个案例的干预前后的因果结构图。图 2-16a）中，干预后，Z 到 X 的有向边被删除，Z 不再对 X 产生影响，而图 2-16b）中，干预前后因果结构不变，这是由于没有混杂因素对 X 产生影响。因此，从因果结构图中看，干预本质是删掉对 X 产生影响的边，即指向 X 的有向箭头，从而使 X 的变化不受其他任何因素的干扰。之所以要删除指向 X 的有向箭头，是因为 X 可能会通过这些箭头与目标变量产生虚假关联，这种关联是非因果性的关联，传递的不是因果关系。而从 X 引出的箭头可以传递因果关系，如图 2-16b）所示，除了 $X \rightarrow Y$ 这条直接表示 X 与 Y 的因果路径外，$X \rightarrow Z \rightarrow Y$ 这条路径表示 X 通过 Z 对 Y 产生了因果影响。2.4.4 小节中将介绍通过不同路径传递的因果关系的区别。

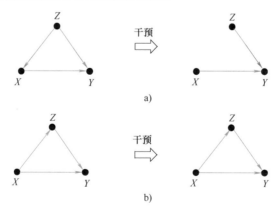

图 2-16 两个案例的干预前后的因果结构图

a）案例 1 干预前后因果结构图 b）案例 2 干预前后因果结构图

2.2.3 小节中用结构方程表示了因果结构图中的关系的量化。对于干预而言，在因果结构图中是删去指向干预变量的边，对应到结构方程中，则表示为将对应的方程的左边（即变量 X）赋予干预值。如图 2-16a）所示，干预前的结构方程为：$Z=f_Z(U_Z)$，$X=f_X(Z,U_X)$，$Y=f_Y(X,Z,U_Y)$，干预后的结构方程则为 $Z=f_Z(U_Z)$，$X=a$，$Y=f_Y(X,Z,U_Y)$，其中 a 为干预所赋予的值，若干预吃药，则令 X 强制为吃药（$X=1$），若干预不吃药，则令 X 强制为不吃药（$X=0$），X 的取值仅表示干预的策略，不受其他因素影响。

2.4.3　为什么可以利用观察数据估计干预的效果

如何基于观察数据估计 $P(Y|\mathrm{do}(X))$ 呢？通过观察数据，只能计算得到一些条件概率，如 $P(Y|X)$、$P(Y|X,Z)$ 等，那是否能通过这些条件概率计算得到 $P(Y|\mathrm{do}(X))$ 呢？

在观察数据中，由于混杂因素影响，$P(Y|\mathrm{do}(X))\neq P(Y|X)$。如图 2-16 所示，干预箭头右边的图是干预后的图 M（注意图 2-16b 中干预箭头右边的图，它与干预箭头左边的图一样，反映了在这种情况下，干预和未干预的结果相同），即 $P(Y|\mathrm{do}(X)=P_M(Y|X)$，其中 $P_M(Y|X)$ 表示干预后的因果结构中的条件概率。因此，目标变为估计 $P_M(Y|X)$。通过全概率公式，可将 $P_M(Y|X)$ 展开为 $\sum\limits_{Z} P_M(Y|X,Z)P_M(Z|X)$。考虑到干预后 Z 与 X 独立，即 $P_M(Z|X)=P_M(Z)$，因此有

$$P_M(Y|X)=\sum_{z\in Z} P_M(Y|X,z)P_M(z)$$

或者采用更加通常的写法如下：

$$P(Y|\mathrm{do}(X))=\sum_{Z} P_M(Y|X,Z)P_M(Z)$$

其中，Z 是那些既影响 X 又影响 Y 的变量，即有一个从 Z 到 X 的路径，

同时也有一条从 Z 到 Y 的路径，这样的变量称为混杂变量。2.4.5 小节中将这一概念拓展为后门变量，后门变量在干预操作中起到了关键作用，是因果计算中的重要概念。

接下来观察下干预前后的因果结构。$P_M(Z)$ 和 $P(Z)$ 分别表示干预情形和未干预情形中变量 Z 的分布。这个分布是群体数据中的分布，不受干预措施的影响，因此 Z 的分布不变，即 $P_M(Z) = P(Z)$。例如，服药的案例中，$P_M(Z)$ 和 $P(Z)$ 分别表示干预情形和未干预情形下的血压分布，虽然通过干预阻断了血压到服药的路径，即隔离了血压对于服药的影响，但这显然不影响原本的血压分布。另一方面，$P_M(Y|X,Z)$ 和 $P(Y|X,Z)$ 分别表示干预情形和未干预情形下 X 和 Z 对 Y 的影响，即 Y 的因果机制，例如血压与痊愈的案例中，表示的是服药和血压如何影响痊愈，干预并未对这一因果机制造成影响，因此 Y 的因果机制保持不变，图 M 仅仅切断了 Z 指向 X 的边，因此 $P_M(Y|X,Z) = P(Y|X,Z)$。

在上述两个事实下，有

$$P_M(Y|X) = P(Y|\text{do}(X)) = \sum_Z P(Y|X,Z) P(Z)$$

这个公式称为校正公式，其中等号右边的概率完全可以通过观察数据计算得到。这表明，我们可以通过观察数据来计算得到干预 X 的因果效应。

以 2.2.1 小节中的案例 1 为例，参考表 2-1 中的数据，计算下面相应的因果效应。

$$
\begin{aligned}
P(\text{痊愈}|\text{do}(\text{服药})) &= \sum_{\text{血压}} P(\text{痊愈}|\text{服药},\text{血压}) P(\text{血压}) \\
&= P(\text{痊愈}|\text{服药},\text{低血压}) P(\text{低血压}) + \\
&\quad P(\text{痊愈}|\text{服药},\text{高血压}) P(\text{高血压}) \\
&= 0.8467 \times \frac{110+300}{800} + 0.7200 \times \frac{290+100}{800} = 0.7849
\end{aligned}
$$

$$P(痊愈 \mid do(不服药)) = \sum_{血压} P(痊愈 \mid 不服药, 血压) P(血压)$$

$$= P(痊愈 \mid 不服药, 低血压) P(低血压) +$$

$$P(痊愈 \mid 不服药, 高血压) P(高血压)$$

$$= 0.9273 \times \frac{110+300}{800} + 0.7310 \times \frac{290+100}{800} = 0.8316$$

通过比较，可以发现 $P(痊愈 \mid do(服药)) < P(痊愈 \mid do(不服药))$，即服药患者的痊愈率低于不服药患者的痊愈率，说明服药对痊愈有负面影响。这符合表 2-1 中分组查看的结果，即在低血压组和高血压组，服药患者的痊愈率均低于不服药患者的痊愈率。实际上，依据公式 $P(Y \mid do(X)) = \sum_{Z} P(Y \mid X, Z) P(Z)$ 可以发现，在存在混杂因素的情形下，要估计 X 对 Y 的因果效应，应该分别查看对于混杂因素 Z 的不同取值，X 对 Y 的因果效应如何，然后依据概率求期望，而不是直接看总体数据中的结果。

本书在此处以及后面的一些地方，列出了一些结论的详细推导，初步接触因果关系的读者可以跳过这些细节，而直接看结论。但是如果能够仔细地阅读这些推导，可以得到对于因果效应更加深刻的理解。

很多时候，混杂因素不止一个，此时需要对所有混杂因素进行校正。这时校正公式仍然成立，即 $P(Y \mid do(X)) = \sum_{z \in Z} P(Y \mid X, z) P(z)$，此时 Z 代表变量集合，求和需要枚举变量集 Z 中所有变量的所有可能取值的组合。如图 2-17 所示，X 代表是否服药、Y 代表是否痊愈、Z_1 代表血压水平、Z_2 代表性别，要评估 X 对 Y 的因果效应，需要校正 Z_1 和 Z_2，则校正公式为 $P(Y \mid do(X)) = \sum_{Z_1, Z_2} P(Y \mid X, Z_1, Z_2)$

$P(Z_1, Z_2)$。若 Z_1 有两种取值，即高血压和低血压，Z_2 有两种取值，即男性和女性，则 Z_1 和 Z_2 的组合有 4 种，求和时需要分别计算高血压与男性、高血压与女性、低血压与男性、低血压与女性的组合的联合概率。

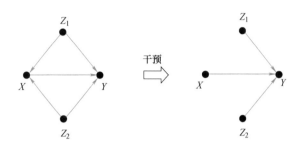

图 2-17　多个混杂因素的校正

2.4.4　观察数据校正与随机对照试验

在 2.4.3 小节中，我们通过一个称为校正公式的方法从观察数据计算得到了因果效应的估计。那这种计算方法背后的含义是什么？跟随机对照试验有什么关系呢？

首先审视下 2.2.1 小节中案例 1 的数据，看下群体数据条件概率计算结果与上一节干预的校正公式计算结果的区别。依据条件概率公式，可以得到群体数据上的条件概率计算过程如下。

$$P(痊愈|服药) = \sum_{血压} P(痊愈|服药, 血压) P(血压|服药)$$
$$= P(痊愈|服药, 低血压) P(低血压|服药) +$$
$$P(痊愈|服药, 高血压) P(高血压|服药)$$
$$= 0.8467 \times \frac{300}{400} + 0.7200 \times \frac{100}{400} = 0.8150$$

$$P(\text{痊愈}|\text{不服药}) = \sum_{\text{血压}} P(\text{痊愈}|\text{不服药},\text{血压})P(\text{血压}|\text{不服药})$$

$$= P(\text{痊愈}|\text{不服药},\text{低血压})P(\text{低血压}|\text{不服药}) +$$

$$P(\text{痊愈}|\text{不服药},\text{高血压})P(\text{高血压}|\text{不服药})$$

$$= 0.9273 \times \frac{110}{400} + 0.7310 \times \frac{290}{400} = 0.7850$$

通过对比，可以发现 P（痊愈|do（服药））和 P（痊愈|do（不服药））的计算公式中，P（痊愈|服药，血压）和 P（痊愈|不服药，血压）的系数均是 P（血压），即对于低血压服药组和低血压不服药组，均乘以 P（低血压），对于高血压服药组和高血压不服药组，均乘以 P（高血压）。而 P（痊愈|服药）和 P（痊愈|不服药）的计算公式中，P（痊愈|服药，血压）和 P（痊愈|不服药，血压）的系数分别为 P（血压|服药）和 P（血压|不服药），这意味着低血压服药组和低血压不服药组，须分别乘以 P（低血压|服药）和 P（低血压|不服药），这两个概率是不同的，同理，对于高血压服药组和高血压不服药组，需分别乘以 P（高血压|服药）和 P（高血压|不服药），两个概率同样不同，这反映出其违背了随机对照试验的原则，在服药组和不服药组，血压分布出现了差异，P（低血压|服药）>P（低血压|不服药），而低血压患者的痊愈率都要高于高血压患者，这个人群分配的不一致性是导致实验结果出现偏差的原因，而校正公式的计算过程里，通过乘以某个系数，强行令服药组和不服药组的人群中高低血压比例一致，虽然这个校正是在数据层面进行的，并不是实际的物理操作，但是可以使得数据更接近随机对照试验，具有更高的可信性。

这种乘以系数，使得两个人群血压比例一致的方法是否和随机对照试验是等价的呢？在随机对照试验中，为消除混杂的影响，通过随机化，让服药与不服药组的血压水平分布一致。那我们看下通过校正公式后，观察数据的样本分布会如何变化。表 2-3 给出了 2.2.1 小节中案例 1 对应的样本数据分布，即是否服药、是否痊愈和血压水平的联合概率，每个概率可由对应的样本数除以总样本数得到，如 P（服药，痊愈，低血压）可由服药、低血压且痊愈的样本数 254 除以总样本数 800 得到。此时查看不同人群的比例，可直接找出符合条件的样本，然后把对应的比例求和，例如总人群中，服药患者的比例为

$$0.3175+0.0900+0.0575+0.0350=0.5000$$

表 2-3 2.2.1 小节中案例 1 对应的样本分布

服药	痊愈	血压	人群比例
是	是	低	0.3175
是	是	高	0.0900
是	否	低	0.0575
是	否	高	0.0350
否	是	低	0.1275
否	是	高	0.2650
否	否	低	0.0100
否	否	高	0.0975

如果查看服药人群中不同血压水平的分布，即计算 P（低血压|服药）和 P（高血压|服药），可以通过用服药的样本除以服药患者占总人群的比例得到，以低血压为例，P（低血压|服药）= P（低血压，服药）/P（服药），而 P（服药）= 0.5000，因此仅查看服药患者时，各样本的比例变化见表 2-4。此时查看服药患者中痊愈的比例为 0.6350 + 0.1800 = 0.8150。此时，服药人群中，低血压患者的比例为 0.6350 + 0.1150 = 0.7500，高血压患者的比例为 0.1800 + 0.0700 = 0.2500，总和为

1.0000。同理可以得到表 2-5 中的不服药人群中的各样本比例，其中低血压比例为 0.2550+0.0200＝0.2750，高血压比例为 0.5300+0.1950＝0.7250。

表 2-4　对应于表 2-3 的服药人群中的各样本比例

服药	痊愈	血压	人群比例
是	是	低	0.6350
是	是	高	0.1800
是	否	低	0.1150
是	否	高	0.0700

表 2-5　对应于表 2-3 的不服药人群中的各样本比例

服药	痊愈	血压	人群比例
否	是	低	0.2550
否	是	高	0.5300
否	否	低	0.0200
否	否	高	0.1950

看下施加干预后人群比例会如何变化。校正公式 $P(Y|\text{do}(X))=\sum_{Z}P(Y|X,Z)P(Z)$，将等号右边的条件概率写为 $\dfrac{P(Y,X,Z)}{P(X,Z)}$，即

$$P(Y|\text{do}(X))=\sum_{Z}\frac{P(Y,X,Z)P(Z)}{P(X,Z)}，\text{而}\frac{P(Z)}{P(X,Z)}=1/P(X|Z)，\text{因此}$$

$$P(Y|\text{do}(X))=\sum_{Z}\frac{P(Y,X,Z)}{P(X|Z)}。$$可以看到，施加干预 $\text{do}(X)$ 后，每个样本的概率 $P(X,Y,Z)$ 变为 $\dfrac{P(Y,X,Z)}{P(X|Z)}$。

对应于服药案例，施加服药干预 do（服药）后，对于低血压样本，

其概率需除以 P（服药|低血压）$=\dfrac{300}{300+110}=0.7317$，对于高血压样本，

其概率需除以 P（服药|高血压）$=\dfrac{100}{100+290}=0.2564$，此时各人群比例

见表 2-6。对比表 2-4 可以看到，不同样本所提升的比例不同。在表 2-4 中，所有概率均除以 0.5000，而表 2-6 中，低血压样本概率除以 0.7317，高血压样本概率除以 0.2564，高血压样本所占比例有了明显提升。此时，服药人群中，低血压患者的比例为 $0.4339+0.0786=$ 0.5125，高血压患者比例为 $0.3510+0.1365=0.4875$。而原始数据中的服药人群中，低血压患者比例为 0.7500，高血压患者比例为 0.2500。依据表 2-6 中的数据得到的服药后的痊愈概率为 $0.4339+0.3510=$ 0.7849，与前文计算得到的 P（痊愈|do（服药））结果一致。

表 2-6　对应于表 2-3 的施加服药干预后的人群中各样本比例

服药	痊愈	血压	人群比例
是	是	低	0.4339
是	是	高	0.3510
是	否	低	0.0786
是	否	高	0.1365

再看下施加不服药干预后的分布变化，即 do（不服药），对于低血

压样本，其概率需除以 P（不服药|低血压）$=\dfrac{110}{300+110}=0.2683$，对于

高血压样本，其概率需除以 P（不服药|高血压）$=\dfrac{290}{100+290}=0.7436$

此时各人群比例如表 2-7 所示，其中低血压样本的比例提升更为显著，此时，不服药人群中，低血压患者比例变为 $0.4752+0.0373=0.5125$，

高血压患者比例为 0.3564+0.1311=0.4875，而原始数据中，不服药人群的低血压比例为 0.2750，高血压患者比例为 0.7250。依据表 2-7 的数据计算得到的不服药患者的痊愈率为 0.4752+0.3564=0.8316，与前文计算得到的 P（痊愈|do（不服药））结果一致。

表 2-7 对应于表 2-3 的施加不服药干预后的人群中各样本比例

服药	痊愈	血压	人群比例
否	是	低	0.4752
否	是	高	0.3564
否	否	低	0.0373
否	否	高	0.1311

通过干预操作，我们发现服药患者和不服药患者的低血压患者占比均变为 0.5125，高血压患者占比均变为 0.4875。而这一比例恰好等于总体数据中低血压的比例和高血压比例，即 （110+300）/800=0.5125，（290+100）/800=0.4875。而这正是随机对照试验所要达到的目的。随机对照试验通过随机分配样本，使得服药组和不服药组的混杂因素（此例中为血压）分布一致，从而消除混杂因素的影响，而这里，通过干预操作，在观察数据上进行样本比例调整，同样达到了随机对照试验的目的。

注意上述提到的服药组和不服药组的混杂因素分布一致，并不是要求混杂因素是均匀分布的，例如高血压和低血压各占 50%，实际我们得出的分布也不是均匀分布。我们要求的分布一致是每个分组的分布与群体数据的分布一致，即服药组和不服药组均是从群里中的独立同分布抽样，这样才能反映在群体数据中的一般规律。独立同分布抽样也是统计研究中的基本抽样方法。

注意，在上文中，我们进行了校正公式转化，即

$$P(Y \mid \mathrm{do}(X)) = \sum_Z P(Y \mid X,Z)P(Z) = \sum_{z \in Z} \frac{P(Y,X,Z)}{P(X \mid Z)}$$

该公式又称为逆概率加权，对于样本比例的分布进行了干预，对于比例较小的样本予以较高的权重，而对于比例较大的样本给予较大的权重。在服药的案例中，对于倾向于服药的高比例低血压样本，则降低其权重，对于服药比例低的低比例高血压样本，则提高其权重，正如表 2-6 和表 2-7 中所实现的。逆概率加权的因子 $P(X \mid Z)$ 称为倾向得分。倾向得分校正了原始数据中比例失配的问题，使得原本不随机的分组看起来类似随机分组，这是统计学中常用的一种弥补非随机分组的方法。原始校正公式需要枚举所有的 Z，然后计算每种可能的 Z 的概率 $P(Z)$，因此，逆概率加权是一种更为常见的因果效应计算方法。

2.4.5 校正变量的筛选——后门准则

2.4.2 小节中用因果结构图表示干预时，删除的是混杂因素到原因

变量的有向边。我们给出的例子中，混杂因素也直接指向结果变量，现实中的因果结构图要复杂得多。混杂因素可能通过其他变量对结果产生影响，甚至混杂因素有时是无法观测的。如图 2-18 所示的实例，其中 X 表示是否服药、Z 表示家庭收入、W 表示医疗条件、Y 表示是否痊愈。家庭收入影响患者的就医条件，从而影响是否痊愈，家庭收入并不直接影响痊愈这个结果，此时，该如何校正 X 对 Y 的因果效应呢？

回想 2.2.2 小节中的关联关系的传递，之所以需要校正混杂因素，是因为原因变量 X 通过混杂因素传递了与 Y 的关联关系，这种关系是非因果性的，换句话说，除了 X 到 Y 的直接路径外，在 X 与 Y 之间还有其他传递了关联关系的路径。这条路径可能不止经过一个节点，如图 2-18 所

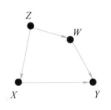

图 2-18　后门实例

示，X 通过 Z 将关联关系传递到 W，W 然后传递到 Y，$X \leftarrow Z \rightarrow W \rightarrow Y$ 这条路径经过了两个节点。回想 2.2.2 小节中介绍的 3 种基本结构，实际上，只要一条路径不包含对撞节点，无论这条路径需要经过多少节点，都可以实现关联关系传递。而校正的目的是切断这种通过指向 X 的分叉结构引起非因果的关联传递。我们将这种既指向 X 又指向 Y 的路径称为 X 的后门，后门传递的一种非因果的关联关系。

上述对混杂因素的校正是切断了 X 的父节点到 X 的关联，从 X 的父节点处切断了路径的信息流通。实际上，对于一条路径来说，切断该路径的任何一处位置，都可以阻断关联关系的传递。如图 2-18 所示的后门路径 $X \leftarrow Z \rightarrow W \rightarrow Y$，对 W 进行校正，同样可以切断这种路径，从而阻断 X 到 Y 的这种非因果的关联关系传递。这个发现为选择校正什么变量指明了一个方向，特别是当某些变量不可观测时。如图 2-18

中的 Z 不可观测，则校正 W 同样能获得 X 到 Y 的因果效应估计。我们将这种变量选择称之为后门准则[⊖]，后门准则对校正变量的选择隐含 3 个条件：

1）校正变量能够切断 X 与 Y 之间的后门，这符合我们前面的描述，即后门路径会在 X 与 Y 之间建立非因果的关联关系传递。

2）校正变量 Z 不能影响 X 到 Y 的因果关系传递，否则会干扰 X 到 Y 的因果效应估计。如图 2-19 所示，$X \leftarrow Z \rightarrow W \rightarrow Y$ 是一条后门路径，如果校正 W，则同样切断了 $X \rightarrow W \rightarrow Y$ 这一传递因果关系的路径，但这

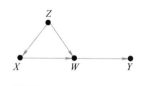

图 2-19 后门准则示例 1

样一来，也就同时切断了 X 与 Y 的所有关联，导致无法计算 X 对于 Y 的因果效应。

3）校正变量不能产生新的后门路径。这也符合我们的认知，如果产生新的后门路径，则同样会导致 X 与 Y 之间的非因果的关联关系传递。这种新后门路径通常是由于选择了对撞节点造成的，这是因为控制对撞节点会在其父节点之间建立关联关系。如图 2-20 所示，选择变量 Z，会产生新的后门路径 $X \leftarrow E \rightarrow Z \leftarrow A \rightarrow Y$，由于校正 Z，在 E 与 A 之间建立了关联，使得关联关系发生了传递。但有时候这种校正是不可避免的，在图 2-20 中，存在后门路径 $X \leftarrow Z \rightarrow Y, X \leftarrow E \rightarrow Z \rightarrow Y$，$X \leftarrow Z \leftarrow A \rightarrow Y$，其中 $X \leftarrow Z \rightarrow Y$ 只能选择 Z 校正，选择 Z 可以同时切断 3 条后门路径，但产生了新的后门路径 $X \leftarrow E \rightarrow Z \leftarrow A \rightarrow Y$，除了选择 Z，还需要选择校正其他变量去切断这条新后门路径，例如 E 或 A，因此对

⊖　在因果结构图 G 中，如果变量集合 Z 满足 Z 中没有 X 的后代节点，且 Z 阻断了 X 与 Y 之间的每条包含指向 X 箭头的路径，则称 Z 满足关于 (X, Y) 的后门准则。

于图 2-20 这种因果结构，合理地校正变量为 $\{E,Z\}$、$\{A,Z\}$ 或者 $\{E,A,Z\}$。

在图 2-20 中，校正变量有 3 种选择，$\{E,Z\}$、$\{A,Z\}$ 或者 $\{E,A,Z\}$，对这三组变量进行校正，都能获得 X 对 Y 的因果效应估计。因为我们认为因果关系是大自然最本质的关系，是恒定不变的，因此校正这 3 组变量得

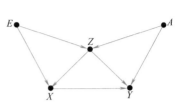

图 2-20　后门准则示例 2

到的应该是相同的结果。这为选择校正变量带来另一个启发，即当有多种选择时，可以选择容易观测的变量或者相对容易计算的变量帮助我们计算因果效应，感兴趣的读者可以参看珀尔的著作《统计因果推理入门》[20] 和《因果论：模型、推理和推断》[21]。

2.4.6　结构方程与因果效应

2.2.3 小节中谈到用结构方程量化因果关系，即表示原因变量和结果变量之间的定量关系。这与本章估计的因果效应有何关系？

考虑图 2-21 中的因果结构图，其中 X、Y、Z、W 分别表示服药、痊愈、性别和血压，其结构方程为

$$X=f_X(Z,U_X),Z=f_Z(U_Z),$$
$$W=f_W(X,U_W),Y=f_Y(X,Z,W,U_Y)$$

如果依据结构方程看 X 的变化如何引起 Y 的变化，就应该计算当 X 从不服药（$X=0$）变为服药（$X=1$）时，Y 的变化的期望值。如果依据校正公式计算 X 对 Y 的因果效应，由于 Z 是 X 与 Y 之间

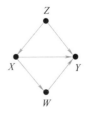

图 2-21　服药（X）、痊愈（Y）、性别（Z）、血压（W）的因果结构图

的混杂变量，构成后门路径，就需要校正 Z，进而查看 X 从不服药变为服药时 Y 的结果会如何变化。这两种方法的结果是否一致呢？

对比两种方法，可以看到依据结构方程计算，不仅考虑了 Z，同时也考虑了 W，相当于截断了 $X{\leftarrow}Z{\rightarrow}Y$ 和 $X{\rightarrow}W{\rightarrow}Y$ 两条路径，前者传递了非因果的关联关系，后者传递了因果关系，最终得到的其实是由 X 直接到 Y 这条路径（即 $X{\rightarrow}Y$）所产生的 X 对 Y 的影响。依据校正公式计算，只截断了 $X{\leftarrow}Z{\rightarrow}Y$ 这条后门路径，那所估计的就是 X 直接到 Y 的路径（即 $X{\rightarrow}Y$）和 X 经由 W 到 Y 的路径（即 $X{\rightarrow}W{\rightarrow}Y$）所引发的因果影响的和，而类似于 W 这种在因果路径中起到关系传递作用的变量称为中介变量，经过中介变量的路径，我们称之为中介路径。

我们将 X 直接到 Y 的路径所引起的因果效应称为**直接因果效应**，将 X 直接或经过其他各种变量所产生的对 Y 的总的因果效应称为**总因果效应**，将 X 经过其他中介变量所产生的对 Y 的因果效应称为**间接因果效应**。如图 2-21 所示，$X{\rightarrow}Y$ 这条路径产生的因果效应是直接因果效应，$X{\rightarrow}W{\rightarrow}Y$ 这条路径产生的因果效应是间接因果效应，$X{\rightarrow}Y$ 和 $X{\rightarrow}W{\rightarrow}Y$ 两条路径所产生的因果效应是总因果效应。

2.4.7　线性系统中的因果效应估计

上述提到的结构方程和校正公式未对函数形式或数据设置任何限制，是通用性的方法。然而在社会科学、医疗健康等领域，研究者普遍应用线性模型。因此，本小节探讨在线性系统中，因果效应估计有何特点。

线性模型指变量间的关系是线性的，且误差项服从高斯分布。例如，某公司想依据求职者的资质水平、学历、家庭社会地位决定薪资水平，因果结构如图 2-22 所示，其中 X、W、Z、Y 分别代表资质水平、学历、家庭社会地位以及薪资水平。假设服从线性关系，则变量的结构方程可以写为

$$X=aZ+U_X, Z=U_Z, W=bX+U_W, Y=cX+dZ+eW+U_Y$$

以薪资水平 Y 的结构方程来说，当 X 变化一个单位，则 Y 变化 c 个单位，这个变化与 X 本身的取值无关，即 X 无论在何值变化一个单位，Y 均同样变化 c 个单位，这也是线性模型的特点。2.4.6 小节中提到，通过结构方程查看 X 的变化对 Y 的变化的影响，确定的是 X 对 Y 的直接因果效应，而在线性模型下，这个

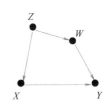

图 2-22　与薪资水平相关的因果结构图

因果效应的大小则由 X 的系数 c 决定。因此，线性结构方程的变量系数反映的是直接因果效应。

如何计算总因果效应呢？应该考虑 X 通过不同前门路径到达 Y 所引起的总的因果影响，在图 2-23 的实例中，前门路径有两条：$X{\rightarrow}Y$ 和 $X{\rightarrow}W{\rightarrow}Y$，即 X 可直接影响 Y，也可通过 W 进而影响 Y，此时，不光要考虑 X 直接引起 Y 的变化，还要考虑 X 通过改变 W 所引起 Y 的变化。对应到结构方程中，替换 Y 的结构方程中的变量，将受 X 影响的变量替

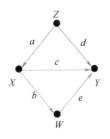

图 2-23　添加结构系数的因果结构图

换为由 X 表示的表达式，例如 W 受 X 影响，则将 W 替换为 $bX+U_W$，从而确定 X 对 Y 的总影响。将 W 的方程代入 Y 的方程得到 $Y=cX+dZ+e(bX+U_W)+U_Y=(eb+c)X+dZ+eU_W+U_Y$。则可以看到，$X$ 变化一个单位，Y 变化 $eb+c$ 个单位，其中 eb 为前门路径 $X{\rightarrow}W{\rightarrow}Y$ 传递的因果效应，

c 为 X 直接传递给 Y 的因果影响。因此，在线性系统中，总的因果效应是各个因果路径上的因果效应的和。而对于某一个因果路径所传递的因果效应，其大小为该路径上所有边的系数的乘积。例如 $X{\rightarrow}W{\rightarrow}Y$ 这条路径，X 变化一个单位会引起 W 变化 b 个单位，而 W 变化一个单位会引起 Y 变化 e 个单位，那么 W 变化 b 个单位，自然是引起 Y 变化 eb 个单位。如果查看 Z 对 Y 的总因果效应，则共有 3 条前门路径传递因果效应，包括 $Z{\rightarrow}Y, Z{\rightarrow}X{\rightarrow}Y, Z{\rightarrow}X{\rightarrow}W{\rightarrow}Y$，此时总因果效应为 $d+ac+abe$，其中 d 为 Z 对 Y 直接产生的影响，是直接因果效应，而 $ac+abe$ 是 Z 通过 X 和 $\{X, W\}$ 中介产生的因果效应，即间接因果效应。可见，在线性系统中，总因果效应等于直接因果效应与间接因果效应的和。

对于线性系统中的方程，可以通过最小二乘回归拟合得到。因此，若在线性系统中估计因果效应，首先就需要明确估计什么因果效应，然后选取合适的变量进行方程拟合，若估计直接因果效应，须应用结果变量的所有父节点进行拟合，若估计总因果效应，须应用原因变量和相应的满足后门准则的变量进行拟合。

当所研究的模型较为复杂，包含的隐藏变量较多时，可以考虑采用断点回归的方法估计因果效应。该方法的核心思想在于，以变量取值为断点，在该点附近选取样本，这样处理组和非处理组的条件类似，近似于随机对照试验，可消除大部分混杂因素的影响。例如，想估计饮酒对死亡率的影响，二者之间的混杂因素较多且难以衡量，例如成长环境、生活经历、家庭条件等。但研究者发现，在美国，21 岁生日这一天开始，可以合法饮酒。这为我们提供了一个良好的断点，因为在 21 岁生日前后，人的状态区别很小。研究个体在 21 岁生日附近一段时间的死亡率，如果生日之前死亡率较低，而生日之后死亡率明显上升，且 20 岁、22 岁等生日附近一段时间没有这种现象，则可以认为饮酒提升了死亡率。

事实也确实如此，2009 年，美国研究人员克里斯托弗和多布金以最低合法饮酒年龄作为断点，选取该生日附近的日期作分析，发现酒精消费确实会提高死亡率，该成果发表在《美国经济期刊：应用经济学》上[22]。他们提供了如图 2-24 所示的分析图进行对比展示，图中横坐标上的 0 表示生日当天，其他数值表示与生日当天的间隔，例如 -2 表示生日前两天，对比可以发现，在 21 岁生日附近几天，死亡人数有明显上升，而这个趋势在 20 岁生日和 22 岁生日处并不显著。

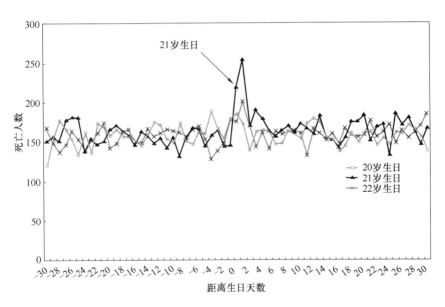

图 2-24 生日与死亡

2.4.8　工具变量与工具变量悖论

1. 工具变量

线性系统的另一个优势在于，若有未观察到的混杂因素导致因果
效应无法估计，可以借助工具变量估
计因果效应。如图 2-25 所示，我们想
要估计 X 对 Y 的因果效应，但二者之
间有未观察到的混杂因素，这时可以

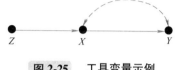

图 2-25　工具变量示例

找一个影响变量 X，但不受其他因素影响的变量 Z 来帮助识别因果效
应。可以先用 Z 对 Y 回归，得到 Z 对 Y 的总因果效应，然后用 Z 对 X
回归，得到 Z 对 X 的因果效应，而 Z 对 Y 仅有一条因果路径，即 $Z \to$
$X \to Y$，因此 Z 对 Y 的总因果效应等于 Z 对 X 的因果效应乘以 X 对 Y 的
因果效应，从而用 Z 对 Y 的因果效应除以 Z 对 X 的因果效应即可得到
X 对 Y 的因果效应。这里 X 作为 Z 的中介变量发挥作用，即 Z 对 Y 的
因果效应都是由 X 中介传递的，Z 的变化导致 X 的变化，从而导致 Y
的变化，Z 到 Y 无其他路径。我们将仅影响原因变量而与其他影响结
果变量的因素无关的变量称为工具变量。

工具变量法已成为经济学、社会学等领域的一个常用的因果估计
方法。经济学家乔舒亚·安格里斯特（Joshua Angrist）和阿兰·克鲁
格（Alan Krueger）用此方法探讨了教育回报问题[23]。中国历来有重视
教育的传统，所谓"男儿欲遂平生志，五经勤向窗前读"。在古代，通
过读书参加科举入仕可能是普通人实现阶层跨越的唯一途径。但改革
开放以来，中国经济飞速发展，"读书无用论"成为很多人逃避读书的
借口。那读书到底有没有价值？统计学上来说，高学历人群的平均收
入是要高于低学历人群的。低学历的富豪只是少数群体，不能代表一

般情况。那这是不是就能说明受教育程度越高，收入就越高？

不过，有些人可能会猜想，高学历的人本身资质就高，即使不接受高水平教育，其所得收入也会高于低学历的人。为此，依据前文描述，就要评估教育对收入的影响，需要校正资质水平这个因素。但资质水平本身比较难以衡量，且此外还存在许多其他影响教育与收入的因素，比如父母的社会地位，社会地位高的父母可能会为孩子安排好的学区并就读名校，且有更多的社会关系帮助孩子找到好的工作等。这些混杂因素通常难以完全衡量，也导致教育回报一直是一个难以估计的问题。

乔舒亚·安格里斯特和阿兰·克鲁格根据美国入学的实际特点，找到了一个神奇的工具变量——出生日期。美国的义务教育法规定：只要在当年满 6 岁的儿童，都需要在当年 9 月份入学。也就是说，一个孩子的生日如果是 12 月 31 日，那么他和生日是 1 月 1 日的孩子一样，都需要在当年 9 月份入学。同时，美国的义务教育法还规定：只有年满 16 岁的青少年才可以离开学校（辍学回家）。对于 1 月 1 日出生的孩子和 12 月 31 日出生的孩子，同年上学且都是 16 岁辍学，但前者比后者少上了一年的学。出生日期的差异可以影响受教育水平，而出生日期又具有随机性，与其他影响收入的因素不存在显著关联，因此可以作为工具变量，用来辅助评估受教育水平对收入的因果效应。

这两位经济学家收集了美国 20 世纪 20 年代出生的孩子在 1970 年的收入数据和 20 世纪 30 年代出生的孩子在 1980 年的收入数据，他们发现，对于 20 世纪 20 年代出生的孩子来说，第一季度出生的孩子少上0.126 年学，则教育回报率要低 0.7 个百分点。对于 20 世纪 30 年代出生的孩子来说，第一季度出生的孩子少上了 0.109 年学，教育回报率要低1.02 个百分点。可见受教育年限的增加确实有助于提高收入水平。

2. 工具变量悖论

在非线性系统中，工具变量可能失效。在线性系统中，一条因果链路上的因果效应等于各条边的路径系数的乘积，因果效应为线性传递。而在非线性系统中，可能存在非传递的因果关系，该现象通常被称为替代指标悖论或工具变量悖论。

《致命的药物》(*Deadly Medicine*) 一书中报告了这样一个真实的案例：主角是抗心律失常药物氟卡胺 (Tambocor)，其引发了一场"可能是美国历史上最严重的药品灾难"事件[24]。

据统计，全美每年有超过 40 万人死于心脏骤停，心脏骤停也被称为美国的"头号杀手"，当其出现时，除非用短暂电击的办法恢复心律，否则病人必死无疑。因此医药公司致力于研发药物来纠正心律失常，从而降低心脏骤停的发病率。1972 年，3M 公司研发出用于抑制心律失常的药物氟卡胺。该药物能缓解心律失常的症状（包括可导致猝死的情况，如心室颤动、心室扑动、无脉室性心动过速等），却不能治

愈疾病，病人需要无限期服用这种药物，如果停止服药，病情就会出现反复。从盈利的角度来说，它就是一棵摇钱树。

氟卡胺曾在小鼠、大鼠、兔子、猪、狗、猫和狒狒体内进行试验。1975 年，FDA 批准了氟卡胺的临床研究申请，1975 年至 1978 年，氟卡胺的 I 期和 II 期临床试验结果比较令人满意。与此同时，百时美公司也加快了同类药品英卡胺（Enkaid）的研发速度。

1982 年，德国批准了氟卡胺的销售。接下来，斯坦福大学的温克医生发表文章，讲述了与氟卡胺化学结构相似的药物英卡胺导致了一些重症患者死亡的情况。温克医生和 3M 公司讨论氟卡胺时，提出在重症患者中试验氟卡胺，而 3M 公司只想在有室性早搏症且身体健康的人群中试验氟卡胺。

1982 年 11 月，3M 公司邀请了医学界的专家分析临床试验数据。在 45 家医院的服用氟卡胺的患者中，氟卡胺没有表现出良好的疗效，反而导致了部分患者猝死。英卡胺也遇到了同样的问题。可惜的是，因为没有统一的试验方案，研究人员很难对这些数据加以统计分析。尽管如此，在进一步的试验结果出来之前，3M 公司还是按原计划向美国食品药品监督管理局（FDA）提交了新药上市的申请。

1983 年，3M 公司在百慕大召开了关于氟卡胺的研讨会，3M 支付了全部费用，除了温克医生继续表示担忧外，大部分收了报酬的专家对氟卡胺给予热情的支持。1985 年 10 月 8 日，在缺乏严密的试验数据的情况下，氟卡胺及其同类药物获得上市批准。新一代抗心律失常药物开始大量涌向市场。之后，3M 借助推销、广告、研讨会等大力推广氟卡胺。1988 年春季，美国的医生每月平均开出 57000 张氟卡胺处方。

幸运的是，在抗心律失常药物被审批和销售的同时，美国心肺血液研究所开始对这类药物进行大规模的心律失常抑制试验（简称 CAS

试验）。试验对象包括氟卡胺和英卡胺等，涉及 4400 位患者，27 个研究中心和 100 多家医院，耗时 5 年，耗资 4400 万美元。CAS 试验严格按照随机对照双盲试验的原则进行：把每个患者随机地分在 X 组或 Y 组，为其中一组提供药物，为另一组提供安慰剂。除了生物统计学家霍尔斯乔姆一人，不管是研究人员还是患者，没人知道哪些是真药，哪些是安慰剂，这就是双盲的含义。谁也没有权利过问治疗组和对照组的身份情况。

到 1988 年 9 月 1 日，CAS 试验的内部结果见表 2-8（其中，猝死人数中包括经历了心脏骤停但是抢救成功的患者）。

表 2-8　CAS 试验结果

	X 组	Y 组
猝死人数	3	19
总病人人数	576	571

可以看出，Y 组的猝死率是 X 组的 6.33 倍。这样的差异大大超出了随机因素所能解释的范围。

从表 2-9 中可以看到，无论采用哪一种检验方法，其 P 值都远小于 0.01，所以这个检验是高度显著的，可以肯定地说，根据 CAS 试验，认为该药物与猝死有关时，所犯错误的概率不会超过 $\alpha = 0.01$。随着试验的继续，两组间的差异没有缩小，趋势也没有发生转变。因为患者是被随机分配到 X 组和 Y 组的，所以结论表明，该药物无效，会致命。

造成这种现象的原因是，氟卡胺和英卡胺等抗心律失常药物对于部分轻度心律失常患者确实有效。但由于心脏电传导系统的不稳定会自动发生变化，而且极难预测，氟卡胺和英卡胺可能让电脉冲传导产生重大改变，并极易让心脏发生电传导系统事故，这对于有心脏疾病的患者是致命的，且这种影响可能会出现在服药数月后。反映到因果结构图中，则是药物到心律失常与心律失常到猝死之间不是简单的线性关系。在某个范围内，药物可以纠正心律失常，降低猝死概率，但一旦超出这种范围，药物反而成了催命符。事后，人们估计，这些抗心律失常药物使猝死人数增加了数万人。

表 2-9　CAS 试验结果的统计量

检验方法	值	P 值
卡方检验	12.0068	0.0005
似然比卡方检验	13.3432	0.0003
连续调整卡方检验	10.5612	0.0012
Mantel-Haenszel 卡方检验	11.9963	0.0005

本节给出的工具变量悖论不是为了说明工具变量不能应用于非线性系统，而是为了说明在非线性系统中应用工具变量时，需要格外小心，此时的因果关系不是简单的线性传递，需要考虑非线性下的因果关系传递机制，才能更为恰当地评估出因果效应的大小。

2.5　如何实现个体反思

2.5.1　什么是反事实

我们常常面临这样的反思：如果我不那样做就好了。例如，明天要期末考试了，结果晚上睡前发现平时追的电视剧更新了，一时没忍住，就熬夜看完了更新的剧集。结果，由于睡眠不足，第二天考试考了 60 分。这会儿可能会想，如果当时不看电视剧，直接睡觉，是不是就会考得好成绩。假想的事件"当时不看电视剧"是与实际情况相违背的，因此，我们将之称为反事实推断。

反事实推断的特点是，在某件事情发生的前提下，反思如果当初采取不同的决策，结果是否不同。因此，在进行结果对比分析时，假想的决策"当时不看电视剧"与已采取的决策"熬夜看完了电视剧"应在完全一致的条件下。可能当初之所以要熬夜看电视剧，也是因为复习了一晚上，入睡时比较晚，而假想的决策"当时不看电视剧"也是建立在复习了一晚上的前提下，默认的假设是"如果当时不看电视剧，在已经充足复习的情况下，会取得更好的成绩"。

这种反事实推断虽然也要施加干预"当时不看电视剧"后进行推断，但这里的"干预"与前文的干预有本质区别。如果将该问题写为干预表达式 E [考试成绩|do（不看电视剧），考试成绩 = 60]，其表示的是施加干预"不看电视剧"后，那些成绩为 60 分的人的成绩期望，这个期望显然是 60 分。这里考试成绩 = 60 是干预后的事实，无法作为干预前的条件。而我们想要的反事实推断中，考试成绩 = 60 是已发生

的前提条件，是在熬夜看了电视剧的情形下发生的，是既成事实，我们想要做的是推断假想情形"不看电视剧"时的考试成绩。这两个考试成绩代表了两种不同的含义。

为区分这两种考试成绩，令 X 表示是否看电视，Y 表示考试成绩，Y_X 表示采取 X 决策后的考试成绩，则可以区别作为前提条件的考试成绩和所要估计的考试成绩，即 $Y_{X=1}$ 和 $Y_{X=0}$，简写为 Y_1 和 Y_0，其中 $X=1$ 表示熬夜看了电视剧，$X=0$ 表示不看电视剧。我们所要估计的量可表示为 $E[Y_0|X=1,Y=Y_1=60]$。

当然，对于个体 A，我们不可能既看到他熬夜追剧后的考试成绩，又看到他不熬夜后的考试成绩，因为这两件事情只能发生一件。反事实实际上是要在 A 已经熬夜追剧的情况下，从数据中寻找那些与 A 的各方面条件相同或相似，却没有熬夜追剧的人，用这些人的平均考试成绩作为对于 A 的预测结果，即如果 A 不熬夜应该取得的考试成绩。反事实需要依赖大量的数据，其中与 A 有相同或相似条件的数据在数量上具有一定的规模，才能使得计算结果具有统计意义。

2.5.2 反事实与干预的关系

从上面的分析可以看出，反事实主要体现的是个体决策的推断，反思在采取某种决策后，若当初不采取该决策，结果会如何。我们也将这种通过假设的决策所估计的结果称为潜在结果。干预更多体现的是群体数据上的因果效应估计，即在群体数据上施加干预，排除混杂因素的干扰，从而确定一个事件是否对另一个事件存在因果效应。

二者实际上并不是相互独立的概念。当想要估计因果效应时，可以针对群体中的每个样本计算反事实推断结果，然后求平均，那得到的就是真实因果效应。这实际上也是潜在结果框架关于因果效应的最原始定义。例如，要估计服药对痊愈的因果效应，就先令所有人都吃药，查看是否痊愈，然后对每个个体进行反事实推断，分析假设该个体当初不吃药，结果会如何，然后通过对比可确定药物的实际因果效应。通过反事实推断，服药与不服药都是针对相同个体、相同情形，不存在混杂因素，因此推断的是真实因果效应。然而现实情况下，我们不可能令病人既服药又不服药，因此可以用反事实定义因果效应，实际上，我们采用随机对照试验，就是通过随机化方法，消除混杂因素的干扰，从而逼近真实因果效应，前文中也提到，内曼应用中心极限定理证明了通过随机对照试验得到的因果效应是真实因果效应的无偏估计。

上述提到的潜在结果框架是另一种因果推断的流行模型，该框架从反事实角度进行因果效应定义，然后应用统计工具分析所估计的因果效应是真实因果效应的无偏估计。前文介绍的结构因果模型是用结构图刻画事件间的因果关系，然后在因果结构图上模拟干预操作，从而保证所估计的因果效应与随机对照试验等价。因此，潜在结果框架与结构因果模型在理论上是等价的。

潜在结果框架有如下两个基本的因果效应假设和一个可忽略性条件。

1）个体处理结果不变假设（the stable unit treatment value assumption，SUTVA）：此假设认为任意个体的潜在结果不受其他个体接受处理的影响，即不同个体之间对于处理的反应结果是独立的。

2）正性假设（positivity assumption）：该假设表述为任何可能的处理都在数据中出现，即对于任何处理 x，$P(X=x)>0$。在服药的例子中，该假设保证了服药和不服药都有案例，即 $P(X=1)>0$，并且 $P(X=0)>0$。

3）可忽略性条件（ignorability condition）：在给定某些协变量 Z 的

条件下，$(Y_{X=1}, Y_{X=0}) \perp\!\!\!\perp X \mid Z$，即潜在结果 Y 的值分布与原因变量 X 的赋值无关，该条件称为可忽略性条件，如果又满足正性假设，则称为强可忽略性条件。

依据约定俗成的习惯，在可忽略性条件中，将接受处理 $X=1(X=0)$ 的结果写作 $Y_{X=1}(Y_{X=0})$，这也就是第 1 章的 $Y(1)$ 和 $Y(0)$，例如 $X=1$ 表示服药，$X=0$ 表示不服药，则 $Y_{X=1}=1$ 表示服药后痊愈，$Y_{X=1}=0$ 表示服药后未痊愈。这个潜在结果框架中使用的符号与前面介绍的 do-操作框架中使用的符号 $Y \mid do(X=1)(Y \mid do(X=0))$ 表达了相同的意思。因此

$$E(Y_{X=1}) = E(Y \mid do(X=1)), E(Y_{X=0}) = E(Y \mid do(X=0))$$

基于强可忽略性条件，可以将潜在结果表达式转化为观察数据上的可计算量，依据全概率公式

$$E(Y_{X=1}) = \sum_{z \in Z} E(Y_{X=1} \mid z) P(z)$$

于是

$$E(Y \mid do(X=1)) - E(Y \mid do(X=0)) = E(Y_{X=1}) - E(Y_{X=0})$$

$$= \sum_{z \in Z} E(Y_{X=1} \mid z) P(z) - \sum_{z \in Z} E(Y_{X=0} \mid z) P(z)$$

由于 $E(Y_{X=1} \mid z) P(z) = E(Y \mid X=1, z) P(z)$，是可以从观察数据计算的，这就得到了因果效应。因此在强可忽略性条件下，因果关系是可以识别的。

个体处理结果不变假设和正性假设保证了反事实推断的可估计性，而可忽略性条件则给出了潜在结果框架估计因果效应的一般思路，即通过控制协变量，创造出可忽略性条件（也即无混杂的情形），然后将反事实推断转化为条件概率计算。在很长一段时间，可忽略性条件中的 Z 充满了神秘色彩，没有方法指导人们去寻找这样的 Z，直到珀尔

证明了，满足可忽略性条件的协变量 Z 恰好就是前文介绍的满足后门准则的变量。

可以看到，无论是潜在结果框架还是结构因果模型，本质上都是在构造无混杂情形，来达到模拟随机对照试验的目的。二者的区别在于问题定义的出发点不同，因此方法设计上存在差异。潜在结果框架基于可忽略性条件，从统计角度出发，寻找变量进行假设检验，而结构因果模型更多是从因果结构图出发，来模拟干预操作，并给出了一套自动化寻找混杂变量的方法，因此潜在结果框架在统计领域应用更为广泛，而结构因果模型更容易应用于人工智能领域。

其他方法还包括诸如倾向得分、分层加权平均等，这些方法的核心思想体现在对样本的调整，使其满足随机性，从而达到随机对照试验下的效果，2.4.4 小节介绍的逆概率加权，便是一种经典的处理思路。此外，2.4.7 小节提到的断点回归，本质上是应用断点进行样本筛选，从而达到可忽略性条件，该方法以某个变量的取值为断点，在其附近选取样本进行分析，从而达到随机对照试验的目的，即 $(Y_{X=1}, Y_{X=0}) \perp\!\!\!\perp X \mid W$，这里的 W 是人工设置的断点，在断点附近选取样本，虽然可消除大部分混杂因素，也可能存在少部分混杂因素，但由于样本范围选取的局部性，此时变量间的关系便可用回归进行分析，降低了因果关系分析的难度。

2.5.3 反事实与最邻近世界

如何从观察数据中进行个体反事实推断呢？首先，可以借助平行世界的概念来理解反事实。前文实例中，实际发生的"熬夜追剧，成绩不理想"为现实世界，假设的"当初不熬夜追剧"是假想世界，二者是互为平行的世界。虽然无法观测假想世界，难以估计假设事件的结果，但可以通过可观察到的现实世界构造出一些与假想世界相似的虚拟世界，以估计假想世界中假设事件的结果。这也是哲学家大卫·刘易斯的最邻近世界的核心思想。

在现实世界中有许多"未熬夜追剧"的实例，因此可以构造出许多未发生"熬夜追剧事件"的假想世界，然后从中选出一个与现实世界最邻近的世界，通过这个世界来估计我们所要得到的反事实推断结果。但一个很明显的问题是，如何评估邻近？需要为此定义一个标准。最理想的邻近世界自然是除了看电视剧这一点外，其余特征与情形都与现实世界一致，即相同的知识掌握程度、相同的身体状态、相同的考试环境等，这些特征与情形应能涵盖所有与成绩相关的因素，即影响成绩 Y 的变量。对应到因果结构图中，一个简单的方法就是固定所有非 X 的子节点却是 Y 的父节点的变量值，这类变量称为 Y 的环境变量，使这类变量固定在熬夜追剧情形下的一个值（即当前值），这些值就是后面定义的证据 $E=e$。然后将变量 X（是否看电视）的值由 $X=1$（看电视）改为 $X=0$（不看电视），即改为 $do(X=0)$，这时那些影响 X

的变量已被切断，于是在条件 $E=e$ 下得到的 Y 值就是不看电视后取得的考试成绩。将 $X=1$ 改为 $X=0$，并保持 Y 的环境变量值不变，由此得到的世界即是最邻近世界。

但是，在实际问题中，要找一些与特定个体 A 具有完全一样的环境变量值的其他个体可能非常困难，甚至没有。例如，问题中的个体年龄为 18 岁，体重为 68.5 公斤，身高为 1.72 米，为了计算反事实，需要在数据中寻找具有同样年龄、体重、身高的人，最终可能由于人数太少不足以支持任何统计计算。在这种情况下，需要放宽条件，寻找与 A 具有相似条件的人，例如年龄为 18±1 岁，体重为 68.5±5 公斤，身高为 1.72±0.05 米，这就增加了可以参与计算的数据量，使得计算有统计学意义。但是如此一来，如何定义相似性（即最邻近世界）就成了一个复杂问题，对于年龄、体重、身高这样的数据还好办，但是对于性格、身体状态等非可量化的参数，或者虽可量化但难以比较的参数，就需要认真去设计了。根据不同问题定义相似性是反事实计算的一个实际的而又重要的问题，相应的讨论已经超出了本书叙述的范围。

接下来，在熬夜追剧的案例中引入复习时间（Z），作为影响是否看电视（X）、睡眠时间（W）和考试成绩（Y）的因素，查看反事实的因果结构图表示。图 2-26a）给出了这四者关系的原始因果结构图。考虑反事实是做个体反思，引入变量 $U=u$ 表示某个确定的个体，该变量 U 可以是与该个体有关的特征，用于唯一标识该个体，例如年龄、身高、体重、籍贯等。若想估计反事实 $Y_x(u)$，则令 $X=x$，这时 x 是要实行的决策，因此 X 将不再受其他因素影响，维持因果结构图的其他因素不变，对应到因果结构图，即删除指向 X 的箭头，如图 2-26b）所示，此时查看 Y 的取值，则可得到反事实 Y_x 的估计。令 M_x 表示用 $X=$

x 替代 X 取值后所得到的因果结构图，其表示的就是想要构建的最邻近世界的蓝图，该世界与原本的现实世界遵循相同的因果机制，因此有 $Y_x(u) = Y_{M_x}(u)$。

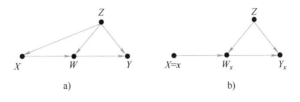

图 2-26　反事实的结构解释

2.5.4　反事实推断的基本过程

基于反事实的因果结构解释，可以实现反事实推断的实际计算。假定现实世界发生的事实为证据 $E = e$，我们的目标是在此事实条件下，估计反事实 $Y_x(u)$。主要过程包括以下 3 步。

1）溯因：用当前证据 $E = e$ 来反推现实世界中 Y 的环境变量的值，这些值反映了现实世界中，那些非 X 及其子节点却影响 Y 的因素，根据问题的不同，这些因素可以取当前值，也可以取最邻近世界的值。

2）干预：修改结构因果模型 M，移除变量 X 出现在左边的方程，用 $X = x$ 来替换它们，从而获得修正的模型 M_x，由于 M_x 中 Y 的环境变量由 $E = e$ 确定，变动的仅仅是 X 及其子节点的值，因此 M_x 是 M 的最邻近世界。

3）预测：使用修正后的模型 M_x 和 $E = e$ 来计算 Y 的值 $E[Y \mid \mathrm{do}(X = 0), E = e]$，即反事实的结果。

仍然以熬夜追剧的案例来看，仍然利用图 2-26a 作为其因果结构图。对应的因果结构方程为

$$X=\begin{cases}0,Z>8\\1,Z<8\end{cases},W=12-3X-Z,Y=6W+10Z-10$$

其中，X、Z、W、Y 仍然表示是否看电视剧、复习时间、睡眠时间和考试成绩。若观测到的事实为看了电视（$X=1$）考试成绩为 60 分（$Y=60$），则执行如下操作。

第一步，首先利用现实世界的已知事实反推与该个体相关的其他因素，即 W 和 Z。将 $X=1,Y=60$ 带入上述结构方程，可以得到 $W=9-Z$，$60=6W+10Z-10$，求方程组可得 $W=5,Z=4$。

第二步，进行干预，令 $X=0$，得到修正的模型，即 $X=0,W=12-3X-Z,Y=6W+10Z-10$，此模型代表反事实世界的因果机制。

第三步，利用第一步中得到的个体相关因素 W、Z 和第二步中得到的修改后的因果模型进行反事实计算，注意 W 受 X 的影响，故会发生变化，而 Z 保持不变，因此得到 $X=0,Z=4,W=12-0-4=8,Y=6\times8+10\times4-10=78$，即假如当初没有熬夜看电视，那么该同学的成绩是 78 分。

再看一个反事实的例子。假设 100 万个儿童中，有 99% 接种了疫苗，有 1% 没有接种。对于接种了疫苗的儿童来说，一方面，他们有 1% 的可能性出现不良反应，这种不良反应有 1% 的可能性导致儿童死亡；另一方面，他们不可能得天花。相对地，对于未接种疫苗的儿童来说，他们显然不可能产生接种后的不良反应，但他们有 2% 的概率得天花。最后，假设天花的致死率是 20%，那么在 100 万个儿童中，有 99 万个儿童接种了疫苗，其中有 9900 人出现了接种后的不良反应，这之中有 99 个儿童因此死亡。与此同时，那 1 万个没有接种疫苗的儿童中，有 200 个儿童得了天花，其中的 40 个儿童死于天花。这样一来，死于疫苗接种不良反应的儿童（99 人）就多于死于天花的儿童（40人）了。现在问一个反事实问题："假如我们把疫苗接种率设为零会怎样?"利用上述虚拟数据中给出的概率,可以得出如下结论:100 万个儿童中,有 2 万个儿童会得天花,4000 个儿童会死亡。将反事实世界与现实世界进行比较,两个世界的得天花概率和死亡概率一致,因此就可以得出真正的结论:不接种疫苗会导致多付出 3861(4000 与 139 之差)个儿童的生命的代价。在此,我们应该感谢接种,让我们避免付出如此惨重的代价。

2.5.5　反事实推断与校正公式

基于可忽略性,可以进行后门校正公式的推导,即

$$P(Y_x) = \sum_Z P(Y_x \mid Z=z) P(Z=z) = \sum_Z P(Y_x \mid X=x, Z=z) P(Z=z)$$

$$= \sum_Z P(Y \mid X=x, Z=z) P(Z=z)$$

其中,第一个等式成立是按全概率展开,第二个等式成立应用的是可忽略性,第三个等式成立是基于反事实的基本定义,即假设的世界 $X=x$ 与现实世界 $X=x$ 一致时,其反事实推断的结果应与现实世界一致。

可以进一步得到在已知证据 $X=x'$ 时的反事实推断公式,即

$$P(Y_x \mid X=x') = \sum_Z P(Y_x \mid Z=z, X=x') P(Z=z \mid X=x')$$

$$= \sum_Z P(Y_x \mid X=x, Z=z) P(Z=z \mid X=x')$$

$$= \sum_Z P(Y \mid X=x, Z=z) P(Z=z \mid X=x')$$

这里的推导与后门校正公式推导所用的规则一致,注意在第二个等式,基于可忽略性,在无混杂的条件下,反事实推断的值与 X 的取值无关,因此将 x' 替换为 x。对于该公式与后门校正公式,可以发现,二者的区别在于变量 Z 的取值概率计算,前者为 $P(Z=z)$,后者为

$P(Z=z\mid X=x')$，这其实也反映了已知证据对群体样本的筛选。

2.5.6 线性系统中的反事实

反事实推断是一个相对复杂的问题，特别是在非线性系统中，利用已知证据反推相关因素较为困难。而在线性系统中，这会容易得多，这也是前面的例子中均使用线性方程来表述变量间因果关系的原因。珀尔证明，只要 $E[Y\mid do(X)]$ 可识别，则任何形如 $E[Y_{X=x}\mid Z=e]$ 的反事实均可识别，其计算公式为

$$E[Y_{X=x}\mid Z=e]=E[Y\mid Z=e]+T(x-E[X\mid Z=e])$$

其中，$T=\mathrm{d}E[Y_x]/\mathrm{d}x=E(Y\mid do(x+1))-E(Y\mid do(x))$。

这在直观上可以理解为，已知证据 $Z=e$，Y 在假设 $X=x$ 下的期望就是当前观测值 $E[Y\mid Z=e]$，加上由于 X 的变化 $x-E[X\mid Z=e]$ 引起 Y 的预期变化。如果 x 是时间，则这段话可以理解为，Y 在下一时刻的值等于当前的值 $E[Y\mid Z=e]$ 加上 $\Delta x=x-E[X\mid Z=e]$ 引起的 Y 的预期变化 $T\Delta x$。

这与伯恩哈德·舍尔科普夫（Bernhard Schölkopf）等在《走向因果表征学习》（*Towards Causal Representation Learning*）一文中谈到的不谋而合。其表述为，如果一个物理现象可以用方程

$$\frac{\mathrm{d}x}{\mathrm{d}t}=f(x),x\in R^d$$

和初始值 $x(t_0)=x_0$ 描述，依据 Picard-Lindelöf 定理，只要 $f(x)$ 满足 Lipschits 条件，则 $f(x)$ 至少存在局部的唯一解 $x(t)$。将 $\mathrm{d}x$ 写作 $\mathrm{d}x=x(t+\mathrm{d}t)-x(t)$，则 $x(t+\mathrm{d}t)=x(t)+\mathrm{d}t\cdot f(x(t))$，这说明 $x(t)$ 的未来（邻近未来）值 $x(t+\mathrm{d}t)$，等于当前值 $x(t)$ 加上 $\mathrm{d}t$ 这段时间引起的预期变化 $\mathrm{d}t\cdot f(x(t))$，因为是邻近未来，因此可以被线性化。这说明：

1）线性因果通用公式有其普适的物理支持，前提是微分方程是一个线性方程。

2）这样的方程所描述的现象中，未来值被当前值唯一确定，且仅取决于当前值，因此马尔可夫因果结构可以从这类方程中读出。

3）从微分方程的解可以预测干预的结果，这是我们所追求的。

微分方程所描述的内容比起统计学要更加深刻，微分方程描述的现象之间深刻的动态关系，但是统计学往往只是表面的。如果在建立微分方程时引入噪声，或者取时间平均，那么可能得到变量之间的统计相关性质，这个问题的数值求解可以利用机器学习进行，机器学习的长处是可以通过观察数据进行，但缺点是不能预测干预的结果。而因果模型正好介于这两者之间，不像微分方程的解能提供那么多信息，但比起统计机器学习又可以预测干预的结果，从知识稳健性上讲，逻辑>因果>关联。

基于 $E[Y_{X=x}|Z=e]$ 的计算公式，可以在线性情形下得到反事实的 3 个常见的推断模式，设 $Y=a_1x_1+a_2x_2+\cdots+a_kx_k$，$\boldsymbol{C}=(a_1,a_2,\cdots,a_k)$，$\boldsymbol{x}=(x_1,x_2,\cdots,x_k^{\mathrm{T}})$，T 表示转置。

1）模式一：e：$\boldsymbol{X}=\boldsymbol{x}'$，$Y=y'$（这就是反事实的线性描述），则有

$$E(Y_x|Y=y',\boldsymbol{X}=\boldsymbol{x}')=y'+\boldsymbol{C}(\boldsymbol{x}-\boldsymbol{x}')$$

这在直觉上很有说服力，Y 在假设 $\boldsymbol{X}=\boldsymbol{x}$ 下的期望就是当前观测值 y'，加上由于 $\boldsymbol{X}$ 的变化 $\boldsymbol{x}-\boldsymbol{x}'$ 引起 Y 的预期变化。

2）模式二：e：$Y=y'$（干预的线性公式，当前状态下，实施干预 $\boldsymbol{X}=\boldsymbol{x}$ 后的 Y 期望，例如当前收入 $Y=y'$，若每个月花费 x 小时接受培训，期望的收入水平 Y），则有

$$E(Y_x|Y=y')=y'+\boldsymbol{C}[x-E(\boldsymbol{x}|y')]$$

其中，$E(\boldsymbol{x}|y')$ 表示在收入水平 $Y=y'$ 时的平均培训时间。注意培训可

能是多项内容的，因此培训时间是一个向量 $\boldsymbol{x}=(x_1,x_2,\cdots,x_k)$，其中每个 x_i 表示一项培训内容的时间。

3）模式三：e：$\boldsymbol{X}=\boldsymbol{x}'$（对处理组的处理效应，英文名称为 effect of treatment on the treated，简称为 ETT，已经进行手术处理（$\boldsymbol{X}=\boldsymbol{x}'$）的病人，如果不进行手术处理（$\boldsymbol{X}=\boldsymbol{x}$）会如何，即 Y 的期望），则有

$$E(Y_x\,|\,\boldsymbol{X}=\boldsymbol{x}')=E(Y\,|\,\boldsymbol{x}')+\boldsymbol{C}(\boldsymbol{x}-\boldsymbol{x}')=\boldsymbol{C}\boldsymbol{x}'+\boldsymbol{C}(\boldsymbol{x}-\boldsymbol{x}')$$

该模式常用于衡量对于已施加干预的群体（$\boldsymbol{X}=\boldsymbol{x}'$），若不施加干预（$\boldsymbol{X}=\boldsymbol{x}$），结果差别有多大，即 $E(Y\,|\,\boldsymbol{X}=\boldsymbol{x}')-E(Y_{\boldsymbol{X}=\boldsymbol{x}}\,|\,\boldsymbol{X}=\boldsymbol{x}')$。

ETT 估计在现实应用中有特别的价值。例如，政府实施了某项再就业培训政策，参加了培训的人使就业率有了不错的提升，那是不是说该项培训政策就是有意义的呢？反对者可能会质疑，参加培训的人都是有工作意愿的人，因此可能更努力、有更好的就业态度等，在面试中也能取得更好的成绩，因此即使他们不参加培训，也会使就业率提升。针对这种问题，就需要衡量 ETT，看那些接受了培训的人，若不接受培训，结果是不是会不一样，即衡量 $E[Y_1-Y_0\,|\,X=1]$，如果存在差异，那可以断言培训政策是有效果的。

再考虑这样一个需求模型来分析线性系统下的反事实估计，其中 q 是家庭对产品 A 的需求量，p 是产品 A 的定价，i 是家庭收入，w 是生产产品 A 的成本，u_1 和 u_2 是误差项，分别代表影响需求量和价格的其他因素，有

$$q=b_1p+d_1i+u_1$$
$$p=b_2q+d_2w+u_2$$

我们的问题是：当前的价格 $p=p_0$，若把价格控制在 $p=p_1$，那么需求 q 的期望值是什么？

令上文模式三中的 $X=p,Y=q$，已知证据 e 为 $\{p=p_0,i,w\}$。这个问

题就等同计算对处理组的处理效应，服从于条件 i 和 w。由于 $C=b_1$，可以直接写出

$$E(q_{p_1}|p_0,i,w)=E(q|p_0,i,w)+b_1(p_1-p_0)=b_1p_0+d_1i+b_1(p_1-p_0),$$

其中误差项 u_1 和 u_2 的期望值为 0。

2.5.7 直接原因和间接原因

2.4.6 小节中提到了直接因果效应和间接因果效应，其中直接因果效应指的是原因变量 X 直接造成结果变量 Y 的改变程度，间接因果效应指的是原因变量 X 通过其他变量从而间接造成结果变量 Y 的改变程度。2.4.7 小节还提到线性系统中，X 对 Y 的总因果效应等于直接因果效应加上间接因果效应。那一般情形下，三者之间的关系如何呢？本小节将借助反事实工具来重新看下三者之间的关系。

首先，看一个关于歧视问题的例子。歧视问题是长久以来人们都会面临的问题，比如性别歧视、学历歧视、种族歧视等，特别是在求职和工作中，这种歧视的表现尤为明显。但是要很好地识别歧视问题却不是一件容易的事，比如一名女性求职者，明明能力很突出，结果最后录取的却是能力跟自己差不多甚至不如自己的一名男性求职者，企业可以以借口"资质不足"加以辩解。那该如何衡量求职中的这种歧视问题？这其中，性别可能对是否被录用产生直接影响，但其还可能影响资质水平，从而影响录用结果。例如，相对而言，女性工作细致、有耐心，更容易受某些工作的青睐。其因果结构图如图 2-27 所示，X 代表性别，M 代表资质水平，Y 代表录用结果。

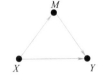

图 2-27 有中介变量 M 的因果结构图

那么 X 对 Y 的总因果效应（total causal effect）定义为

$$\mathrm{TE} = E[Y_1 - Y_0] = E[Y \mid do(X=1)] - E[Y \mid do(X=0)]$$

其中，Y_1 和 Y_0 分别表示假设该个体为男性时的录用结果和假设该个体为女性时的录取结果。在 2.5.5 小节中谈到 $P(Y_X) = P(Y \mid do(X))$，因此总因果效应就是干预 X 的结果。

X 对 Y 的自然直接因果效应（natural direct causal effect）定义为

$$\mathrm{NDE} = E[Y_{1,M_0} - Y_{0,M_0}]$$

其中，Y_{0,M_0} 表示女性且资质水平为 M_0 时的录取结果，Y_{1,M_0} 表示男性且资质水平为 M_0 时的录取结果，二者的期望值相减，即可得到 X 的变化直接引起的 Y 的变化。

X 对 Y 的自然间接因果效应（natural indirect causal effect）定义为

$$\mathrm{NIE} = E[Y_{0,M_1} - Y_{0,M_0}]$$

其中，Y_{0,M_0} 同样表示女性且资质水平为 M_0 时的录用结果，Y_{0,M_1} 表示该个体将资质水平变为 M_1 后的录用结果，二者的期望值相减，得到的是维持女性性别不变，而将资质水平变为 M_1 所带来的录用结果差异。由

于在不同性别时，资质水平提升对录取率影响不同，这反映了男性和女性在录取时的不同"待遇"。这个差别称为自然间接因果效应，也是人们在计算性别歧视问题时需要考虑的因素。

自然直接因果效应和自然间接因果效应的计算涉及反事实推断，较难求解。幸运的是，在无混杂因素的情形下，可以转化为条件概率的计算如下。

$$TE = E[Y|X=1] - E[Y|X=0]$$

$$NDE = \sum_m \big[E[Y|X=1, M=m] - E[Y|X=0, M=m] \big] P(M=m|X=0)$$

$$NIE = \sum_m E[Y|X=0, M=m] \big[P(M=m|X=1) - P(M=m|X=0) \big]$$

回到歧视问题案例中，该如何估计这些因果影响呢？实际生活中，在资质水平与录用结果、性别与资质水平间通常存在混杂因素，例如家庭社会地位，家庭社会地位高可能意味着有更好的受教育条件从而获得更好的资质水平，而家庭社会地位高也意味着更多的社会关系从而帮助求职者获得工作。那如何创造无混杂因素的条件呢？

研究人员森德希尔·穆来纳森（Sendhil Mullainathan）和玛丽安娜·伯特兰（Marianne Bertrand）针对美国的种族歧视做了开创性的工作[25]。他们事先制作了一些假简历，这些简历分成低技能、高技能等不同种类，然后针对在波士顿和芝加哥两个城市的报纸上登招聘广告的公司投递简历。同一家公司会收到两封资质水平差不多的简历，唯一的区别在于简历上的求职者名字。这样做的原因是，在美国，人们往往可以直接依据名字判断出求职者是白人还是黑人。这样，对于类似资质水平的简历，分别填上白人姓名和黑人姓名，则可以模拟随机对照试验，排除混杂因素的干扰。此时，依据收到回复的比例可以估计录用情况。

假如得到表 2-10 和表 2-11 中的数据（这两个表中的数据并非穆来纳森和伯特兰收集的数据，而是为了说明不同因果效应的关系所虚拟的数据），依据无混杂情形下的公式，可以得到：

$$\mathrm{NDE} = \left[E[Y|X=1,M=0]-E[Y|X=0,M=0]\right]P(M=0|X=0)+$$
$$\left[E[Y|X=1,M=1]-E[Y|X=0,M=1]\right]P(M=1|X=0)$$
$$= (0.4-0.2)(1-0.4)+(0.8-0.30)\times0.40=0.32$$

$$\mathrm{NIE} = E[Y|X=0,M=0]\left[P(M=0|X=1)-P(M=0|X=0)\right]+$$
$$E[Y|X=0,M=1]\left[P(M=1|X=1)-P(M=1|X=0)\right]$$
$$= 0.2\times(0.25-0.6)+0.3\times(0.75-0.4)=0.035$$

$$\mathrm{NIE}_r = E[Y|X=1,M=0]\left[P(M=0|X=0)-P(M=0|X=1)\right]+$$
$$E[Y|X=1,M=1]\left[P(M=1|X=0)-P(M=1|X=1)\right]$$
$$= 0.4\times(0.6-0.25)+0.8\times(0.4-0.75)=0.14-0.28=-0.14$$

$$\mathrm{TE} = E[Y|X=1]-E[Y|X=0]$$
$$= E[Y|X=1,M=1]P(M=1|X=1)+E[Y|X=1,M=0]P(M=0|X=1)-$$
$$\left[E[Y|X=0,M=1]P(M=1|X=0)+E[Y|X=0,M=0]P(M=0|X=0)\right]$$
$$= 0.8\times0.75+0.4\times0.25-(0.3\times0.4+0.2\times0.6)=0.6+0.1-(0.12+0.12)$$
$$= 0.46$$

表 2-10　不同种族和资质水平的求职者收到回复的比例

种族 X	资质水平 M	收到回复的比例 $E(Y|X=x,M=m)$
白人	高	0.80
白人	低	0.40
黑人	高	0.30
黑人	低	0.20

表 2-11　不同种族的求职者的资质水平期望

种族	资质水平 $E(M=1\mid X=x)$
白人	0.75
黑人	0.40

依据计算结果，发现种族差异对收到的回复率有因果影响，总因果效应为 0.46，即如果求职者从黑人变为白人，其收到的回复率会提高 46%，而其中直接影响占比为 0.32/0.46=0.696。此外，TE≠NDE+NIE，即 0.46≠0.32+0.07，TE=NDE-NIE$_r$，即 0.46=0.32-(-0.14)。NIE 表示维持种族不变，将资质水平提升所能带来的求职回复率提升，即 3.5%，其占总因果效应的比例为 0.035/0.46=0.07。1-NDE/TE=1-0.696=0.304 表示种族差异所造成的求职回复率提升与资质水平提升所贡献的比例，即-NIE$_r$。换句话说，由黑人变为白人带来的求职回复率提升，一方面是资质水平不变而直接由种族变化带来的提升，另一方面是变为白人的同时将资质水平提升后所带来的提升，前者是NDE，后者是-NIE$_r$。而 NIE 表示的是种族维持在黑人时，提升资质水平提升所带来的求职回复率提升。NIE 和 NIE$_r$的差异表明不同种族的资质水平提升所带来的求职回复率提升是有差异的，白人提升资质后，求职回复率的提升更明显。

根据以上结果，如果政府想要消除求职中的种族歧视问题，有两种方案：一种是规定求职者在求职时可以掩盖自己的种族信息，包括隐匿自身所有能推测出种族的信息；另一种是加强对黑人的教育投入，提升其资质水平。两种方案都需要大量经费投入，若经费有限，那依据上述结果，显然应该采取第一种方案，因为直接因果影响所占比例较大，掩盖种族信息可降低 69.6% 的差异，而仅仅提升资质水平，不掩盖种族信息, 仅能降低 7% 的差异。

2.6 因果分析的待解问题

之前介绍了因果概念和因果分析的发展历史以及一些主要的观点。本节将谈谈因果概念和因果关系在实际应用中仍待解决的谜题, 接下来要讨论的第一个问题是亚群反转。

2.6.1 亚群反转

尽管珀尔一再强调因果关系不是统计学, 但是到目前为止, 对于因果关系的描述基本沿用了统计学的语言, 使用统计学语言, 结果就不是精确的, 因此对于因果关系的理解就不能像数学那样非此即彼, 就要允许有例外, 而且这个例外几乎是无处不有。

本书讨论的因果分析主要依赖于观察数据或者观察数据与实验数据, 从中发现和推断因果关系。要做因果分析, 首先要采集样本。当然, 我们希望所采集的样本越具有代表性越好, 用统计学的语言说, 就是样本是随机独立采样, 样本分布具有与总体分布的一致性。但是实际情况没有这么理想。比如说, 考查家庭经济状况与学生学习成绩的关系, 从总体上看, 家庭经济状况较好的学生具有较好的学习成绩, 但是如果限制到一个特定的人群 (这意味着需要更多的变量或对变量取值范围予以限制), 例如某个学习团队, 可能情况会发生反转, 反而是家庭经济状况较差的学生具有较好的学习成绩, 这并不是说采样出现了问题, 而是在特定的人群中, 分布发生了变化。如果继续限制人群, 例如团队中的某个小组, 可能情况又会发生反转, 家庭经济状况较好的学生又表现出较好的学习成绩。这种由抽样的范围不同导致表现的分布可能发生反复反转的情况, 给因果推断带来了问题。在很多场合，我们并不关心总体的因果内容，而是关心在一个特定的范围内，因果关系有着怎样的表现。例如在医疗问题中，对于一个具体的患者，我们需要知道手术对于该患者到底效果如何，这时总体的数据（即手术有效果）并没有多大的帮助。为了精确分析具体患者，需要知道患者的更多信息，即更多的变量，但是患者的信息是无穷的，会导致一些问题的出现，比如头发的颜色、爱吃火锅等生活习惯要不要考虑，姓名、家庭住址、电话号码这些信息对于手术效果有没有影响，等等。对于到底什么样的信息才算是充分的，目前并没有理论指导，信息量不够会导致前面说的亚群反转问题，即实际上在一个更广泛的人群中进行了抽样，其结果可能导致推断结论的失真。对于具体的个体，永

远不能保证样本的变量对于问题是充分的，在多数情况下，便会引进一个假设，即被遗漏的变量对于手术效果没有影响。针对个体采集数据的条件受限，因此能够得到的样本总是在一个较大的范围内抽取的。但是，如果抽样范围过于狭小，即变量很多，即使可以抽样，样本量太小也会使得分析无法进行。如今常被使用的机器学习是一种大数据学习模型，往往需要在较大的范围内收集数据（从而有足够的数据量），但是由此会使数据分布出现不一致而导致实际上的亚群反转，而我们无法对此进行判断，这种现象应该引起我们的注意。

2.6.2　抽样偏差与变量选择

在大样本因果分析与计算中，对于样本的独立同分布假设经常作为基本原则，许多结论都是建立在这一原则上的，但是也恰恰是这个原则，在实际的因果分析与推断中，是很难保证的。独立同分布假设是大样本因果分析中无法回避的问题。在基于观察数据的分析中，数据往往来源于观察，这种观察是被动的，无法控制数据的生成过程，因此很难保证达到独立同分布的要求，即使对于试验数据，由于实验要求的随机性条件难以完全满足，因此独立同分布的假设也未必满足。我们以著名的辛普森悖论为例。

辛普森悖论刻画了一个场景，在一个检验药物有效性的试验中，选取了一些受试者，随机分为两组，分别服用药物和安慰剂，考查实验效果，相关数据见表2-12。

这些数字令人难以相信。根据总体统计，药物并不是有效的，服用该药物的病人恢复比例低于未服药的病人。然而，当按性别考虑时，药物对于男性和女性都是有效的，在每个性别上，服药恢复率都高于未服药的，这似乎是荒谬的，这就是称为悖论的原因。

表 2-12　一种药物的试验结果，分别按性别统计和按总体统计

患者	服药	未服药
男	87 例中痊愈率为 81 例痊愈（有 93%）	270 例中痊愈率为 234 例痊愈（有 87%）
女	263 例中痊愈率为 192 例痊愈（有 73%）	80 例中痊愈率为 55 例痊愈（有 69%）
总	350 例中痊愈率为 273 例痊愈（有 78%）	350 例中痊愈率为 289 例痊愈（有 83%）

　　这个问题在统计学中无法找到简单的答案。解决这个悖论的关键在于产生数据背后的过程，从数据中可以看出，由于某些不明因素，药物事实上对于男性更加痊愈（男性痊愈率为 93%，而女性痊愈率只有 73%），然而由于另外的不明元素干扰，在该实验中，服药效果不好的女性偏向于选择服药，服药效果好的男性偏向于选择不服药，无论是主动的还是被动的，这自然导致试验结果出现偏差。如果我们看到的数据中男女比例不是 1∶1，那么总体中男女的比例也不是 1∶1，但是实际情况显然并非如此，独立同分布的假设被不明原因破坏。问题在于，我们无法单从数据内部识别这种偏差，此时就需要使用数据之外的信息，例如了解当时分组的原则，增加试验的内容（不仅仅是性别），以甄别哪些因素影响了试验结果（在本问题中，雌激素可能是影响药物效果的"罪魁祸首"），从而使数据包含更多的信息，以利于通过学习找出正确的结论。这是在随机对照试验或者观察中常会遇到的问题，即某些不明因素可能导致独立同分布假设的不成立，这称为抽样偏差。

　　抽样过程是否存在偏差，从数据本身出发是经常是无法回答的，如果有更多的外部数据可用，则可以利用外部数据进行比对，例如在上面的辛普森悖论中，我们通过其他数据知道人类性别比例是 1∶1，因此在该抽样中，性别比例明显不符合随机性，因此需要通过某些方法（例如逆权重方法）来修正抽样的结果。但这是借助其他渠道知道

性别比例的情况，如果没有外部数据可以利用，同时也没有相关的"先验知识"，那么识别抽样集合是否满足同分布假设就是十分困难甚至不可能的。近年来虽然有一些方法能够改善样本的质量，但这些只是"改良"，并不能在本质上改变非随机抽样带来的统计困难。非随机样本的统计和计算问题是一个亟待解决的且有巨大应用价值的课题。

变量选择是因果分析中遇到的另一个实际问题，对于一个具体问题，在结构因果模型中选择什么样的变量可以得到正确的结果，换句话说，对于两个变量 X 和 Y，选取什么样的其他变量（包含了未知变

量）可以正确分析 X 对于 Y 的因果效应。显然，选少了不足以得出结论，选多了又会使计算变得混乱和复杂，以致事实上不可行。在基于数据的机器学习分析过程中，数据一般以向量形式表示，如 $x = (x_1,$ $x_2, \cdots, x_n)$，每一个分量 i 就是一个变量，或称为特征、属性，x_i 称为该变量的值。一个数据被多少或者什么样的变量所描述，对于因果推断至关重要。好的变量选择可以使分析过程快速收敛，并且使结果精确。而不好的特征甚至导致分析过程无法收敛或导向错误的结果。但是数据的变量选择属于"先验知识"，是由外部因素决定的，例如依据某些原则主观产生，或者根据数据的自然属性产生。我们总是希望变量选择能够有利于正确计算，并帮助我们尽快获取关于 y 的条件分布函数 $P(y \mid x_1, x_2, \cdots, x_n)$，显然那些与 y 独立的变量是多余的。

变量选择是否合适，通过数据本身是无法判断的，还需要数据以外的知识。在图片（视频）中，像素是自然（原始）的变量；在音频中，离散采样的频谱是自然变量；在其他应用中，每种数据也有其自然的变量，例如在医学应用中，人的社会属性（姓名、住址、身份证号、电话号等）、自然属性（性别、身高、体重等）以及生理属性（血压、体温、疾病史等）构成了相应的变量，对于某个具体的分类问题（例如癌症诊断），显然把所有的变量都用于表示数据（病人）是不必要和有害的，应该选取那些对于癌症诊断"有用的"变量。但是在缺乏足够知识的情况下，哪些变量是有用的，这本身就是问题，因此变量的完美选择问题在数据内部是无法解决的。

2.6.3　假设检验

前文说过，为了确定因果关系，必须引入某些未经检验的假设，"没有假设就没有因果关系"。尽管假设没有经过验证，但是我们可以通过先验知识或者经验来决定是否接受假设，对于不能接受的假设，当然也就不接受由它推出的因果结论。从这个角度出发，自然希望假设越简单、越直观越好，但是对于错综复杂的问题，要求所有的假设都那么直观有些难，很多假设并不符合这一要求，何况直观有时也会出问题。比如"吃药不会改变性别"和"吃药不会改变血压"，前者似乎更容易被人接受，这也仅仅是因为直到目前，还没有能够改变性别的药。如果吃药真的改变了血压，并由此产生对于医疗效果的混杂因素，那么"吃药不会改变血压"这一假设就不能接受。在稍微复杂一些的案例分析中，可以设置多个假设，并且对于每一个假设推导一个因果结论，我们可以选取对于解决问题最合适的假设，并接受由它推出的因果结论。这就把问题"踢"回了对于假设的认可，尽管我们可以从数据中或者通过扩大数据集来获取对于某个假设的佐证与支持，但是这并不能保证假设的正确性，假设的正确性依靠数据集本身是无法证明的。那么我们是否有办法寻找正确的假设呢？这可能还是要求助于确定因果关系的黄金法则——随机对照试验。这样一来，问题似乎转了一圈又回到了原点，本来是想摆脱昂贵和复杂的随机对照试验，结果还是需要回来求助它，但是这时所面临的问题已经不一样了，所需要做的实验可能变得简单，例如实验的内容从检验药物是否对于疾病有效，转化为药物是否改变血压，这样，难度降低了很多。从而，在原问题中无法做的实验，现在有可能进行了。即便如此，受各种条件限制，检验也并不是都可以实现的。在这种情况下，是否接受假设仍需要主观判断，当然，那些更加自然简单和合理的假设容易被接受，而有些比较复杂和晦涩的假设就难以接受，假设检验经常会成为因果分析的一道藩篱，在很多情况下，我们不得不就事论事地接受假设，这就把理论建立在经验主义的基础上了，缺乏对于以后事物的指导作用，甚至在当前问题的可解释性上也会缺乏说服力。不确定性与例外性总会不期而至。正如瑞士科学家卡尔·荣格（Carl Jung，1875—1961，如图 2-28 所示）在英文版《易经》的前言中指出的那样："我们的科学是以因果关系原则为基础的，而因果关系被认为是不言自明的真理。"他还指出："我们现在知道，我们所谓的自然法则仅仅是统计真理，因此必须允许例外。我们还没有充分考虑到，在实验室里附加了严格的限制，以证明自然法则的恒定有效性。如果我

图 2-28　　卡尔·荣格

们把事情交给自然，那我们看到的是一幅完全不同的图景：每一个过程都部分或全部受到偶然的干扰，以致在自然环境下，完全符合特定限制的事件过程几乎是一个例外。"荣格看到了因果关系理论的先天缺

陷——它是一种准精确的理论，因为因果关系描述的真理是具有假设条件的，同时也具有统计上的不确定性，例如感染病毒会引起感冒，但是在现实中也可能并不引起感冒，一切取决于其他环境条件，如身体状况、天气变化等。我们说 A 是 B 的原因，但不意味着 A 的出现一定导致 B 的出现，这和我们对于因果关系的理解似乎是相悖的，但是事实确是如此，在什么假设下的因果结论是正确的，仍是一个棘手的问题。

2.6.4 因果区域

根据结构因果模型，有方程

$$Y=f(X,Z)+\varepsilon$$

其中，X 和 Y 是考查的两个变量，以确定 X 对于 Y 是否有因果效应，Z 是环境变量。在许多情况下，$f(X,Z)$ 有可能是非线性的，X 对于 Y 的因果效应就不仅依赖于 X 自己的变化，还可能依赖于变量 Z。举一个例子，如果银行向企业进行贷款 X，需要考查贷款的效果，为此把企业 Z 分为甲、乙两类，每一类企业各占 1/2，贷款效益 Y 见表 2-13。

表 2-13　贷款对于不同类型企业的效益

企业分类（Z）	甲类企业（$Z=1$）		乙类企业（$Z=0$）	
贷款情况（X）	贷款（$X=1$）	不贷款（$X=0$）	贷款（$X=1$）	不贷款（$X=0$）
贷款效益（Y）	$Y=1$	$Y=0$	$Y=-1$	$Y=0$

根据表 2-13，可知贷款在不同企业产生的效益的方程是

$$Y=ZX+(Z-1)X$$

这是一个非线性方程，它的平均效益（即 X 对于 Y 的平均因果效应）为

$$\mathrm{ACE}(X{\rightarrow}Y) = E(Y\,|\,\mathrm{do}(X=1),Z) - E(Y\,|\,\mathrm{do}(X=0),Z)$$

$$= \frac{1}{2}(P(Y\,|\,\mathrm{do}(X=1),Z=1) + P(Y\,|\,\mathrm{do}(X=1),Z=0)) -$$

$$\frac{1}{2}(P(Y\,|\,\mathrm{do}(X=0),Z=1) + P(Y\,|\,\mathrm{do}(X=0),Z=0))$$

$$= 0$$

从计算结果看，由于 $\mathrm{ACE}(X{\rightarrow}Y)=0$，因此贷款的效益为 0，似乎不值得贷款。但是精明的银行可以从方程中看出，贷款对于一部分企业（甲类企业）还是起到了积极的作用，这对于政府调整贷款政策有所裨益，在这种情况下，$\mathrm{ACE}(X{\rightarrow}Y)=0$ 并不能说明问题。

上面的例子说明，在非线性方程中，第三方变量 Z（可能是一组）会影响因果分析的结果。为此，我们根据 Z 所在的不同区域，定义 Z 条件下的平均因果效应如下。

$$\mathrm{ACE}_{Z \subset F}(X{\rightarrow}Y) = E_{Z \subset F}(Y\,|\,\mathrm{do}(X=1),Z) - E_{Z \subset F}(Y\,|\,\mathrm{do}(X=0),Z)$$

这也称为 X 对于 Y 在区域 F 的因果效应，F 称为因果区域。为了更细致地划分因果区域，把 F 分为 3 种情况，分别是

正因果效应域（positive causal field，PCF），$\mathrm{ACE}_{Z \subset F}(X{\rightarrow}Y) > 0$；

负因果效应域（minus causal field，MCF），$\mathrm{ACE}_{Z \subset F}(X{\rightarrow}Y) < 0$；

零因果效应域（null causal field，NCF），$\mathrm{ACE}_{Z \subset F}(X{\rightarrow}Y) = 0$。

变量 X 对于 Y 在限制区域 F 上的因果效应统称为特异因果效应，记作 SCE（special causal effect），表示对于某些特定区域的因果效应。当 F 是一个点时，也称为个体因果效应，记作 ICE（individual causal effect），往往用来表示对于某个个体的因果效应。在实际问题研究中，通常设置一个 p 值，当 $|\mathrm{ACE}_{Z \subset F}(X{\rightarrow}Y)| < p$ 时，F 就被认为是零因果效应域。

因果区域的引入使对于因果效应的分析更为细致，结果也更具有

指导意义，有利于做出科学的决策和处理。在很多案例中，总体因果效应是各个部分因果效应的平均，这就可能"抹平"原来各个部分的差异，使决策缺乏针对性，导致成本上升或效果下降。下面用一个简单的例子说明。

图 2-29 描述了胰岛素含量对于糖尿病的因果效应，数据来源于美国 NIDDKD 的糖尿病数据集[26]。为简化起见，只考虑了 3 个变量，X 表示胰岛素含量（2 小时血清胰岛素含量，单位为 $\mu U/mL$），Y 表示对于糖尿病的因果效应，Z 表示年龄，年龄既影响胰岛素含量，又影响糖尿病，因此是一个混杂因素。方程是

$$Y = 0.001467 - 1.28\times10^{-6}X - 4.24\times10^{-6}Z - 7.8\times10^{-10}X^2 +$$
$$1.07\times10^{-9}XZ - 3.86\times10^{-8}Z^2$$

其图像如图 2-29a）所示，其中纵坐标表示因果效应，另两个坐标分别表示胰岛素含量和年龄。图 2-29b）表示胰岛素含量与糖尿病之间平均因果效应。从总体看，胰岛素的含量越高，对于糖尿病的因果效应就越弱，呈现了平滑向下的曲线。但是图 2-29a）显示，在年龄的不同阶段，这种下降趋势是不一样的，甚至在 50 岁左右出现了波动，呈现了

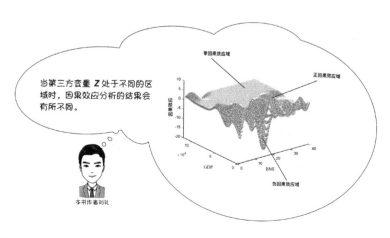

谷底形状的起伏，这表明在 50 岁左右，糖尿病对于胰岛素含量有一个敏感曲线，因此有必要提醒这一年龄段的人群。

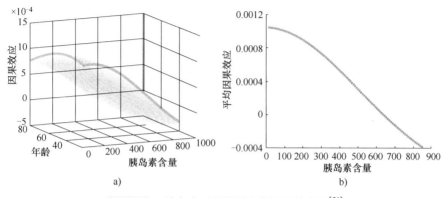

a)　　　　　　　　　　　　　　　　b)

图 2-29　　胰岛素对于糖尿病的因果效应图[26]

a）年龄的不同因果区域　b）平均因果效应

因果区域是非线性因果关系的一种特有现象，它的出现使非线性因果关系比线性因果关系更加复杂，同时也提出了许多进一步的问题。因果关系不仅是两个变量之间的关系，这种关系还依赖于其他变量，在不同的条件下呈现出不同的性质，因此对非线性因果关系的研究更具有挑战性，也更加引人入胜。

2.7　本章结束语

预测、决策与反思是人类的高层次思想活动，人们经常需要识别事情发生的原因，在已知事实的前提下进行假想推断，这类事情长久以来都被看作形而上的问题，缺乏有效的形式化方法进行量化表述与求解。近几十年来发展的因果分析与推断相关理论为解决这些问题提供了有效手段，本章中介绍了其中的部分思想和结果。特别是珀尔提出了人工智能的三级阶梯：关联、干预与反事实，这三级阶梯对应的便是人类的预测、决策与反思活动，提供了科学的和量化的计算方法，同时也指明了用机器实现预测、决策与反思的途径。

在干预与反事实推断中，一个难以处理的问题是混杂因素干扰，这一问题的出现是由于我们从现实中获取的数据大部分是观察数据，无法像实验环境中那样人为排除干扰因素。因此，本章主要围绕观察数据，以结构因果模型为基础，探讨了如何基于观察数据发现因果关系，以及计算因果效应和进行反事实推断的基本策略。为表明通过观察数据进行因果分析的有效性，本章也以实际案例展示了其在实验环境下与随机对照试验在某些方面的等效性。

本章讨论的主要是一些基本且通用的方法。现实世界中的干预与反事实推断要更为复杂，特别是存在大量未观测的混杂变量且变量间的关系呈现非线性关系的情形。因此，在经济、社会科学等领域也有许多策略来进行因果推断，例如模拟随机对照试验，尽可能消除无法观测的混杂变量，此外还有采取工具变量、倾向得分、断点回归等策略。当前也有许多研究开始关注应用深度学习等模型分析复杂非线性关系，获取更加合理和有效的数据表征，因果与机器学习相结合成为新兴的研究领域，这部分内容将在第 4 章中有所陈述。

第 3 章　现实世界与实际原因

3.1　究竟哪个是原因

3.1.1　从吸烟致癌谈起

1. 美国卫生总署和烟草公司之争

1964 年，美国卫生总署公布了一份报告，将吸烟与死亡、癌症，尤其是肺癌联系起来。这份报告是基于历史观察数据，而非实验，从数据中发现了吸烟与肺癌之间存在着很强的相关性。由此，报告得出结论：如果禁止吸烟，那么肺癌发病率将降到与不吸烟人群大致相同。

可以想象，这份报告当即遭到了烟草行业的抨击，后者的依据是建立了另外一种模型，在这种模型中加入了某种未知的人类基因，这种基因会导致患癌，同时会致使人对尼古丁产生依赖，从而使吸烟和肺癌之间产生了相关性，而吸烟并不是患肺癌的原因，即吸烟与肺癌之间没有因果关系。烟草行业采集了数据，在统计学上，这些数据支持了他们的结论，他们的结论也得到一些非常著名的统计学家的支持，这其中就包括费希尔。这意味着让民众吸烟或戒烟对肺癌的发病率没有任何影响。如何验证谁对谁错呢？只有实施随机对照试验才能在美国卫生总署和烟草行业所建立的两种模型之间作出判断，但做这样的实验实际上是不可能的，并且也是非法的，因此这个争论看来似乎将成为一个旷日持久的无解问题。

详细看看费希尔和烟草行业的观点，即使观测到吸烟和肺癌之间的正相关关系，也无法断定它们之间存在因果关系。费希尔觉得可能存在一个目前不可观测的人类基因，它既使得某些人有更大可能吸烟，又使得这些人有更大可能患肺癌。因此，即使吸烟和肺癌没有因果关系，这个未知的基因也可能使吸烟和肺癌是正相关的。费希尔的观点可以用一个因果结构图来表示，我们回忆一下前面章节提到过的分叉结构，如果用形式化的语言表达，这个结论可写为 $P(\text{Cancer} \mid do(\text{Smoke})) = P(\text{Cancer})$。

从图 3-1 中很容易看出，吸烟到肺癌没有直接的边也没有可连通的路径，因此吸烟对肺癌的因果作用是 0。但是，由于它们之间存在一个共同原因"隐藏基因"，所以在统计数据中它们两者之间看起来是相关的。第 2 章中

图 3-1 吸烟与肺癌之间的因果结构图

也已经仔细地讨论过这个问题，即两个彼此独立的现象由于共同原因的存在，在观察数据上给人以相关的表象，也就是伪相关。用 S 表示一个人是否吸烟（$S=1$ 表示是，$S=0$ 表示否），C 表示是否患肺癌（$C=1$ 表示是，$C=0$ 表示否），U 表示这个人是否携带这种未知的基因（$U=1$ 表示是，$U=0$ 表示否），这个变量是无法观察的混杂因素。这种符号系统在流行病学中经常使用。

2. 费希尔和康菲尔德的争论

流行病学研究者提出了一种十分简单地描述吸烟与肺癌的关系概

念，叫作相对风险（relative risk，或称风险比，risk ratio），简写成
RR，表达式如下。

$$RR_{sc} = \frac{P(C=1 \mid S=1)}{P(C=1 \mid S=0)}$$

流行病学研究者通过收集大量的数据，利用统计计算，得到了 $RR_{sc}=9$
这个结果，即"吸烟患肺癌"的风险是"不吸烟患肺癌"的风险的 9
倍。流行病学研究者关心这个结果是否表明了吸烟和肺癌的因果关系。
费希尔对此表示否定，因为他认为它们之间可能存在一个"共同原因"
U。因此，我们确实不能从相关关系得到因果关系。

杰罗姆·康菲尔德（Jerome Cornfield，
1972—1979，如图 3-2 所示）则采取了另
一个不那么悲观的角度。他提出了这样
一个疑问：如果费希尔的"共同原因"
假说是对的，那么 S 和 U 之间的相关关
系到底有多强，才能导致 $RR_{sc}=9$ 呢？一
个基因对于人类的生活习惯有如此巨大
的影响，这个现象似乎在生物学领域还
未出现过。如果 S 和 U 之间的相关关系强
大到不具有生物学意义，那么费希尔的

图 3-2　杰罗姆·康菲尔德

"共同原因"假说就不成立，更大的可能
还是吸烟 S 对肺癌 C 有直接的因果效应。

那么，康菲尔德具体是如何有力反驳费希尔的观点的呢？

康菲尔德通过简单的数学证明，得到了如下不等式，叫作康菲尔
德不等式。

$$RR_{su} > RR_{sc}$$

也就是说，如果费希尔的"共同原因"假说成立，那么 S 和 U 之间的 RR 必将大于 S 和 C 之间的 RR。在这个例子的实际数据中，$RR_{su} \geqslant 9$，即

$$\frac{P(U=1 \mid S=1)}{P(U=1 \mid S=0)} \geqslant 9$$

对此直观的解释就是"吸烟的人携带基因 U"的概率是"不吸烟的人携带基因 U"的概率的 9 倍多。根据康菲尔德的进一步逻辑证明，由于吸烟更多的是一种社会行为，很难想象某种基因的存在与否可以使吸烟这种行为有着 9 倍之多的差距。从现象上看，吸烟更多的是与社会经济地位、家庭背景等变量有关，与基因也许有关系，但是不会强到 $RR_{su} \geqslant 9$ 的程度。

如果我们相信康菲尔德的逻辑，即 $RR_{su} \geqslant 9$ 在生物学意义上不太可能，那么费希尔的"共同原因"假说就不成立，吸烟对肺癌的确存在因果效应。

康菲尔德的这项简单研究，开启了流行病学和统计学中对于敏感性分析的研究。比如鲁宾和罗森鲍姆的很多工作都是在康菲尔德的启发下做出来的。简单地说，敏感性分析就是试图说明这样一个问题：复杂虽然总是存在的，但是我们应该相信这个世界并不是那么"狂暴的"复杂。

3. 解决争论

回到争论的起点。美国卫生总署和烟草行业代表决定会晤以消除分歧，达成共识。最终，一方面烟草行业承认吸烟与肺癌之间可能存在某种弱因果关系；另一方面，美国卫生总署代表也承认，肺癌与遗传基因可能存在某种弱因果关系。

因此，他们得出了一个混合模型，将问题归结为从数据中评估两种因果关系的关联强度。他们把这个问题交给了统计学家，结果马上

就出来了：不可能。没有办法从数据中区别出两种因果关系的强度，因为任何数据都可以完美地拟合这两个因果模型中的任何一个。

有人提出一个建议，也许可以通过测量另外某些辅助变量，以解决双方之间的分歧。例如，基于人们的某种共识，吸烟造成肺中积累焦油沉积物，进而造成肺癌。因此，也许可以对个体肺部焦油沉积物的量进行取样测量，从而为量化相关性提供必要的信息。双方都同意这是一个合理的建议，因此他们向统计学家提出了一个新的问题：假设可以测量焦油沉积物量这一中介变量，那么是否可以证明吸烟是导致肺癌的原因？统计学家带来了一个好消息：它是可计算的，而且将会以解析解的形式得出结果。如何做呢？

统计学家接受了这个挑战，并发现它和高中代数问题一样容易。只需要在某些假设条件下，即给定因果图，从观察数据中就能够计算 P（Cancer），不涉及任何有关干预的表达式，也不需要做任何实验。按照现在的话说，只需要分析计算如何在干预操作中表达 do-操作。从前面的内容中已经知道了这种过程类似于解代数方程，在每个阶段（如图 3-3 所示），都应用了一条新的规则，这些规则在图中的某个子图上满足变换条件，最终得到一个不包含 do-操作的公式。这样，公式就变成通过观察数据就可以计算的表达式。

你可能想知道这种推导是否终止了吸烟与肺癌的关系的

因果计算中的典型推导

吸烟　　焦油　　肺癌

$$P(c|\text{do}\{s\}) = \Sigma_t P(c|\text{do}\{s\}, t) P(t|\text{do}\{s\})$$
$$= \Sigma_t P(c|\text{do}\{s\}, \text{do}\{t\}) P(t|\text{do}\{s\})$$
$$= \Sigma_t P(c|\text{do}\{s\}, \text{do}\{t\}) P(t|s)$$
$$= \Sigma_t P(c|\text{do}\{t\}) P(t|s)$$
$$= \Sigma_{s'} P(c|\text{do}\{t\}, s') P(s'|\text{do}\{t\}) P(t|s)$$
$$= \Sigma_{s'} \Sigma_t P(c|t, s') P(s'|\text{do}\{t\}) P(t|s)$$
$$= \Sigma_{s'} \Sigma_t P(c|t, s') P(s') P(t|s)$$

图 3-3　一个典型的因果计算推导[21]

争论。令人遗憾的是，答案是否定的。我们可以得到焦油沉积物量的数据，但图 3-3 中假设的模型可能过于简单，任何一方都不同意这个模型中的某些假设（即图中的边），例如，吸烟与肺癌之间没有直接的联系。如果我们尝试着进一步去完善模型，那么最终可能会增加变量，得到一个包含 20 个或更多变量的因果图。

当有人告诉我们"你没有考虑到这个或那个因素"时，没有必要惊慌，相反，因果图这种表示方式非常欢迎这些新的变量，因为在模型中添加节点（变量）和权重非常容易。精通因果图的研究人员只需看一眼，就能够告诉我们在这个图中是否可以计算一个变量对另一个变量的因果效应。

再深入思考一下如图 3-4 所示的因果图，图中包含一个额外的可观测的变量，即患者肺部的焦油沉积量。由第 2 章的定理可知，可以通过连续应用两次后门准则来识别因果效应，第一次识别 X 对于 Z 的影响，第二次识别 Z 对于 Y 的影响，这就是利用中介变量 Z 来帮助我们评估 X 对于 Y 的因果效应，但是事情并没有到此为止。

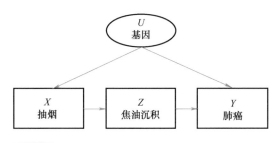

图 3-4　一个表示抽烟 X、肺癌 Y、未知混杂因素
（基因）U 和中介变量 Z 之间关系的因果图

4. 争议真的解决了吗

下面我们精心设计一个数据集，以说明争议问题。假设有一个十

分严谨的研究方案，该研究中随机选择了 80 万名受试者，这些受试者都存在非常高的罹患肺癌的风险（不纯粹是吸烟的原因，还有例如石棉、氡等环境暴露因素），在 80 万名受试者中，有 420 人患有肺癌，的确是一个高风险人群，同时我们采集了受试者的如下信息：

1）受试者是否吸烟；

2）受试者肺中的焦油沉积物量；

3）受试者是否被检测到肺癌。

表 3-1 展示了本研究的数据，为简单起见，所有三个变量都假定为布尔型变量，且所有数字以千为单位。

表 3-1　吸烟者和不吸烟者在焦油分组中癌症的比例

	焦油		无焦油		全样本	
	吸烟者	不吸烟者	吸烟者	不吸烟者	吸烟者	不吸烟者
总人数	380	20	20	380	400	400
未患癌人数	323（占比为 85%）	1（占比为 5%）	18（占比为 90%）	38（占比为 10%）	341（占比为 85.25%）	39（占比为 9.75%）
患癌人数	57（占比为 15%）	19（占比为 95%）	2（占比为 10%）	342（占比为 90%）	59（占比为 14.75%）	361（占比为 90.25%）

运用不同的统计模型，从这些数据中，可以得出两个完全相反的结论。根据表 3-1，烟草行业辩称证明了吸烟是有益的。他们指出只有 14.75% 的吸烟者罹患了肺癌，而不吸烟者为 90.25%。此外，即便将所有受试者分为焦油和无焦油两个组别，仍然都显示了吸烟者比不吸烟者得癌症的概率更低。这些数字显然与人们的经验认知相反，但这也正好说明了一个问题：我们观察的癌症还包括了非吸烟的因素，因此 90.25% 和 14.75% 的差别并不能说明吸烟会降低患癌风险。这就好比说，大多数人的死亡不是由于毒药，但不能因此说明毒药是有益的。

为了说明吸烟导致的患癌风险，我们将这个表稍微做一个变换，那么该表则展示了一个完全不同的结论，即吸烟确实增加了而不是降低了一个人的患癌风险。为了评估焦油沉积物对肺癌的影响，我们分别看吸烟和不吸烟这两个组（见表 3-2）。如果选择抽烟，那么有 95%（380/400）的概率出现焦油沉积物；相反，如果选择不抽烟，则概率为 5%（20/400）。

表 3-2　数据的重新组织，展示了每一个吸烟—焦油
分组中的癌症比例（数字以千为单位）

	吸烟者		不吸烟者		全样本	
	焦油	无焦油	焦油	无焦油	焦油	无焦油
总人数	380	20	20	380	400	400
未患癌人数	323（占比为85%）	18（占比为90%）	1（占比为5%）	38（占比为10%）	324（占比为81%）	56（占比为14%）
患癌人数	57（占比为15%）	2（占比为10%）	19（占比为95%）	342（占比为90%）	76（占比为19%）	344（占比为86%）

这样看起来，似乎焦油沉积物在两组中都是有害的。在吸烟组中，患癌比例从 10% 提升到了 15%；在不吸烟组中，患癌比例也从 90% 提升到了 95%。因此，无论是否对尼古丁成瘾，都应该避免焦油沉积物这一有害影响，而不吸烟则是一种非常有效的避免焦油沉积物的方法。图 3-4 中的因果图使我们能够在这两组统计结论中做出在一定程度上正确的决定。

解决这个争论的一个很直观的想法就是随机对照试验，即找到一群受试者，通过随机抽签的方式强制他们吸烟或不吸烟，这样就可以排除掉"吸烟基因"的影响。当然，这从医学伦理的角度来说，是根本不可能做到的。更为棘手的是，还有新的反对观点提出各种各样的其他因素，比如家族史、生活环境、整体社会的工业化程度等，都可

能成为反驳"吸烟导致肺癌"这一个结论的影响因子。那么究竟什么是导致肺癌的实际原因呢？在这之前，首先来看一下因果解释，再来分析一般原因和特异原因，最后介绍必要性和充分性原因。

3.1.2　因果解释

众所周知，解释能增进理解力，增加推断和学习的能力。人们普遍认为，解释这一概念不能脱离因果概念。例如，症状可以解释对于某种疾病的诊断（出现了发烧、咳嗽等症状，那么应该是患了感冒），但不能解释该疾病产生的原因。可以看到，原因和解释之间的关系仍然是一个值得讨论的话题[13]。

详细看看因果关系的本质。因果关系是科学和哲学中的一个关键概念。比如在科学中，物理定律通常用因果关系来表示，有助于进行相关的解释和预测。例如，牛顿第二定律可以预测出一个必要的力（原因）来实现一个期望的加速度（效果）。在哲学中，亚里士多德也强调了因果关系，他在《后验分析》一书中写道：只有当我们掌握了一件事物的原因时，我们才会真正了解它。

1. 条件语句能否解释因果关系

虽然因果关系在自然科学中是一个基本概念，在逻辑上还有一个概念：条件性，但并非所有条件语句都有因果关系，比如"这个图是一个三角形，它有三个直角"这个短语的前后两句话就没有因果关系，因为"这个图是三角形"与"这个图有三个直角"是相互矛盾的。因果关系总是指从前一个状态到达下一个新的状态的过程，而通过条件来定义因果关系，往往缺乏可验证性。因此，条件设置与因果关系经常会产生很多分歧。

有时条件语句不能表示因果关系，例如"如果 2 是一个偶数，那么马德里是西班牙的首都"，这其中没有任何存在因果关系的内容。因果关系是一种原因和效应之间的语义蕴涵。因果关系有两种形式：正向因因果关系和逆向因果关系。正向因果关系表示原因的存在导致结果发生，即 X 导致 Y；逆向因果关系则意味着原因的缺失导致结果不发生，即 $\neg X$ 导致 $\neg Y$。因此，关注正向因果关系和逆向因果关系导致"如果 X 那么 Y"和"如果 $\neg X$ 那么 $\neg Y$"这样的描述语句，只有当 X 蕴涵 Y，而且 $\neg X$ 蕴涵 $\neg Y$ 时，才是真的存在因果关系，也就是说，X 是 Y 的一个充要条件。例如，在逻辑术语中，$X \leftrightarrow Y$，解读为 X 导致 Y，非 X 导致非 Y。通俗地讲，这句话可以概括为"没有无果的因，也没有无因的果"。

根据条件的不同，因果关系也可以有必要原因和充分原因，以及充分必要原因。简而言之，当且仅当"如果 A 则 E"时，我们说 A 对于 E 来说是充分的；当且仅当"如果没有 A 则没有 E"时，A 对 E 来说是必要的。

但是实际问题往往没有这么简单，在很多情况下，评估 X 是否导致 Y 往往需要环境变量的介入，因此就有了条件充分原因和条件必要原因，3.1.4 小节中将深入讨论这个问题。

2. 不能忘记环境变量的重要性

在现实环境中，一个原因几乎不会在所有可能的环境或世界中产生相同的效果。通常，原因存在于一组具体的环境变量 U 中，一般来说，原因 X 不能单独导致 Y。而是 $X+U$ 导致 Y。事实上，在大多数情况下，单个原因并不构成结果的充分条件，如"张三患有脑瘤，服用药物后死亡"，看起来似乎是药物导致了他的死亡，但也许他的真正死因是脑瘤而不是药物。也许他服用的药物，不会直接对他的健康产生致命影响，却会影响他的生死（比如加快他的死亡），因此药物与他的死亡有关，所以，导致 Y（死亡）的不仅仅是 X（服药），还有环境变量集合 U（身体状况）。在这个例子中，结果 Y 会依赖于所处的环境，环境的具体赋值可能会决定结果 Y 是否发生，因此环境变量也是讨论因果关系时需要十分注意的内容，但在绝大多数情况下，不可能识别所有潜在影响因果关系的环境变量，因此大多数因果关系是在缺失某些环境变量或者其具体赋值的情况下确定的，是一种具有"一般性"的因果关系。除了一般性因果关系，还有针对某一种环境变量具体赋值的情况下的因果关系，就叫作"特异性"因果关系。3.1.3 小节中将进行详细讨论。

如此一来，用条件性的逻辑语句来表达因果关系显得有些费力，因为因果关系不同于逻辑关系。特别是一些逻辑属性，如自反性、对称性和传递性，在因果世界中是不存在的。因果关系既不是自反的，也不是对称的，并且在有些时候，因果关系也不是可传递的（炎热引起缺水，缺水导致沙漠化，但炎热导致沙漠化并不成立）。

3. 解释因果关系的有用工具——因果图

正如前文所说的，因果关系预设了从原因到结果的某种变化。现在看起来，因果图是一种能够表示因果关系的实用工具。回顾一下几种基本的因果结构：链式结构 A→B→C；分叉结构 B←A→C；对撞结构 B→C←A；等等（如图 3-5 所示）。

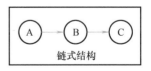

链式结构

由前面的内容可知，节点和边组成了因果结构，其中节点表示变量，边表示因果依赖关系。干预可以检查某个节点对于另一个节点产生的因果效应。

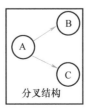

分叉结构

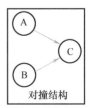

对撞结构

图 3-5　几种基本的因果关系

因果图能够以图形和说明的方式表示因果关系，这有利于因果解释。

如图 3-6 所示，可以注意到几种与医学知识有关的变量，上面的 3 个圆圈表示行为，中间的圆圈表示疾病，下面的两个圆圈表示症状。也可以根据自身经验，用因果图来表达其他不同的先验知识，如图 3-7 所示。注意，图 3-6 中的知识图中只从"感染"到"流感"，或"流感"到"发烧"有联系。因此，与图 3-7a）相似，但与图 3-7b）在因果解释上截然不同。

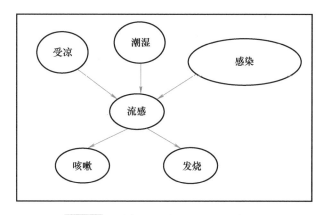

图 3-6 引起流感的原因和流感的症状

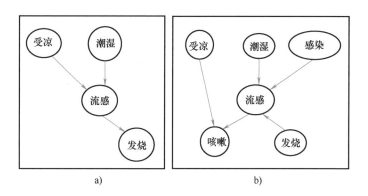

a) b)

图 3-7 罹患流感及流感症状的两种不同解释

a) 解释一 b) 解释二

从图 3-6 中可以提取出一个因果原则（即因果图生成的机制）：环境引起疾病，而疾病引起症状，而图 3-7b 则不满足于这样的解释，给出了更加细分的原因，其中说明，咳嗽是受凉和流感共同导致的，而受凉本身与流感无关。因果解释是一种约束，根据具体的领域知识，它为因果图的生成提供了一般规则（疾病引起症状，而不是症状引起疾病），这是每个因果图必须遵守的原则。

4. 如何生成并度量因果解释

在概率的背景下，因果关系和反事实的形式化理论为那些已经充分解释的问题提供了一种新颖的视角，同时也为机器自动生成解释提供了一条全新的途径。一个很自然的生成解释的方案就是使用因果图，其中需要解释的事件（待解释事实）由图中某种节点的组合 e 组成，任务就是找到 e 的祖先集合 C（即原因），C 所代表的现象反映了 e 产生的原因。但是，即便有了因果图加持，如何度量 C 解释 e 的程度还有待确定。许多哲学家和统计学家认为，似然比 $L = \dfrac{P(e \mid C)}{P(e \mid C')}$ 是一种度量 C 在多大程度上比 C' 更好地解释了 e 的标准。此外，珀尔等人通过最大化后验概率 $P(C \mid e)$ 去度量最佳解释。还有人提出了更为复杂的概率参数组合 $[P(e \mid C), P(e \mid C'), P(C), P(C')]$ 进行度量，但是这些方式都有其缺陷，似乎都不能完全反映人们对"解释"一词的理解。

基于概率的度量问题在于无法表述 C 和 e 之间因果关系的强度（我们也称之为解释力），任何事件 h，只要稍加想象，都可以被认为对 e 有某种影响，无论多么微弱，如上一节中提到的家族史、生活环境等对肺癌产生影响的因素，都有可能成为因果图中的 e 的祖先，造成强伪相关。

为了解决这一难题，必须跨过传统概率的度量方式，引入能够描

述因果关系的参数，例如，因果效应 $P(y\,|\,do(x))$ 和反事实概率 $P(Y_{x'} = y'\,|\,x,y)$ 作为定义解释力的基础。这其中，x（如焦油）和 x'（如无焦油）的范围包含在可选择的解释集合之内，Y 是结果变量的集合，其观测值为 y（如肺癌）。$P(Y_{x'} = y'\,|\,x,y)$ 读作：已知现实世界中观察到 X 为 x 且 Y 为 y，如若 X 为 x'（反事实世界中代替实际值 x），则 Y 为 y'（如无肺癌）的概率。基于反事实的解释，可以明确地指出当 x 变化为另一个值 x' 时，y' 出现的概率，也就从数量上刻画了 x 对于当前 y 的必要性，这能够很好地解释 x 作为 y 原因的强度。当前，随着因果效应和反事实概率计算模型的发展，有可能将因果参数与传统概率参数结合起来，从而整合出一种更可靠的解释力度量方法，以帮助选择和生成合理的解释。

3.1.3 特异因果和一般因果

前面已经提到，一般原因（如"抽烟导致癌症"）和特异原因（如"小王抽烟导致小王患癌症"）之间的区别表现为不同的解释。还注意到，在因果关系的概率解释中，特异因果关系（也称为"特殊性"或"单一事件"因果关系）的概念化或形式化还不够充分。将因果关系分为"一般"和"特异"两种类别，一直是哲学领域深入研究的主题，这项研究在人工智能领域很少受到关注，部分原因是它没有实际的推断过程。在机器生成的解释中，这种分类同时具有认知和计算意义。本小节中将详细说明这些问题的性质，并得出一些结论。

1. 区分一般原因和特异原因的表达方法

首先要知道一个重要的本质问题："解释"到底是一个基于一般原因的概念，还是基于特异原因（singular causes）的概念？

可以明确的是，因果关系表达式 $P(y\,|\,do(x))$ 表达一般因果关系，

而反事实表达式 $P(Y_{x'}=y'|x,y)$ 则表达特异因果关系，这是因为以 x 和 y 为条件将会使一般因果情形具体到当前世界的特定信息，这时变量 Y 的取值被限定为 $Y=y$，从而环境变量也可能被限制为某些具体的值，这意味着更多的情况被排除在外。

需要注意的是，即便是分为一般因果关系和特异因果关系，两者之间的界限仍然是十分模糊的，"小王抽烟导致他患癌症"这一看起来应具有特异因果关系的事件如果并没有用到小王这个个体的特殊性质，那么这个解释也适用于"一般人"，因此实际上也具有一般因果关系。接下来，用严谨的数学来说明这个问题。设 U 为背景变量，u^* 为 U 的一个具体赋值，如果

$$P(Y=y|do(x),u^*) \neq P(Y=y|do(x'),u^*)$$

成立，则称 X 对于 Y 有特异因果效应（在条件 u^* 下）。

如果对 U 的取值不加以限制，即对所有可能的值，有

$$E_U(Y=y|do(x),U) \neq E_U(Y=y|do(x'),U)$$

则称 X 对于 Y 有一般因果效应，其中 E_U 表示对 U 的期望值。在上面的例子中，小王就是一个特异（$U=$ 小王的特征取值），而对于所有人（即 U 任意取值），则就是一般因果效应。

总结起来，常用的因果关系表达式（如 $P(y|do(x))$）通常表达一般因果关系，而反事实表达式（如 $P(Y_{x'}=y|x,y)$）则经常用于表达特异因果关系，它比一般因果关系更复杂且计算起来需要更多的资源。如何将"解释"合理地分类为一般因果关系或特异因果关系，取决于原因 X 是否"一般性"的产生结果 Y，从而获得 X 对于 Y 的"一般"解释力，还是由于 X 被限制在某种特定事件之中，从而在特定情况下导致 Y 的发生。从形式上讲，这两者的区别在于，在评估各种假设的解释力时，是否应该根据实际发生的事件 X 和 Y 来进行解释，以确定

我们的信念，即根据环境变量取值的情况来区分一般性解释还是特异性解释。

2. 反事实描述特异因果关系的争论

对特异因果关系的评估经常需要反事实描述的知识（但也不是绝对的），并且这些知识不能从纯粹的统计数据中提取出来，即便这些数据是在受控实验条件下获得的。这是因为反事实计算需要将现实世界与假设世界联系起来，尽可能保持环境变量的不变性，因此需要维持反事实陈述中相关信息在时间上的恒常性（或不变性）。这种恒常性难以用统计学语言进行陈述，因为如果统计学上描述一个事件 $P(Y_x = y \mid X = x, Z)$，现在需要描述反事实 $P(Y = y \mid X = x', Z)$，则前后两个 Z 可能表示不同的语义，前者是 $X = x$ 时的 Z，后者却是 $X = x'$ 时的 Z，两个 Z 从符号角度看起来一样，但是在数值上可能不同。这种局限性的影响在因果分析的文献中广泛存在，引起了人们对于反事实描述的关注和兴趣，并导致了关于反事实定义的争论，进而导致特异因果关系和一般因果关系之间的关系的争论。

根据因果分析的基本原则之一，一个原因的发生应该改变结果发生的概率。通常情况是，当条件概率 $P(y \mid x) \neq P(y \mid x')$ 时，我们会认为事件 $X = x$ 与 $Y = y$ 之间有因果关系（尽管事实上并非总是如此）。例如，接种疫苗（x）通常会降低疾病（y）发生的概率，但是我们经常发现（并且也可以在医学上证实）疫苗本身会导致某个个体 w 发生疾病。这种反转对于了解因果模型的人来说并不会有什么问题，可以将特异因果陈述解释为"若 w 没有接种疫苗（x'），那么 w 仍然保持健康（y'）"。这种反事实陈述的概率 $P(Y_{x'} = y' \mid x, y)$ 可能很高，而条件概率 $P(y \mid x)$ 和 $P(y \mid \text{do}(x))$ 都很低。虽然所有概率值都是从同一模型评估得出的，然而这种反转可能会给我们理解因果关系造成困惑。

由此，概率论者开始不信任反事实，认为它是建立在不稳定的形式化基础上的，其中有观点认为，我们只能通过测量（随机试验）来认识世界，而反事实是存在于一种既不可观察也不可测量的假想世界中的，难以验证其真伪，导致基础底层不稳定。

3. 通过数据得到的是一般因果关系还是特异因果关系

如果 x 是 y 的原因，那么只要足够仔细地研究环境，总能够找到一组环境变量 Z，在条件 $Z=z$ 下，x 增加了 y 的发生概率，或者 x 降低了 y 的发生概率，即

$$P(y \mid \text{do}(x), z) > P(y \mid \text{do}(x))$$

或者

$$P(y \mid \text{do}(x), z) < P(y \mid \text{do}(x))$$

条件 $Z=z$ 确定了一组事件或者个体，这些事件或个体具有相同的特征 z，称为 z-亚群，或简称亚群。以疫苗为例，我们可能找到的一个亚群是由一些对疫苗过敏的人组成的。接种疫苗无疑会增加这类人群患疾病的概率。如果采集到的所有数据正好都来自这个亚群，那可能得到"接种疫苗导致患疾病"这个似乎是一般因果关系的结论，而实际上这是一种特异因果关系。

这个现象导致了问题的复杂性，究竟哪个亚群是我们所期望的？我们手上的数据总是来自于某个特定的亚群，它们对于我们判定因果关系足够吗？充分吗？抑或是像疫苗的例子那样，不幸在一个特定的人群中采样，反而可能得出"疫苗有害"的结论。事实上，我们所相信的还是"大数定律"，充分多的数据总是可靠的，但是要多到什么程度才能使我们相信计算的结果？对于给定的目标，应该在什么样的范围内采集多少样本才能保证结论的可靠？这些问题当前都悬而未决，缺乏一种数学的指导。

应该如何快速且正确地找出合适的子群 $Z=z$，以发现一般因果关系呢？概率论者在遇到这个问题时也面临着窘境。这个问题是重要的，也是微妙的。例如，一个偶然的原因，碰撞（x）使一个昏迷的病人恢复了意识，因此碰撞被认为是病人恢复（y）的"原因"，尽管这种碰撞通常会导致病人的病情更加严重。显然，得出这个结论至少具有两个特征。

1）Z 必须包含影响 Y 的因素。例如，碰撞的力度、事件、地点等都应该是 Z 的一部分变量，使得在 $Z=z$ 时，病人恢复意识（$Y=y$）发生。

2）存在其他 Z 的取值会导致 Y 的不同结果。在这些取值的情况下，例如不同的碰撞力度或者不同的事件地点，会引起其他结果 y'，如病情更加严重。

这就会导致因果分析方法论上出现一个重大的矛盾：如果对 x 和 y 的计算引入了错误的 z，就会对 x 和 y 所发生的事情产生错误的结论，这个过程是如何产生的？根据因果计算的证据（即外部条件）理论，证据通过条件化的形式被纳入知识体系。那么，如何才能证明导致 z 被选中的那些数据对于问题而言是正确的，而不仅仅是个例外？即这些证据是属于总体的"一般性"证据，而不仅是属于某个特定的亚群所有，这是目前亟待解决的问题。

3.1.4　必要原因与充分原因

寻找事件发生的原因称为归因问题，归因问题无处不在。

如何确认 $X=x$ 是 $Y=y$ 的原因？不管是法律纠纷还是个人决策，我们都为这个问题头疼。我们能否对归因问题给出严格的回答？

在现实世界里，正确评估一个事件导致另一个事件的可能性，在很大程度上可以指导我们理解世界。例如，当病人吸烟的行为"很可能"是病人患病的原因时，医生才能够做出有依据的诊断，这种可能性就涉及因果关系的必要和充分两个方面。现在的问题是应该考虑原因的哪些方面并如何去界定结果发生的概率，这就导致了原因充分性和必要性的区别。

有些时候会观察到，事件 A 发生了，事件 B 一定会发生，但是事件 A 并不是必需的，因为另一个事件 C 也会导致 B 发生。例如，病了就会请假，但请假不一定是病了，还可能有别的原因。同一结果可以是由不同的原因所导致的。

另一方面，事件 A 发生了，事件 B 也不一定会发生，但是如果事件 A 并没有发生，那么 B 一定不会发生。例如，传染病的发生需要传染源、传播途径、易感人群三大因素，凑齐了才会导致病原体的传播，缺少其中任何一个因素都不行。

"事件 A 导致事件 B"到底是什么意思？当人们谈论因果关系时，通常是指第一个事件在时间上先于第二个事件，然而科学家们则需要进一步清晰地分析这个问题，例如他们需要知道吸烟是否总是让人生病或只是偶尔生病，他们需要了解一个症状是由一种还是多种病毒引起的。仅仅说一件事导致另一件事是不够的，科学家们必须能够描述这种因果关系的性质。为了做到这一点，他们开发了相关的术语来描述两个事件之间的因果关系，以便谈论原因是必要的、是充分的、既不必要也不充分的，还是既充分又必要的（充要的）。

1. 概念诠释

当说事件 A 导致事件 B 时，有以下四种情况。

1）必要但不充分：如果事件 A 对事件 B 来说是必要的（必要原因），意味着如果没有事件 A，将永远不会有事件 B。但是必要原因 A

发生了，结果 B 却也可能不会发生。比如，火种和氧气都是燃烧的必要原因，缺一不可，但只有火种没有氧气，燃烧也没法发生。

2）充分但不必要：如果 A 发生，足以使得 B 发生，这意味着如果有 A，那么将必然有 B。换句话说，如果某件事 A 是充分原因，那么它每次发生时，结果 B 都会随之发生。然而，在没有原因 A 的情况下，结果 B 可能也会发生。

3）既充分又必要：当且仅当 A 发生时，B 才会发生。充要原因 A 总是会导致结果 B，并且没有原因 A，结果 B 永远不会发生。

4）既不必要也不充分：如果 A 对 B 来说既非必要也不充分，那么当 A 发生时，B 有时会发生，有时不发生。同时，B 也可以在没有 A 的情况下发生。

在现实世界中，所有以上 4 种情况都存在，它们反映出不同的因果关系类型。

2. 充分原因和必要原因的形式化定义

现在有一堆数据，怎么从中找出变量与变量之间的充分和必要原因呢？怎么来界定它们呢？

要解决这个问题，又得回到因果模型中。接下来，可以从概率的角度定义充分和必要原因，将又一次不得不使用反事实的语言。

（1）必要性概率

流行病学研究者长期以来估计某一疾病"归因于"某种特定暴露（如血液传播、飞沫、抽烟）的概率，通常所使用的话语体系就是基于反事实的语言，即"在疾病和暴露确实已经发生的情况下，如若没有暴露，那么疾病不会发生的概率是多少"。罗宾斯和格林兰德称这种反事实概率为"因果关系概率"，用来衡量一个原因产生结果的必要性，即必要性概率（probability of necessity，PN）。

用反事实的语言形式化地严格描述这个定义。假设 X 和 Y 是因果模型 M 中的两个二值变量，x 和 y 分别代表命题 $X=1$ 和 $Y=1$（表示事件 X 发生，Y 发生），x' 与 y' 表示它们的反值（即 $X=0$ 和 $Y=0$）。那么，必要性概率定义为

$$\text{PN} \triangleq P(Y_{X=0}=0 \mid X=1, Y=1) = P(y'_{x'} \mid x, y)$$

这个定义代表在 X 和 Y 实际已经发生的情况下，若事件 X 没有发生，那么事件 Y 不会发生（即 $y'_{x'}$）的概率，也可以说，X 是 Y 的必要原因的概率为 PN。

（2）充分性概率

因果关系的概念刻画了一个原因对于产生结果的充分性，并发现其在政策分析、人工智能和心理学中有很重要的应用。从反事实的角度来说，这个概念可以表示为"若一个健康的未暴露的个体暴露了，那么这个人染上疾病的概率是多少"，可以形式化地定义为充分性概率（probability of sufficiency，PS），

$$\text{PS} \triangleq P(Y_{X=1}=1 \mid X=0, Y=0) = P(y_x \mid y', x')$$

PS 度量了 X 产生 Y 的能力。此外，由于"产生"意味着 X 的发生会导致 Y 的发生，因此，PS 代表在 X 和 Y 都没有发生的前提下，若 X 发生，那么 Y 发生的概率。

（3）充要性概率

那么，一个原因对于一个结果既充分又必要的概率有多大呢？我们将其称为充要性概率（probability of necessary and sufficient，PNS），即

$$\text{PNS} \triangleq P(y_x, y'_{x'})$$

PNS 代表 Y 在发生和不发生两种情况下对 X 做出响应的概率，由此可度量 x 产生 y 的充分必要性。进一步根据概率公式，可以用如下方法计算：

$$PNS = P(x,y)\,PN + P(x',y')\,PS$$

其中，$P(x,y)$ 和 $P(x',y')$ 是根据已有现实世界观察到的数据所得出的先验概率。

3. 充分必要原因的反事实解释

反事实推理是最能代表人类智能的特征，珀尔认为具有反事实推理特征的智能才能称为真正的智能，也就是人工智能的第三级阶梯。人们经常在日常生活和科学论述中使用反事实的语言来强调一个原因的必要性，比如"若不吸烟就不会得病"，其中"吸烟"就被认为是"得病"的一个必要因素。从过去可以推算现在，但是从现在难以推算过去。过去的现象很多，每个现象都可能会与现在相关联。有一点很明确，过去所有的现象（变量）集合构成现在的现象的充分原因，但是其中真正的必要原因却很难通过观察获知。如果要回溯某个结果的必要原因，只靠观察和统计显然不行，还需要借助因果分析中的反事实公式 $P(y'_{x'}|x,y)$ 进行计算。也就是说，需要计算在 x 和 y 已经出现的情况下，如果 x 不出现（x'），y 也不出现（y'）的概率，这是 x 作为 y 的原因的必要程度的度量方式。因果分析可以令人信服的同时具备对未来预测以及对过去溯因两大能力。

更为重要的是，因果关系的反事实定义（若没有事件 A，事件 B 就不会发生）抓住了"必要原因"的概念。在事件 A、事件 B 已经发生的情况下，是否事件 A 不发生，事件 B 也不发生，这是确定事件 A 是否为事件 B 的必要原因的原则。在法律、医疗等领域的一些实际问题中，反事实用于度量必要原因，以确定责任。

当前的研究专门为反事实建立了语言和框架，使用逻辑和数学工具，研究假设世界里发生的事情。这个框架可以用于寻找某个结果 y 的必要或者充分原因，这就可以大大提升我们对于因果关系的理解，因果关系也从模糊不清的定性研究发展到数据驱动的定量研究。由前面的定义可知，有关必要原因（PN）、充分原因（PS）、充要原因（PNS）的计算都是利用这个框架。这将因果分析扩大到许多领域，并且使之精确化和可计算化，具有简明性和精准性的优点。

点燃一堆木柴的必要条件是火种和氧气，把这两个必要条件结合在一起就给出了充分条件。换句话说，在氧气出现的情况下，火种对于点燃木柴来说是充分的。对绿色植物的光合作用来说，阳光、水分、二氧化碳等每一项都是有必要的，而所有的必要原因结合起来就是绿色植物的光合作用的充分原因。

如果事件 B 发生，那么事件 B 发生之前所发生的所有事件构成了事件 B 的充分原因，当然这个原因集合不一定是极小的，接着就会想找出其中的极小充分原因集合 B，即 B 的一个充分原因的集合，去掉其中任何一个原因，事件 B 不再发生。充分原因总是存在的，比如事件 B 发生时，所有的当前条件构成充分原因，但是必要原因却不一定存在，比如两股火同时烧到了一所房屋附近，其中任何一股火都可以烧毁房屋，因此两股火都是烧毁房屋的原因，每一股火都是房屋烧毁的极小充分原因，但没有一个是必要原因。那在什么情况下才能界定必要原因呢？

再来看一个示例。电路短路是导致房屋烧毁的一个原因。想象一下房屋烧毁发生前的一组事件组合：短路、存在易燃材料以及没有消防员，这 3 个事件构成了房屋烧毁的充分原因。但是短路本身不是充分的，因为短路本身不会引起火灾，但它是必要的，因为没有它，即便存在易燃材料以及没有消防员，房子也烧不起来。这就引出了关于充分条件和必要条件的区别，充分不必要条件可以保证事件发生，并且其中有些条件可以缺失。而必要不充分条件却相反，虽然不能保证事件发生，但其中的条件却是事件发生不可或缺的，这是我们在面对现实世界中经常碰到的问题。

4. 充分必要原因怎么用于解释

必要原因和充分原因之间的关系在现实生活中具有重要意义。从流行病学的"某一疾病归因于某一特定暴露的概率"的例子可以看出，必要因果关系是一个专门针对所考虑的特定事件的概念（特异原因），而充分因果关系是基于某类事件产生其他事件的一般性概念（一般原因）。完备的解释应该同时考虑充分原因和必要原因。

如果仅仅根据"一般的"充分因果关系进行解释，那么就忽视了重要的特定信息。例如，"用枪瞄准并射击 3000 米外的一个人"，一般不能作为该人死亡的充分原因，因为从如此远的距离发射子弹击中目标的可能性非常低，其作为充分原因与常识相悖。除非真的确认当时子弹击中了目标，即获取了特定的信息，这时才能认定射击造成了这一结果。这个例子说明，一般意义下的充分原因不能作为某个具体事件的解释，解释不能仅根据"一般性"的充分原因，往往还需要有特定信息的补充，例如当时的风向、气温等。

反过来，如果仅考虑用必要原因进行解释，那么通常各种事件的背景因素就可能会尴尬地成为解释的理由。例如，房间里有氧气的存在可以解释为发生火灾的原因，因为如果没有氧气，火灾就不会发生，氧气的确是火灾的必要原因。但是在实际生活中，我们会判定造成火灾的原因是火柴而不是氧气。这表明我们不应该局限于必要原因，还需要考虑"一般"情况，在"一般"情况下，氧气显然不能作为引发火灾的原因，因为这个原因一直都存在，引发火灾的原因应该是一个不太随时都存在的原因，例如划火柴，因此在确定必要原因时，应该考虑那些并不是"一般性"存在的原因，即那些平时并不一直存在，却在此时导致事件发生的原因。在因果解释的必要成分和充分成分之间必须达到某种平衡，即不能把每个导致结果发生的原因都作为事件发生的因果解释，尽管在一定条件下，这些原因的确是引起结果的必要或充分原因。3.4 节中将讨论实际原因这一概念，以明确这个问题。

3.2 因果关系效应估计

3.2.1 诺贝尔奖的故事——因果关系可识别性

2021 年，诺贝尔经济学奖授予大卫·卡德（David Card），以表彰他"对劳动经济学的经验性贡献"，同时授予约书亚·安格里斯特（Joshua Angrist）和吉多·因本斯（Guido Imbens），以表彰"他们对因果关系分析的方法学贡献"。乍一看，2021 年诺贝尔经济学奖似乎是针对两个相对独立的贡献而颁发的，有趣且有点意外的是，奖项被分成 1/2、1/4、1/4，而不是 1/3、1/3、1/3，而这一奖项划分办法是委员会做出的决定。对于一个不熟悉现代微观经济学研究的观察者来说，这两个获奖理由之间的联系似乎并不清楚，研究劳动力市场和制度运作的实证劳动经济学与分析因果关系的方法有什么关系？然而，在现代经济学中，人们普遍认为有说服力的实证研究需要一种令人信服的方法，即建立因果关系。社会科学中的许多重大问题都与因果有关，移民如何影响薪酬和就业水平？受教育程度如何影响一个人未来的收入？这些问题很难回答，因为我们没有任何数据可以用于比较，因为根本无法知道如果移民人数减少或某个人没有继续学习，会发生什么情况。3 位诺贝尔经济学奖获得者的工作展示了可以从自然实验中得到这样的因果关系的结论，他们的方法已经传播到其他领域并彻底改变了实证研究，具有深远影响。诺贝尔奖委员会每年都会为奖项出具一份可读性很强的"科普性"报告，2021 年的科普性主题是"自然实验有助于回答重要问题"。与此同时，委员会也会出具一份专业性更强的"科学研究"论文，2021 年的主题是"利用观测数据回答因果关系问题"。诚然，如果你阅读过诺贝尔奖委员会发布的这些背景材料，会发现这 3 位获奖者研究工作之间的关联性已经十分明显[15]。

我们现在已经熟知一个论点，这个论点在每门统计学导论课程的开始都会提到，即"相关性并不意味着因果关系"。如果两个变量 A 和 B 相互关联，则 A 可能导致 B，B 也可能导致 A，或者 A 和 B 都受到某些未知的因素（混杂因素）C 的影响。如果想要寻找数据中的生成机制，那就会发现，即便能够观察到足够多的变量，也会被一些相互关联的变量所干扰，误认为它们有联系，然而它们之间可能根本没有任何实际联系（即因果关系）。

科学家们经常试图通过随机对照试验来证明因果关系。有这样一个著名的例子，1881 年，微生物学家路易斯·巴斯德（Louis Pasteur）为了测试一种针对绵羊炭疽病的疫苗，选择了 100 只羊做实验，为其中 50 只接种了疫苗，随后将羊群暴露于炭疽病。一段时间后，未接种疫苗的绵羊死亡，接种疫苗的绵羊存活，由此证明了疫苗的有效性。但人不是绵羊，不可能实施类似的对照试验。这样的问题同样困扰着经济学家。因此，如果一个经济学家想要回答一个问题，比如提高最低工资是否会导致失业或者移民激增是否会导致本土出生人口的失业率上升，那么在无法进行对照试验的情况下，如何利用真实世界中观测到的数据找出因果关系呢？换句话说，现实世界中发生的事件会创造出一种"自然实验"供研究人员分析吗？

诺贝尔奖委员会在报告中便描述了一些建立在"自然实验"基础

上的最突出的研究成果。例如，受教育程度高是否能提高一个人的收入水平的问题，答案是肯定的，受教育程度高当然会提高收入水平，受教育程度高与收入水平高之间存在较高相关性。同时，较高的教育程度会养成某些优秀品质，比如毅力强、善于解决问题、与他人合作的能力强等，这些品质也与收入水平都有较高的相关性，因此如何确定是这些品质，而不是单纯的受教育程度影响了收入水平？还有很多其他类似的问题，这些问题很难直接回答，因为缺乏正确的因果解释或者反事实解释。因此，经济学中的重要问题之一就是发现和理解因果关系问题。

那我们如何利用真实世界的数据获得因果估计呢？例如想知道如果移民人数增加，当地的经济会如何表现，可以观察不干预（即实际自然发生的移民数量）以及实施干预（即通过某种政策使移民数量发生变化）两种情况下，当地经济影响的差异。观察到的移民数量与当地经济之间的关联存在两种可能，第一个是移民的数量影响了当地工资水平，进而影响当地的劳动力市场；第二种可能是存在某个未知的第三个变量（即混杂因素，例如当时正在实行的某些政策）同时影响移民数量和当地劳动力市场的变化，但事实上这种变化却并非由移民造成的。

因此，对于因果关系的研究，很长时间以来一直困扰着经济学家。但是，20 世纪 70 年代，发明了一套"反事实框架"的方法，揭示了一个事实，就是因果效应评估的关键是清楚地了解目标变量的变化来自哪里以及是否存在可信的对照组。经济学家又在此基础上进一步发展了断点回归、双重差分、倾向得分等方法，使得对各种经济政策的因果关系的研究取得长足进步，堪称是爆发了一场因果推断革命[28]。

3.2.2 断点回归

1. 断点回归的产生

在过去的 20 年中，人们对断点回归（regression discontinuity design，RDD）的兴趣逐步增加，但是它也并不总是那么受欢迎。以年份为单位搜索谷歌学术中提及"断点回归"一词的论文（参见图 3-8），发现断点回归最早出现在 1960 年的教育心理学文献中，西斯尔思韦特（D. Thistlehwaite）和坎贝尔（D. Campbell）于 1960 年提出了断点回归方法，但在教育心理学领域没有产生广泛的影响。20 世纪 70 年代，断点回归第一次出现在经济学界是在一篇未正式发表的计量经济学论文中。从 1976 年开始，利用断点回归方法的研究工作数量终于首次实现了两位数的突破，但在之后的大多数年份中，引用的增长是非常缓慢的，如图 3-8 所示。

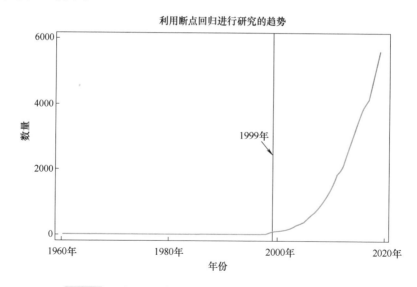

图 3-8　利用了断点回归的研究工作的数量随时间的变化

然而，1999 年成为断点回归被广泛引用的分水岭。在 1999 年以后，断点回归相关文献的数量以及引用量便陡然上升。2010 年发表在《经济文献杂志》上的一篇有关断点回归的论文有近 4000 次的引用，在一年内出现了近 1500 篇新论文提到了这种方法。到 2019 年，断点回归论文产量超过了 5600 篇，一直到今天，断点回归还是非常受欢迎，并且没有放缓的迹象，在过去 20 年里，断点回归在经济学中得到了良好的应用，近年来越来越多的实证文献依赖断点回归进行政策效应评估。此外，医学和健康研究也利用断点回归评估诸如药物使用、健康状态、社会因素以及环境暴露等一系列流行病学研究者感兴趣的问题[27]。

2. 什么是断点回归

断点回归是自然实验中的一种观察方法，简单理解就是观察在临界点处是否出现"断点"（cut-point），并分析引起"断点"的原因对因变量产生的影响（即因果效应）。断点回归是一种用于因果推断的方法，用于根据变量 X 的断点值评估干预结果的情况。

与其他方法相比，断点回归更接近自然实验，对因果效应的估计更加准确，其原因在于断点回归的思想：存在一个连续变量 X，称作驱动变量（forcing variables/running variables），有时也称作配置变量（assignment variable）、分组变量或处理变量，该变量值能决定个体 i 在某一断点 c 两侧目标结果的概率。由于 X 在该断点 c 两侧是连续的，对任何个体 i 来说，X 的取值落入该断点任意一侧都是随机发生的，即不存在人为控制使得个体选择某一侧的概率更大，因此该断点值的附近构成了一个类似于实验的随机分配。

举个例子：假设想知道一种新药的治疗效果，于是将驱动变量 X 选择为体重这一特征，那么断点回归法可能是可用的。在现在的医疗政策中，要求体重低于 70 公斤的人不能服用这种新药，而体重高于 70 公斤的人可以服用这种新药。如果医生和患者严格遵守这一政策，体重 69.5 公斤的人和体重 70.5 公斤人实际上与要求的体重非常相近，但在是否接受（服用）新药上却有着完全不同的分配，完全是体重上的随机差异而导致了服药的随机分配。

　　接下来以患者是否服用新药例子来说明断点回归方法的示意图。图 3-9 描绘了治疗的结果（接受治疗的概率）和驱动变量（患者体重）之间可能存在的关系。每个图中的垂直线表示一个断点，高于断点值（70 公斤）的患者被分配治疗，低于断点值（70 公斤）没有分配治疗。

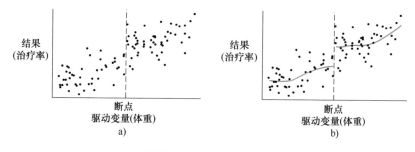

图 3-9　断点回归示意图

a）原始数据　b）断点两侧反映了治疗效果

　　图 3-9a）表明了在没有分配治疗的情况下的预期情况。可以看出，结果（治疗率）和驱动变量（体重）之间的关系是向右向上延伸的，这表明治疗效果随着患者体重的增加而缓慢上升。图 3-9b）表示在分配治疗（干预）时断点附近的预测情况，位于断点附近的患者的治疗效果有较大差异，这种差异是由治疗分配（服药或不服药）造成的。

　　从上述分析可知，断点回归至少具备两个特点：①断点的不连续性；②局部随机化。断点回归的第一个特征，比如图 3-9b）中在变量（患者体重）为 70 公斤的断点上结果出现了急剧跳跃的情况。跳跃的方向和幅度是该变量对结果的因果效应的直接衡量。断点回归的第二个特征则基于这样一个前提，即恰好在断点值左右两边的患者是随机选择的。实际上，断点回归分析利用了一个二分法工具（即对患者体重高于 70 公斤或低于 70 公斤进行分析），可以证明 70 公斤这一断点值的划分所产生的治疗分配与随机选择相似，因为可能存在 3 种情况：①用于测量体重的秤可能存在测量误差；②患者的体重在一天中可能会发生变化；③称重方法（如穿衣服或不穿衣服）会影响患者的估计体重。因此，我们认为恰好未达到断点值的患者与刚刚达到断点值的患者在背景变量上完全相同，可以看作随机选择。由此，后续平均因果效应的任何差异都是由治疗干预（是否服药）所引起。在这种情况下，可以简单地比较处于断点左侧和右侧的患者的治疗结果（即平均因果效应）。

3. 断点回归：精确与模糊

除了断点不连续和局部随机性两个特征外，人们通常将利用断点回归在断点处得到的因果效应的方法分为精确断点回归（sharp regression discontinuity，SRD）和模糊断点回归（fuzzy regression discontinuity，FRD）两种类型。

在介绍精确与模糊断点回归知识前，我们先了解一些因果推断的前置知识。

（1）随机对照试验下的平均因果效应

确立因果关系的黄金准则是使用随机对照试验。顾名思义，随机对照试验的关键在于样本被随机化地分为两个子样本，一个作为处理组（也叫作治疗组），另一个作为对照组。从统计学角度来看，随机化保证了两个子样本都是来自同一个总体的同质样本，因此受到的潜在干扰因素的可能影响是同等的，这从理论上排除了潜在干扰因素的影响，两组样本的表现差异就可以视作纯粹是治疗引起的。

平均因果效应，也叫作平均处理效应（average treatment effect, ATE）是在随机试验、政策干预评估和医学试验中用于比较处理（治疗或干预）效果的一种方法。"处理"（treatment）一词起源于农业和医药领域中早期统计分析，现在更广泛地用于自然和社会科学的其他领域，特别是心理学、政治科学和经济学，"处理效应"（treatment effect）是指某一特定干预（如给予某种药物）对某一结果变量（如患者的健康）的因果影响。平均处理效果则度量了接受处理的个体和不接受处理的个体之间的平均结果差异。

为了定义平均处理效应，先引入一个新的概念，叫作潜在结果。鲁宾定义了因果关系中的"潜在结果框架"。其中，每个个体 i 都有两个"潜在结果"：Y_{0i} 表示个体 i 未接受处理的结果变量，Y_{1i} 表示个体 i 接受处理的结果变量。一个个体 i 的可观察结果是由其潜在结果的函数来确定的

$$Y_i = D_i Y_{1i} + (1 - D_i) Y_{0i}$$

其中，Y_i 为个体 i 的可观察结果变量；D_i 为第 i 个个体的处理状态，如果该个体 i 接受处理，则 $D_i = 1$，如果该个体未接受处理，则 $D_i = 0$。显而易见，当 $D_i = 1$ 时，$Y_i = Y_{1i}$；当 $D_i = 0$ 时，$Y_i = Y_{0i}$。我们将个体 i 的处理效应或因果效应定义为这两种潜在结果之间的差异，即 $Y_{1i} - Y_{0i}$。那么对于一个群体来说，可定义平均处理效应为

$$\text{ATE} = E(Y_{1i} - Y_{0i})$$

在了解前置知识前提下，我们回到精确断点回归和模糊断点回归方法的分析。

（2）精确断点回归

精确断点回归表示在断点 $X=c$ 处，所有的受试者接受处理（干预）的比例从 0 跳跃到 1，如图 3-10 所示。

精确断点回归的数学表示：假设接受处理 D_i 与否完全取决于驱动变量 X_i 是否超过断点 c，函数为

$$D_i = \begin{cases} 1, & X_i \geq c \\ 0, & X_i < c \end{cases}$$

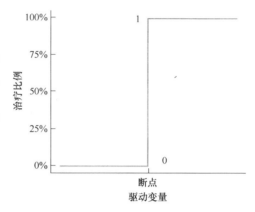

图 3-10 精确断点回归接受处理的比例变化

其中，X_i 表示个体 i 的某个（连续）变量 X（即驱动变量），c 为断点值，D_i 表示个体 i 是否接受处理（或者干预）；$D_i = 1$ 表示接受处理，$D_i = 0$ 表示未接受处理。无论 X_i（如患者的体重）多么接近断点，D_i 都是不会改变的。直观地说，当 X_i 在 c 附近时，就产生了一种类似的自然实验。由于 D_i 是 X_i 的确定性函数，故在给定 X_i 的情况下，可将 D_i 视为常数，它不可能与任何变量有关，故 D_i 独立于 Y_{1i}，Y_{0i}。

为了评估处理（干预）是否有效果，我们可以通过比较在断点 c 两侧附近的结果变量 Y 的局部平均处理效应（Local ATE，LATE）：

$$E[Y_{1i} \mid X_i \geq c] - E[Y_{0i} \mid X_i < c]$$

对于每个个体 i，存在一对潜在的结果：接受处理的潜在结果 Y_{1i}，未接受处理的潜在结果 Y_{0i}。只要两种潜在结果的条件分布 $P(Y_{1i} \leq y \mid X_i \in [c, c+\varepsilon])$ 和 $P(Y_{0i} \leq y \mid X_i \in [c-\varepsilon, c))$ 在 $X_i = c$ 附近处是连续的，则上述等式就成立。

继续以之前的新药服用为例，政策规定只要患者体重达到或高于70公斤，就有资格服用新药。那么，在考察新药的效果上，我们假设任何个体 i 服用新药与否（D_i）完全取决于患者体重 X_i 是否超过 70 公斤。这个评分变量 X 的选择十分重要。在这个示例中，我们可以得到以下结论：

1）除体重以外，在断点值（70 公斤）处，其他因素不会使结果发生跳跃性变化；

2）对于体重为 69 公斤、69.5 公斤、70 公斤和 70.5 公斤的患者，可以认为他们在其他各方面（包括可观测变量和不可观测变量）都没有显著差异；

3）患者体重的细微差异只是随机抽样的结果，导致体重为 70 公斤或 70.5 公斤的患者获得服用新药的资格（进入治疗组），而体重为 69 公斤或 69.5 公斤的患者不能服用新药（进入对照组）；

4）由于政策规定，对体重在小范围 $[70-\varepsilon, 70+\varepsilon]$ 之间的患者进行了随机分组，故可视为一种准自然实验（quasi natural experiment）；

5）因此，由于存在随机分组，故可在 $X=70$ 附近对局部平均处理效应 $\text{LATE}_{X=70}$ 按照上面的公式进行因果效应估计。

（3）模糊断点回归

模糊断点回归表示接受处理的概率在断点 $X=c$ 处发生变化，但不像精确断点回归中那样从 0 跳跃到 1，而是从一个值 a 跳跃到另一个值 b，其中 $0<a<b<1$，如图 3-11 所示。

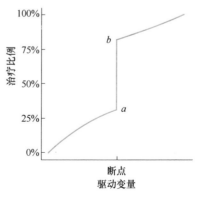

图 3-11 模糊断点回归
接受处理的比例变化

这种情况下，D_i 是部分取决于驱动变量 X 的。当驱动变量超过断点值 c 时，D_i 变化的概率会显著上升，即发生不连续的跳跃（a 跳跃到 b），但并不会从 0 上升到 1。

在精确断点回归中，当 $X_i \geq c$ 时总是可以确定为接受处理，但在实际场景中并不能保证这种确定性分配处理总是可以实现的。还是用新药服用的例子。如果一些体重低于断点值（70 公斤）的患者想要通过一些其他方法服用新药，而另一些体重高于断点值的患者虽有资格但不想服用新药。那么，断点回归在这个时候就是模糊的，而不是精确的。注意，在断点处，服用新药的治疗概率不会从 0 跃升到 1，而是从 a 跃升至 b。可以将模糊断点回归视为一种不合规的情况，即每个体重高于断点值的患者都应该服用新药，但有些患者却在实际中不服用；同样，体重低于断点值的患者应该不会服用新药，但其中存在一些患者也服用了新药，这种不遵守规矩的现象在现实中是十分常见的。

那么，怎么计算这种情况的平均处理效应呢？这里，由于存在不遵守规矩的现象，接受治疗（干预）的概率小于 1，在断点处的右边，由于实际服用人数低于应该服用的人数，因此我们观察到的结果未达到预期的潜在结果。出于同样的原因，在断点值左侧，我们观察到的结果超过预期的潜在结果。这就可能出现在断点处观察到的治疗效果要比实际情况差。这个问题属于"不完美实验"，将在 3.3 节中予以讨论，这里简单说一下结果：

$$\text{LATE} = \frac{\lim_{x \to c^+} E[Y_i \mid X_i > x] - \lim_{x \to c^-} E[Y_i \mid X_i < x]}{b - a}$$

其中 $\lim_{x \to c^+} E[Y_i \mid X_i > x]$（$\lim_{x \to c^-} E[Y_i \mid X_i < x]$）表示在断点附近 $[c, c+\varepsilon]$ 和 $[c-\varepsilon, c)$ 观察到的处理组（对照组）的服药效果。如果问题是离散的，则可以选取一个适当的 ε，在区间 $(c-\varepsilon, c+\varepsilon)$ 内考查因果关系。

当然，这种因果关系的估计具有一定的误差，需要在选取时根据问题考虑。

总体来说，断点回归利用断点两边的观察数据分别属于处理组和对照组，具有类似于"随机性"的性质，计算断点附近的数据进行干预后的局部因果效应。在回归曲线是线性或单调的情况下，断点附近推断出的因果关系一般来说在全局成立，当回归曲线不是线性时，因果关系是否在全局成立需要另外的推导。

3.2.3 双重差分

为了检查特定干预措施是否对目标人群或特定目标结果有因果效应，我们使用一种称为双重差分（difference in differences，DID）的计量经济学方法来分析。双重差分法有助于回答反事实问题：即如果没有进行处理（干预），结果会发生什么？我们通过一个实例来说明双重差分法是如何估计因果效应的。

1. 霍乱是通过水而不是空气传播的

霍乱是一种恶性疾病，它的传染力很强，感染者会出现呕吐和腹泻等急性症状。现在我们知道它主要是通过水传播而非空气传播的。但在 19 世纪之前，人们不知道它的传播途径。在 19 世纪，霍乱袭击了整个伦敦，就像龙卷风一样，在城市中开辟了一条"毁灭之路"。约翰·斯诺（John Snow）是一名医生，眼睁睁地看着成千上万人死于一场神秘的流行病。医生们无法帮助受害者，因为他们一直以为霍乱在人与人之间传染的途径是空气，并且取了一个恐怖的名字叫作瘴气。斯诺通过多年的观察，开始质疑空气不是霍乱传播的途径，而水才是霍乱传播的主要原因。

想象一个主观实验：如果斯诺是一个拥有无限财富和权力的统治

者，他怎样才能检验他提出的理论，即霍乱是通过水传播的呢？他能做的一件事是要求每个家庭成员扔硬币，扔到正面的一组饮用被污染的泰晤士河水，扔到反面的另一组不饮用。一旦完成这项任务，斯诺就可以简单地比较两组因霍乱导致的死亡人数，如果未饮用受污染水的一组人中因霍乱死亡的人数少，那么这就表明霍乱是通过水传播的。

但在现实世界中，斯诺没有这种权力。那么，斯诺就需要找到一种机制，在这种机制下，受污染的水和未受污染的水被分发给了大量的人群，就像是随机自然发生的一样，然后计算那些饮用和未饮用受污染水的人群之间死亡率的差异。值得注意的是，这种选择或者分发机制，与影响死亡率的其他因素无关（如卫生、贫困或者饥饿），这意味着群体之间的其他变量（称为协变量，在实验设计中，协变量是独立变量，实验者不能进行操纵，但其仍影响实验结果，例如贫困、疾病等变量）达到一定程度的平衡。这让斯诺想起了一年前在伦敦进行的一项潜在的自然实验，在这个实验中，伦敦市民使用了水务公司提供的未受污染的水。这可行吗？

1849 年，英国兰贝斯地区的自来水公司将取水管道迁移到了泰晤士河污水排放点的上游，从而为市民提供更干净的水。斯诺抓住了这个机会，他意识到这给了他一个自然实验，让他可以通过比较家庭的死亡率来验证霍乱是通过水进行传播的这一假设。如果他的假设是正确的，那么兰贝斯地区的家庭霍乱死亡率应该比其他一些污染水源覆盖地区的死亡率低，我们今天可以称之为反事实。斯诺在萨瑟克和沃克斯豪尔地区（Southwark and Vauxhall，以下简称萨沃地区）自来水公司发现了这种反事实。

与兰贝斯不同，萨沃地区的自来水公司没有将取水点移到上游。斯诺用了一个很厚的本子记录了两家公司以及家庭之间的相似之处，例如两家自来水公司附近的住户在社会背景、收入等方面很相似，因此唯一的区别就是喝的水不同。斯诺相信，只要两家公司所服务的群体在可观测数据上是相同的（如前所述的社会背景、收入等），那么他们在不可观测的相关数据上也是相似的（比如卫生条件等）。

表 3-3 中是斯诺收集的两家自来水公司服务区域的霍乱数据。1849年，兰贝斯地区的自来水公司迁移管道前，萨沃地区每 10000 个人中有 135 例霍乱病例，兰贝斯地区每 10000 个人中有 85 例霍乱病例。但在 1854 年，兰贝斯地区自来水公司迁移管道后 5 年，萨沃地区每 10000 个人中有 147 例霍乱病例，而兰贝斯地区每 10000 个人中的霍乱病例下降到 19 例。

虽然斯诺只给出了这张表，没有明确计算因果效应，但根据这些数据是可以计算出因果效应的。如果将兰贝斯地区 1854 年的值与其 1849 年的值相减得到差值，以及萨沃地区 1854 年的值与其 1849 年的值也进行相减得到差值，再将两者的差值再一次进行相减，可以得到 ATT 的估计值，结果表明每 10000 人中的霍乱病例减少 78 例。之后，斯诺继续提供观察数据证明了霍乱病例集中在一条叫作布洛德街上的一个被霍乱污染的水泵周围，但即便是只提供了表 3-3 这样简单的数据，其所反映的差异，也让斯诺的假设被人信服。斯诺的探索为找出伦敦暴发霍乱的原因做出巨大贡献，此外它还提高了人们利用观测数据估计因果效应的能力，推动了科学发展。

表 3-3　1849 年和 1854 年两家自来水公司服务区域的霍乱病例比例

服务区域	1849 年	1854 年
萨沃地区	135/10000	147/10000
兰贝斯地区	85/10000	19/10000

接下来，再用一些表格详细说明这个例子，并通过这些表格了解双重差分法背后的思想以及使用它时所需要的假设条件。假设这里处理（干预）变量 D 是指使用未受污染的水，目标是估计干预变量 D 对结果变量（霍乱病例数）Y 的因果效应 R。如果将 1854 年（干预 5 年后）的兰贝斯地区与萨沃地区的霍乱病例数进行比较，能否确定 D 对 Y 因果效应 R 呢？这看起来是一个显而易见的方法，事实上它也是因果推理中常见的简便方法之一。毕竟，有一个对照组，为什么不把处理组与对照组进行比较呢？接下来进行详细讨论。

现在分别用 L 和 S 两个变量来表示兰贝斯地区和萨沃地区的原有霍乱病例数，这在每个地区都是不同的，因为会受地区本身的因素影响（如卫生条件、人口密度等），并且一般是不可观察的，但会随着时间的推移而趋于固定。两个地区在 1854 年（干预 5 年后）的霍乱病例数比较见表 3-4。

表 3-4　两个地区在 1854 年（干预 5 年后）的霍乱病例数比较

服务区域	结果
兰贝斯地区	$Y=L+R$
萨沃地区	$Y=S$

其中，R 表示干预后，兰贝斯地区病例数的变化（萨沃地区没有变化）。从表 3-4 中可以看到，当我们对兰贝斯地区和萨沃地区在 1849 年干预后的数据进行简单的比较时，两者相减似乎可以得到因果效应估计，但相减的结果为 $R+(L-S)$，$L-S$ 表示了两个地区在病例数上原有的不同，即地区偏差。我们意识到，由于存在这种偏差，所以不能简单地在两个地区之间进行横向比较。那么，可以将一个地区与它自身进行比较吗？这是可以的。现在，让我们看一下兰贝斯在干预前后的

差分结果，见表 3-5。

表 3-5　兰贝斯地区在干预前后的差分结果

服务区域	时间	差分结果
兰贝斯地区	1849 年	$Y=L$
	1854 年	$Y=L+R+\varepsilon$

这里 ε 表示病例数随时间的漂移变化值，虽然通过对比干预前后的差分结果能够成功消除兰贝斯地区的原有病例数 L，但这个差分结果 $R+\varepsilon$ 不能消除时间偏差 ε，无法给出一个关于时间的无偏估计。

见表 3-6，D_1 表示分别对不同地区上做干预前后的差分（对于对照组而言，干预就是维持原有处理），这会消除每个地区的地区偏差。D_2 表示对两个地区的差分结果再次进行差分，消除时间偏差，最终获得无偏估计。

表 3-6　不同地区霍乱病例数之间的结果差异

服务区域	时间	结果	D_1	D_2
兰贝斯地区	1849 年	$Y=L$	$R+\varepsilon$	R
	1854 年	$Y=L+R+\varepsilon$		
萨沃地区	1849 年	$Y=S$	ε	
	1854 年	$Y=S+\varepsilon$		

因此，双重差分方法的思想非常简单，就是将上述两种简单的差分方法结合起来，假设需要通过比较两个组的情况，计算实施某个处理（干预）后的因果效应，例如上面所说的兰贝斯地区和萨沃地区，就可以看作两个分组。第一次差分是在组内分别计算干预前后的差异，消除地区偏差。由于干预前后的时间差，即实施干预到获取数据这段时间，处理组和对照组的结果值可能漂移了 ε。第二次差分是计算组间

差异，即两个组内差异的差异，从而消除时间偏差 ε，第二次差分的结果就是双重差分法得到的因果效应。显而易见，双重差分法有一个关键假设，即在任何时间阶段中，时间偏差 ε 对于所有分组都是相同的，我们称之为平行趋势假设。上面介绍的双重差分法中反复应用了这个假设，因为它是整个估算过程中最重要的假设。如果接受这个平行趋势假设，那么双重差分法将是一种能够识别因果效应的有效方法。通过对处理组和对照组的观察结果进行两次简单的差分，消除两组之间的组间偏差和时间偏差，就可以得出对处理（干预）的平均处理效应的可信估计。

2. 平行趋势假设

对处理组和对照组进行干预后，其目标变量的变化趋势是一样的。即在任何两个时间段上，处理组和对照组在目标值上的变化是一致的。在上面的例子中，反映了两个地区的病例数随时间的变化是相同的，同为 ε。

通常情况下，可以按照定义验证数据是否满足假设。这个假设在随机实验下通常是满足的。比如，上面霍乱例子中的两个地区是很相似的且同质的。但在观察实验的情景下，有可能会不满足平行趋势假设。因此如果没有做假设检验，就不能简单粗暴、不加处理地直接使用双重差分法。

3.2.4　倾向得分匹配

1. 什么是倾向得分匹配

最早在经济学中，通常希望评估某项公共政策实施后的效应，为此常常利用处理组和对照组以评估因果效应。然而，数据通常来自非随机化的观察，协变量往往引起混杂，这就是选择偏差问题。如果协变量只有一个，则问题的解决相对容易些，我们可以将数据按照协变量的取值来进行分层，然后在每一层中，对于每一个处理组中的数据，匹配一个对照组的数据，这两个数据具有相同的协变量取值，因此认为协变量的影响可以忽略，将所谓各层匹配完成后，舍弃未加匹配的数据，就得到一个新的数据集，在这个集合中，每一个处理组中的数据都有一个与之匹配的，协变量影响相同的对照组里的数据，因此可以认为这个新的数据集已经"消除了"混杂因素影响，可以进行通常的因果分析。仍以 Y_{1i} 表示个体 i 在处理组的值，例如 $Y_{1i}=1(Y_{1i}=0)$ 表示处理有效（处理无效），而 Y_{0i} 表示第 i 个个体在对照组的值，则在同一层中，可以计算

$$\text{ATE} = E(Y_{1i} - Y_{0i})$$

然后对每一层的 ATE 取平均，就得到整体的 ATE。但是当协变量较多时，上述简单方法就暴露了不足，如果继续按照协变量的取值来分层的话，则会引起两个问题：一是分层的数量随着协变量的增加而成指数增长，使计算变得不可能；二是由于分层过多，每一层中的样本量太少，从而不具有统计分析的意义。罗森鲍姆和鲁宾于 1983 年提出了倾向得分匹配法（propensity score matching，PSM），构造一个函数 $g(Z)=a$，称为倾向函数，将多个协变量 Z 映射到一个数值（或一个离散集合），然后将具有相同函数值的样本进行匹配，由于多维的协变量被映射到一维空间，这就相当于将协变量压缩到一个变量，据此使用前面说过的匹配方法，就可以进行相关的因果分析。当然，函数 $g(Z)$ 不是可以任意选择的，它要使相同函数值的样本中具有"相似"的混杂影响，即一个样本属于处理组还是对照组完全是对等的，无法从协变量中看出，这个条件称为平衡条件（balance condition），即 $x \perp\!\!\!\perp T \mid g(Z)$。协变量集合的选择，既可以是原因和结果变量的所有其他变量，也可

以是其中的一部分，少一些协变量会使得计算工作量减少，但应该包含所有的混杂变量，以保证所谓的"强可忽略性"成立。理论上说，如果某些协变量已知不是混杂变量，可以不予考虑。例如某些年龄、体重以及收入的组合对于吸烟和肺癌的影响是存在的，也都属于混杂因素，因此需要在定义倾向得分时作为自变量，但是姓名与身份证号码不是混杂因素，因此这两个变量在定义倾向得分时可以省略。

2. 处理指定函数和匹配

一个更一般的方法是，对于协变量 $Z = z_i$，其倾向得分被指定为样本 x 被分配到处理组的概率 $e(z_i) = pr(T_x = 1 | z_i)$，其中 $T_x = 1$ 表示样本 x 属于处理组，该函数称为处理指定（treatment assignment）函数。这个方法不需要额外的其他知识，只需要样本本身就可以通过回归或者机器学习的方法获取函数 $e(Z)$。对于任意倾向得分函数 $g(Z)$，如果样本 x 满足，$x \perp\!\!\!\perp T | g(Z)$，其中 $T = 1 (T = 0)$ 表示进入处理组（对照组），也就是说，在条件 $g(Z)$ 下，x 是否属于处理组（对照组）是随机的，这时称函数 $g(Z)$ 为平衡的。罗森鲍姆和鲁宾证明了，处理指定函数 $e(Z)$ 是平衡的，并且任何平衡函数 $b(Z)$ 是 $e(Z)$ 的加细，即 $e(Z) = f(b(Z))$。得到平衡函数后，可以对样本进行分组，每一个组中的样本具有相同或者"近似"倾向得分，接下来对该组中的样本匹配，即处理组（或对照组）中一个样本匹配对照组（或处理组）中的一个样本，直到匹配完成，舍弃剩余的样本，然后在新的样本中进行因果分析，或者在每一个匹配组里先做因果分析，再将各组的结果平均，得到整体的因果效应。一般来说总是希望分组的个数越少越好，由于所有满足平衡条件的倾向得分函数都是处理指定函数的加细，所以处理指定函数的分组数最少，这在很多应用中是一个优点，于是有些研

究人员把倾向得分函数默认为就是处理指定函数。由于倾向得分方法是通过"近似"匹配使得混杂影响抵消，而不是真正消除，因此从理论上来说，倾向得分匹配法不能够完全解决选择偏差的问题，但也算是一种行之有效的因果效应评估方法[29]。

用一个简单的例子来说明倾向得分方法。假设想研究吸烟和肺癌之间的关系，现实条件是已有的观察样本只能来自那些由自己决定是否吸烟的人群。乍一看，这似乎是一个容易解决的问题，只需比较吸烟者样本和不吸烟者样本中肺癌的发病率即可。但是想象一下，如果老年人更趋向于吸烟，也更容易患上肺癌，那么年龄就是一个混杂变量。回想一下前面的辛普森悖论，如果简单地不按照年龄将不吸烟组的肺癌发病率与吸烟组肺癌发病率进行比较，则很难确定吸烟组癌症发病率升高是因为吸烟还是因为年龄增加所导致的。

更好的方法是减少年龄对于抽烟和肺癌发病率的影响，当然除了年龄，还有一些其他的可能同时影响肺癌发病率和吸烟的变量，如性别、收入等（如图 3-12 所示）。通过一个分类函数（倾向函数），可以将这些人群适当的分类，使得每一个类中的人群看起来在其他方面都是"相似的"，这就是倾向得分匹配法发挥作用的地方。

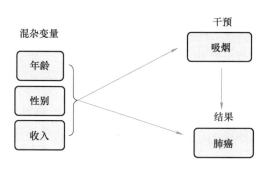

图 3-12 同时影响肺癌发病率和吸烟的混杂变量

倾向得分方法的难点在于如何定义"相似性"，这里的相似性不是数值上的近似，而是指协变量对于原因和结果在影响方面的相似性，例如采用前面的方法，使用处理指定函数作为倾向得分函数，具有相同或者相近倾向得分的数据就认为是相似的，就可以进行因果分析。

3. 何时使用倾向得分匹配

倾向得分匹配将混杂因素按照程度大小分类，使在每一类中的混杂因素的影响降到最小，是一种应用广泛的基于观测样本数据估计因果效应的方法。在许多因果分析数据中，为了消除混杂因素对于原因和结果之间的影响，通常会构建倾向得分函数，如果研究人员认为饮酒、种族等变量可能是吸烟和肺癌之间的混杂因素，那么为了解释这些变量的影响，在倾向得分函数中就应该包含这些协变量。同时，不难想象，如果这些协变量越多，那么函数就会变得越复杂。

遇到下列情况时，可以使用倾向得分匹配法。

1）干预方案是有害的。使用倾向得分匹配的最常见情况之一是要实施的干预是有害的。例如，想研究吸烟对肺癌的影响，但知道吸烟对人的身体有害，所以不能为了实验而强迫一群人吸烟。在这种情况下，只能通过观察那些已有的吸烟人群的样本来进行分析。

2）干预费用高。如果干预费用高得令人望而却步，也可以使用倾向得分匹配。例如，想分析财富增加 1000 万元人民币对幸福感的影响，就只能使用那些本就拥有大笔钱财的人群作为观察样本，而不可能为每个人都发放 1000 万元。

3）干预本身依赖自我选择。干预本质上是一种自我选择，不能简单地为了实验而将观察对象分配给处理组或对照组。例如在一家银行工作，想研究大额商业贷款对企业盈利增长的影响，但没有任何办法强迫企业接受贷款，因此无法进行随机分配。

4. 倾向得分匹配法的实现过程

继续以吸烟与肺癌作为例子。回顾一下，主要目标是评估吸烟对肺癌的影响，因此将吸烟者视为处理组，不吸烟者视为对照组。在实际的计算过程中，根据处理组或对照组的规模，从规模小的组里进行匹配。如果匹配组的样本量大，可以先在组内进行因果分析，然后再将各组的结果平均。假设有一个 10 人的处理组和一个 50 人的对照组，即对照组的规模大于处理组的规模时，由于总体样本量不大，实现倾向得分匹配的一种简单方法是，逐个检查处理组中的样本，并将其与对照组中具有最相似倾向得分的样本进行配对，然后仅使用这些成功匹配的样本，放弃那些未与匹配的样本。如图 3-13 所示，只保留对照组中与治疗组匹配成功的样本，如处理组中的 0.22、0.55 和 0.77 这 3 个匹配值，删除对照组中没有与处理组中配对的样本，如 0.11、0.33 和 0.88，这样可以得到 3 个匹配分组。

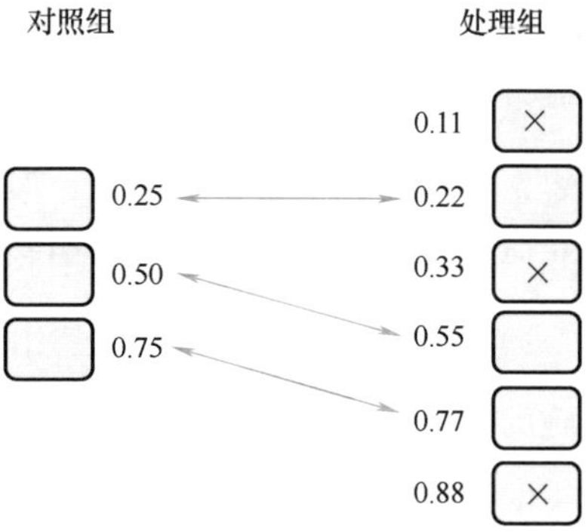

图 3-13 匹配倾向得分

具体过程大致分为如下几步。

1）确定协变量。最大可能地找出同时影响干预（吸烟）和结果（患肺癌）的协变量（混杂变量），在这里，选择性别、年龄和收入水平作为主要的协变量。

2）构造倾向得分。接下来，需要构造倾向得分函数 $g(Z)$，这个函数刻画了某些混杂变量 Z 对于吸烟和肺癌的双重影响程度，例如可以选择年龄、体重和收入作为协变量构造函数 $g(Z)$。通常使用处理指定函数作为倾向得分函数。

3）创建倾向得分匹配的样本子集。计算出倾向得分，并检验了条件独立性后，需要根据倾向得分创建匹配样本集合，可将具有相同或者近似函数值的处理组个体和对照组个体进行匹配，具体包括最近邻匹配、半径匹配、核匹配等方法。一种最简单的匹配方法称为 1∶1 近邻匹配。首先查看哪个组的规模更小，在这个例子中，吸烟组（处理组）的规模更小，就将吸烟组的个体与不吸烟组的个体进行匹配，可能有两种情况，一种情况是吸烟组的某个个体在不吸烟组找不到匹配，另一种情况是不吸烟组的某个个体没有被匹配，这两种情况下的个体都将被舍弃。完成匹配后，可以得到若干个匹配分组，来自吸烟组和不吸烟组的个体数量相同，而且具有相同的倾向得分，进而直接计算 ATE，或者根据倾向得分分组计算 ATE，然后再求总体平均。

3.3　不完美实验中的因果估计

在随机对照试验中，可能会遇到参与者不完全按照实验协议操作的情况。例如，某广告公司想查看广告投放效果，为此选定实验对象并随机投放广告，但问题在于无法保证接收了广告的用户均会如实观看广告信息，此外也很难确定用户是否因为接收广告而购买了商品，这就很难真实衡量广告对商品销售的实际影响。我们将这种受试者未完全按照实验协议履行操作的实验，称为不完美实验。本节将探讨在不完美实验中的因果估计问题。

3.3.1　不完美实验问题

随机对照试验是因果效应估计的黄金法则，被广泛应用于教育学、医学、生物学、心理学、社会学等领域。该方法通过随机化策略，保证实验组和对照组中被研究的个体是完全随机分配的，除了对一个组实施实验控制，对另一个组实施实验对照，两个组里其他方面的条件都是相似的，从而可以消除混杂因素干扰，此时总体的平均因果效应是可以识别的。在实际应用中，随机分配的受试者由于心理、生理以及伦理等因素可能未遵守实验协议，造成受试者对各种实验措施（即干预措施）产生不同水平的不依从，全部或部分地拒绝实验协议分配的角色，从而在实验中引入另外的混杂干扰，破坏了实验的随机性。

这种不依从性在科学研究中有时是无法避免的，在社会学、经济学，医学等领域经常会遇到，这可能出自以下一些原因：

1）随机的实验可能会受到受试者自发行为的影响。例如，药物的不良反应可能会使受试者决定减少指定剂量。或者，如果实验是测试一种治疗晚期疾病的药物，那么怀疑自己身处对照组的受试者可能会从其他来源获得药物。这种协议遵守的不完美性使得实验数据产生偏差。

2）不给对照组的受试者提供治疗会产生道德和法律问题。

3）随机化可能影响受试者的参与以及行为。例如，在对于学校录取情况的随机对照试验中，一旦申请者知道学校的录取标准是随机选择，可能会对申请该学校持谨慎态度，这就改变了原来学校正常的申报情况、录取数据出现失真。

不依从性使实验结果出现偏差，甚至难以得出合理的结论。《新英格兰医学杂志》报道了这样一项研究，流行病学专家想要分析在母乳喂养儿童的饮食中提早引入过敏性食物是否会提高防过敏能力[30]。研究团队从一般人群中招募了1303例全母乳喂养的3月龄婴儿，并将他们随机分配到早期引入6种过敏性食物（花生、熟鸡蛋、牛奶、芝麻、白鱼肉和小麦）的早期引入组（即实验组），或全母乳继续喂养至约6月龄组（即对照组），然后查看两组婴儿在1~3岁是否会对6种食物中的至少一种产生过敏。随机对照试验显示，早期引入过敏性食物的防过敏能力并未优于对照组。但在对依从性进行分析发现，早期引入组中的参与者中仅有 31.9% 依从实验方案，而对照组中的这一比例为 80.5%，占比排在前四位的不依从原因包括：种族、父母担心婴儿健康、母亲生活质量下降以及婴儿入组时存在湿疹。在仅对依从的参与者进行分析后，发现早期引入组的防过敏能力提高了 67%。两种分析得出不同结论。那应该如何基于不完美的随机对照试验评估因果效应呢？

3.3.2　不完美实验因果图

以一项关于维生素 A 摄入与儿童健康影响的研究来探索不完美实验中的因果效应估计问题。该项研究由约翰斯·霍普金斯大学的阿尔弗雷德·萨默（Alfred Sommer）等人完成，发表于医学顶级期刊《柳叶刀》上[31-32]。萨默等人在印度尼西亚的苏门答腊岛北部抽取了 450 个村庄，然后随机抽取 229 个村庄作为实验组，剩余的 221 个村庄作为对照组。实验组的学龄前儿童被分配两次大剂量维生素 A 胶囊，而对照组的儿童则不分配。萨默等人最终统计了 23682 名学龄前儿童在试验开始与结束时的健康状态。

令 X 表示儿童是否服用维生素 A，Y 表示最终观察到的儿童是否健康。理想状态下，接收维生素 A 胶囊的儿童均按照实验协议如实服用维生素 A 或者安慰剂胶囊，此时萨默等人所开展的便是随机对照试验，其因果结构图如图 3-14a）所示，此时查看实验结束时实验组和对照组的儿童健康情况，便可得出维生素 A 是否能够提高儿童健康的结论。但现实情况下，接收维生素 A 胶囊的儿童因为家庭、自身等原因可能没有按照实验协议如实服用，这便在 X 和 Y 之间引入了混杂因素 U，其因果结构图如图 3-14b）所示，其中 U 代表了影响儿童是否选择服用维生素 A 胶囊并影响儿童健康的那些因素。此时对比实验组和对照组的结果无法得到维生素 A 与健康之间的真实因果关系。一方面可能是因为实验组并非都服用了维生素 A，极端情况是实验组均不服用维生素 A，此时两组的健康状况可能没有差异，但不能说维生素 A 没有作用。另一方面可能是因为即使统计了实验组服用了维生素 A 的儿童的健康状况，但由于 U 的干扰且 U 无法观测，也无法得出维生素 A 的真实效果，例如 U 可能代表家庭条件，家庭条件不好的父母可能将胶囊给了其他孩子，服用胶囊的可能都是家庭条件好的孩子，而家庭条件好的孩子也可能更健康，此时健康状况的差异更可能是家庭条件差异导致的。

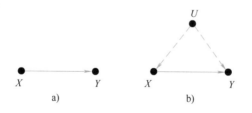

图 3-14　维生素 A 服用（X）与健康（Y）的因果结构图

a）无混杂因素 U　b）加入混杂因素 U

可以借助 2.4.8 小节中的工具变量的方法来重新审视这个问题。这里，引入一个新的变量 Z，令其表示对维生素 A 的分配，X 表示接受分配的维生素 A 后选择是否服用，此时因果结构图如图 3-15 所示。维生素 A 的分配是随机的，不受任何因素干扰，即没有其他因素影响 Z，而 Z 对 Y 的影响仅能通

图 3-15　引入工具变量（Z）后的维生素 A 服用（X）对健康（Y）影响的因果结构图

过是否服用维生素 A（即 X）发生作用，因此 Z 是 X 的工具变量。借助此工具变量，我们在接下来的章节来探索意向性因果效应和平均因果效应的区间估计。

3.3.3　意向性因果分析

意向性因果分析（intention to treat，ITT）是最直接的一种分析方法。该方法直接将实验组和对照组进行对比分析，而不考虑受试者是否真的接受了或者没有接受治疗，反映在上文例子中则是不管其是否真的服用了维生素 A。这种分析的结果并不能真实反映 X 对 Y 的因果效应，例如，实验组可能完全没有服用维生素 A，而对照组可能服用了维生素 A。此结果实际反映的是 Z 对 Y 的因果效应，即 $P(Y|\text{do}(Z))$，即分组配置本身对于 Y 的因果效应，而不是 X 对于 Y 的因果效应，这种分析方法称为意向性因果分析。在决策系统中，意向性因果分析反映的是政策制定和发布对于结果的影响，而不是政策实施后所真正产生的实际影响。

图 3-15 中，Z 代表对维生素 A 的分配，由于分配是完全随机的，因此没有影响 Z 的因素，即 Z 到 Y 没有后门路径，此时 $P(Y|\text{do}(Z))=P(Y|Z)$。那查看实验组（分配了维生素 A 的组）和对照组（未分配维生素 A 的组），对比分析其结果，实际上统计的是 $P(Y|Z=\text{分配维生素 A})$ 和 $P(Y|Z=\text{未分配维生素 A})$，由此得到的便是 Z 对 Y 的因果效应。在这个案例中，萨默等人统计了实验组中的学龄前儿童有 12094 名，对照组中的学龄前儿童有 11588 名，其中实验组有 46 名儿童的健康状况下降，对照组有 74 名儿童的健康状况下降，因此 $P(Y|Z=\text{分配维生素 A})=0.38\%$，$P(Y|Z=\text{未分配维生素 A})=0.64\%$。实验组健康状况好于对照组，从意向性因果分析看，分配维生素是有效果的。

意向性因果分析虽然不能如实反映处理措施（服用维生素 A）对所关心结局（健康）的影响，但仍有其价值。其结果表明的是干预措施（分配维生素 A）对所关心结局（健康）的因果效应。从上述例子的结果看，不管分配了维生素 A 的儿童是否服用了维生素 A，实验组的儿童健康状况高于对照组，这表明，分配维生素 A 这一措施对提升健康率是有实际效果的，虽然其中部分结果可能不是由服用维生素 A 造成的。印度尼西亚政府如果想要提高苏门答腊地区学龄前儿童的健康状况，是可以通过实施维生素 A 配给措施来实现的。

读者可能会疑惑，既然有些实验参与者不遵守实验协议，导致意向分析不能反映处理措施的真实效果，那为什么不只选取遵守实验协议的人群进行分析呢？事实上，如果只选取符合实验协议的人群分析，则破坏了随机性，在人群选择中引入了偏差。让我们来看这样一个例子。假设某医院要进行一项手术的临床实验，共招募了 200 名患者参与，然后随机分配100 名到实验组进行手术，另外 100 名到对照组不进行手术，由于是随机分组，这两个组里的人员条件是大致相同的。在分组后，有 6 周的等待期，以完成参与人员的检查及手术准备工作，最终要在手术一年后查看参与人员的存活情况。由于参与人员均是患者，在手术准备期，实验组和对照组各有 15 名人员死亡，而在手术结束的一年内，实验组和对照组又各有 15 名人员死亡，即在整个随机对照试验中，实验组和对照组各有 30 名人员死亡。图 3-16 为这一随机对照试验的示意图[33]。

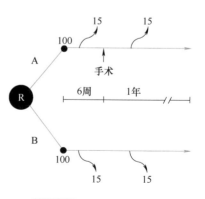

图 3-16 一项手术的临床随机对照试验示意图

如果进行意向性因果分析，则实验组和对照组死亡率均为 30%，手术是没有效果的。通过分析实验过程发现，实验组中只有 85 名患者做了手术，对照组中的 100 名患者没有手术，这些人员符合实验协议，属于依从者。那基于这些数据分析，得到实验组死亡率为 15/85 = 17.6%，而对照组死亡率为 30%，实验组死亡率低于对照组，那是否就说明该手术有效果呢？实际上，回顾整个过程，实验组和对照组在手术开始前各有 15 名患者死亡，如果实验组的 15 名术前死亡患者不算入实验数据，那么对照组的这 15 名死亡患者也不应算入实验数据，否则就破坏了实验组和对照组的随机性，使得对照组和实验组的人群出现了差异。如果以手术开始为界限，那实验组和对照组死亡率均为 15/85 = 17.6%，再一次说明手术没有效果。这个实例说明，不能仅考虑符合实验协议人群，否则会引入混杂因素，破坏随机性，虚假地提高了实验组的手术效果。

3.3.4　不完美实验的边界估计

本小节将以一个广告投放的例子来介绍不完美实验中的因果效应如何估计。实际上，由于不依从性的出现，实际估计的是因果效应的边界。

某商品广告商为了通过广告带动产品销售，向某城市投放广告，根据是否投放广告（$z=1$ 或 $z=0$）、客户是否看了广告（$x=1$ 或 $x=0$）以及是否购买了商品（$y=1$ 或 $y=0$）确定广告投放的效果。数据表明，投放广告使产品的销量提高了 35%，即

$$P(y=1\,|\,z=1)=0.75, P(y=1\,|\,z=0)=0.40$$

广告对此做出了多大贡献？其中，$P(y=1\,|\,z=1)=0.75$ 表示在投放广告的情况下，产品销售量为 75%，而 $P(y=1\,|\,z=0)=0.40$ 表示在未投放广告的情况下，产品销售量为 40%。从意向性分析看，投放广告是

有效果的。那广告对销售的因果效应具体有多大呢?

这是一个典型的不完美实验问题,因为并不能肯定人们是否看了广告,且没看到广告的人也可能通过其他途径了解商品并购买。同时,即使人们看到广告,购买商品也未必是受了广告的影响,也许是受到朋友推荐。另外是否看了广告这个数据,是不可观察的,能做的是从投放广告与否以及购买产品与否来判断广告的作用。

为了回答这个问题,我们将受试者分为以下两类。

1)依从者。指遵守实验协议要求的参与者,即收到广告的人里看了广告的人,和未收到广告的人里没看广告的人。

2)不依从者。指不遵守实验协议要求的参与者,即收到广告的人里未看广告的人,和未收到广告的人里看了广告的人。

用 z_1、z_0 分别表示投放广告与不投放广告;x_1、x_0 分别表示看或不看广告;y_1、y_0 分别表示购买或者没有购买商品。于是 $P(y_1 \mid z_1)$ 表示收到广告且购买了商品的人的比例,$P(y_1 \mid z_0)$ 表示未收到广告却购买了商品的人的比例,$P(y_1, x_0 \mid z_1)$ 表示收到广告却没看广告而购买了商品的人的比例,$P(y_0, x_1 \mid z_0)$ 表示未收到广告但看了广告而未购买商品的人的比例,$P(y_1, x_1 \mid z_0)$ 表示未收到广告但看了广告而购买了商品的人的比例,$P(y_0, x_0 \mid z_1)$ 表示收到广告却没看广告而未购买商品的人的比例,那么广告对于购买商品的平均因果效应 $\text{ATE}(X \rightarrow Y)$ 满足如下两个不等式:

$$\text{ATE}(X \rightarrow Y) \geqslant P(y_1 \mid z_1) - P(y_1 \mid z_0) - P(y_1, x_0 \mid z_1) - P(y_0, x_1 \mid z_0)$$

$$\text{ATE}(X \rightarrow Y) \leqslant P(y_1 \mid z_1) - P(y_1 \mid z_0) + P(y_1, x_1 \mid z_0) + P(y_0, x_0 \mid z_1)$$

$P(y_1 \mid z_1) - P(y_1 \mid z_0)$ 表示了投放广告的效果,在不完美实验情况下,$\text{ATE}(X \rightarrow Y)$ 的上下界分别多了两个公式 $-P(y_1, x_0 \mid z_1) - P(y_0, x_1 \mid z_0)$ 和 $P(y_1, x_1 \mid z_0) + P(y_0, x_0 \mid z_1)$,这 4 项的和正好是总体不依从率:

$$P(y_1, x_0 \mid z_1) + P(y_0, x_1 \mid z_0) + P(y_1, x_1 \mid z_0) + P(y_0, x_0 \mid z_1)$$

$$= P(x_1 \mid z_0) + P(x_0 \mid z_1) = q$$

如图 3-17 所示，借助投放广告的效果 $P(y_1 \mid z_1) - P(y_1 \mid z_0)$ 估计 $\text{ATE}(X \rightarrow Y)$，其上下界误差宽度为 q。 $P(y_1 \mid z_1)$ 与 $P(y_1 \mid z_0)$ 可从观察数据中得到，总体不依从率可依据经验确定，或采取抽样方法从样本统计中加以验证。在本例中，如果总体不依从率为 20%，则广告的贡献率至少为 15%。

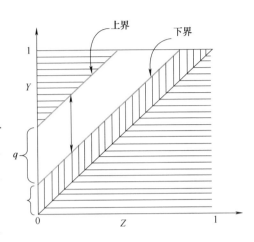

图 3-17　关于 $\text{ATE}(X \rightarrow Y)$ 的上下界[20]

这个例子中所估计的上下界显然比较粗糙，只是用它来说明不完美实验的基本思想和计算方法，更细致的估计可以参考文献 [19]。

3.4　关于实际原因的困惑

现实世界中，某个结果可能由多个原因造成，出于责任追究等目的，常常需要确定实际是由哪个原因造成了结果。例如，农民 A 和农民 B 的麦田中间有一个小草屋，为了焚烧秸秆，农民 A 和农民 B 分别点燃了各自的麦田，最终小草屋被烧毁了。由于火的蔓延性，农民 A 和农民 B 点燃的火都可能焚毁该小草屋，那实际到底是谁导致了该小草屋的烧毁呢？依据前文可知，农民 A 和农民 B 都构成小屋焚毁的充分原因，但都不构成必要原因，因此无法区分农民 A 和农民 B 的责任。如果知道农民 A 的麦田在小草屋的北面，而此时刮北风，那农民 A 点燃的火能够更快烧到小草屋，那农民 A 便构成小草屋烧毁的实际原因。
显然，想得出实际原因需要了解原因导致结果的过程，而无法仅依据
原因和结果的量化分析。一般情况下，该如何确定实际原因呢？3.4.1
小节将围绕该问题，探讨现实世界中的实际原因，以及在判断实际原
因中的因果抢占和过度确定现象。

3.4.1　什么是实际原因

当表达因果陈述时，会涉及不同层面的表述。例如"抽烟导致牙
齿变黄"和"小王由于抽烟而导致牙齿变黄"，前者表述的是一般人群
中的规律，而后者则突出对于小王这个个体而言牙齿变黄的原因，因
此，一般将前者称为一般原因，而将后者称为特异原因或实际原因。
当谈到实际原因时，都是针对具体案例而言的，例如上文谈到的小草
屋被烧毁，特指的是位于农民 A 和农民 B 的麦田中间的那个小草屋。

一般原因与实际原因的关系是长久以来颇具争议的问题。例如二

者之间的关系是什么样的？实际原因是一般原因的具体表述吗？还是说一般原因是实际原因的归纳总结？二者中哪个反映真实世界的运行规律？我们看到的都是实际原因吗？一些哲学家认为二者代表不同的因果关系，一般原因是事物的共性原因，是无条件的、绝对的，而实际原因依据个体不同而不同，是有条件的、相对的。但是在因果模型中，这两者可以看作统一的，它们只是对于环境变量集合 U_Y 在不同层级上观察的结果，与环境信息的分布相关，如果观察角度收缩到 U_Y 的一个点，那得到的就是实际原因，如果观察角度是同时考虑 U_Y 的所有取值，则得到的是一般原因，由于这种对于 U_Y 的观察角度可以任意划分（从 1 个点到 100 个点，乃至到全部点），因此实际原因和一般原因没有公认的界限。本书重点介绍因果模型下的因果表述，我们看一下在这样的模型中，二者是如何统一的。

第 2 章中提到因果模型以图的形式刻画事物之间的因果关系，并用方程来具体量化。这种因果表示是客观的，反映的是大自然本质规律，因此无论是一般因果还是实际因果都遵循该因果结构。例如图 3-18 是抽烟和牙齿变黄之间因果关系的结构图。令 X 表示抽烟，Y 表示牙齿变黄，则其量

图 3-18　抽烟与牙齿变黄的因果结构图

化的关系可表示为结构方程 $Y = f_Y(X, U_Y)$，其中 U_Y 表示影响牙齿变黄的其他因素，例如年龄、刷牙频率等。可以将 U_Y 称为环境变量，描述了对现实世界的细节刻画。所有的因果分析都在某些环境变量的背景下进行，这些环境变量定义了现实世界，也定义了各种可能世界（例如在反事实分析中）。利用前文介绍的干预公式，计算 $P(Y|do(X))$，考虑所有的环境信息，那得到的便是一般因果关系。若能获悉有关小王特征的特定环境信息 v，则可以将小王与其他人区别出来，依据确定

的 v 计算 $P(Y|\mathrm{do}(X),v)$，得到的便是实际因果关系，即对于小王这个个体而言，其吸烟对牙齿变黄的影响。

但现实中，通常无法得到小王的所有信息，只能获悉关于小王的部分信息，例如性别、年龄、血压、血糖等，这些资料可作为刻画小王的证据，即由这些信息，能判定该信息表示小王的概率有多大，假设证据用 e 表示，则这种具体场景的刻画可表示为 P（小王 $|e$），用于说明在获悉性别、年龄等部分信息后，有多大把握确认该变量所表示的正是小王这个人，并进而计算得出小王抽烟而牙齿变黄的概率。

由此可以看出，一般因果和实际因果均遵循因果模型，区别在于获悉的证据 e 的情况，该证据 e 反映了对于环境变量 U_Y 细节的刻画程度。若 e 唯一指向了某个确定的个体或者某些确定的个体，则可以得到确定的实际因果，而随着证据中特质性信息的减少，即证据越来越趋向一般化，所描述的个体的分布范围也越来越大，导致无法指向具体个体而指向"一般"的群体，例如获悉的证据仅指向年轻人这个群体，则得到的是年轻人这个子群中的因果关系，最一般的情况，如果证据本身提供了所有个体的信息，则实际原因会变为最普遍的"一般原因"，在这种情况下，因果分析的结果就用来表示整体人群上的抽烟对牙齿变黄的影响。

3.4.2 如何确定实际原因

本小节将讨论实际原因产生的根据，以及实际原因与一般原因的关系。图 3-19 描述了环境变量 U_Y 对于 X 与 Y 之间因果关系的影响。图中，Z 是混杂变量，当 U_Y 和 Z 取不同的值时，X 与

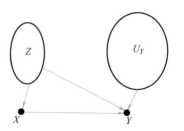

图 3-19 环境变量 U_Y 对于 X 与 Y 之间因果关系的影响

Y 之间的因果效应会发生变化，其中可区别出一般因果关系和实际因果关系。变量集合 U_Y 是影响结果 Y 的，却不会影响 X，因此 U_Y 虽不是混杂因素，却也扮演着重要的角色。X 对于 Y 的因果效应，通过 U_Y 和 Z 表现出来，对于 U_Y 和 Z 的某些取值，X 对于 Y 呈现明显的因果效应，而对于 U_Y 和 Z 的另外一些取值，却可能没有什么因果效应。这在日常生活中经常遇到，例如服药与身体痊愈的关系，这里 X 表示服药与否，Y 表示痊愈与否，而 U_Y 表示病人的生理状况，例如血压、血糖、是否感冒等，称为环境变量。这些 U_Y 连同 Z 会影响服药效果 Y。当 U_Y 和 Z 处于某些值时，服药对身体痊愈有因果效应，而对于 U_Y 和 Z 的另外一些值（即对于某些特殊的病人），服药可能没有效果。这反映了因果效应不是绝对成立或者不成立的，而是依赖于环境变量 U_Y 的。

如果我们写出结构方程

$$Y = f(X, Z, U_Y)$$

其中，Z 是混杂变量，U_Y 是环境变量，X 对于 Y 的因果效应表现为当 X 变化 1 个单位时，Y 的变化响应量 a，如果 a 大于某个事先设定的阈值，就称 X 对于 Y 有因果关系。从式中可以看出，Y 对于 X 的变化响应量依赖于 U_Y 和 Z，包含两种情况：

1）如果对于 $U_Y \cup Z$ 的绝大多数情况，X 对于 Y 都有因果关系，则这个因果关系称为一般因果关系；

2）如果对于 $U_Y \cup Z$ 的个别情况，X 对于 Y 有因果关系，这个因果关系称为特异因果关系，或者称为实际因果关系。

这里的个别情况指的是满足某个赋值条件的所有数据的集合 V，V 可以是一个具体的个体，例如年龄为 35 岁、身高 1.72 米、黑色头发、姓王等，也可以是一些（即赋予一个范围内的值）个体的集合，例如年龄为 30 岁到 40 岁，身高为 1.70 米到 1.80 米等，这里并没有明确规定 V 有多大，当 V 只有一个具体赋值时，是典型的特异情形，这时实际原因有非常具体的指定，经常用来表示一个个体的特殊情况。当 V 含有多个赋值时，则经常用来表示一个群体的情况。当 V 是满足所有（或者绝大多数）可能的赋值时，实际原因就成为一般原因，因此实际原因与一般原因的界限是模糊的，当 V 的赋值范围越来越大或者越来越"一般化"的时候，实际原因就过渡到一般原因。这个 V 反映了前面所说的证据 e，当 V 越小，证据 e 就越细致，因果关系的范围指向就越具体，否则证据 e 就越泛化，因果关系的范围就越一般化。X 对于 Y 的实际因果效应计算如下：

$$\text{ATE}_e(X \to Y) = E(Y \mid \text{do}(X=1), e) - E(Y \mid \text{do}(X=0), e)$$

在上面的讨论中，在变量具体的赋值为小王的特征 $V = \{v\}$，$v = (v_1, v_2, \cdots, v_t)$ 时，吸烟就是小王牙齿变黄的实际原因，$(v_1, v_2, \cdots, v_t)$ 刻画小王特有的生理状况或者生活习惯，因此形成了小王的证据 e。而小李的状况可能与小王不同，吸烟未能导致小李牙齿变黄，即相对于小李，换成描述小李的赋值，$V = \{v'\}$，$v' = (v'_1, v'_2, \cdots, v'_t)$，比较 v 与 v' 的不同，就可能找出小李牙齿没有变黄的原因，比如小李的刷牙次数多于小王。实际原因分析既可以使我们确定某个个体产生结果的原因，也可以使我们分析另一个个体没有产生同样结果的原因。

在实际问题中，通常很难完全刻画环境变量 U_Y 以及混杂变量 Z，也很难得到结构方程的具体形式。那我们该如何确定实际原因呢？考虑到实际原因是针对具体个体而言，分析其采用不同行为措施的结果，例如对于小王这个个体，分别判断其吸烟和不吸烟情形下的牙齿状态，吸烟与不吸烟均发生在相同的 $v = (v_1, v_2, \cdots, v_t)$ 下。现实情况不可能存在小王既吸烟又不吸烟的情形，那这就需要借助我们前文提到的反事实思想了。这与常识认知是一致的,在已知小王吸烟后牙齿变黄后,我们当然不能满足于"因抽烟而变黄"这个一般性原因,因为有人虽然抽烟,牙齿也没有变黄,因此需要知道,是什么样的因素 v,使得小王的牙齿因抽烟而变黄,在这个前提下,反思其若不吸烟牙齿是否还会变黄,找出属于小王个人的牙齿变黄的条件,这样的分析才有针对性,才是有效的。

在因果分析中引入反事实思想的源头可以追溯到大卫·休谟,他曾这样写道"如果第一个对象不存在,第二个对象一定也永远不存在"。其内涵是如果要确定事件 A 是事件 B 的原因,则要确定事件 A 不发生时,事件 B 也不会发生。这实际上考虑的是事件 A 对事件 B 的必要性。这与一般的思维习惯不同,一般考虑因果是看事件 A 发生是否会导致事件 B 发生,即事件 A 对事件 B 的充分性。这种充分性和必要性实际上体现的也是一般原因和实际原因的区别。充分性看的是事件 A 是否导致事件 B,反映的是一般原因,而必要性表明事件 A 不发生时事件 B 也不会发生,反映的是实际原因。在多个实际原因中,那些发生概率较低的原因往往被认为是首选的实际原因,例如划火柴和氧气存在都是点燃煤气的原因,但氧气的存在是一个大概率事件,而划火柴是一个小概率事件,因此人们往往确定划火柴是煤气燃烧的实际原因。

下面,引用一个小球碰撞实验,分析引入反事实推断的必要性。图 3-20 给出了两个实验装置,图 3-20a)中 A 球水平运行轨迹的正前方有一个隔板,而右图的隔板不会阻挡 A 球的水平运行。图 3-20a)和图 3-20b)的墙上都有一个缺口,正常情况下,图 3-20a)小球由于隔板阻挡无法穿过缺口,而右图小球可以穿过缺口。现在图 3-20a)和图 3-20b)中都射入一个 B 球来碰撞 A 球,从而改变 A 球的水平运行轨迹，使 A 球碰撞地面后反弹穿过墙上的缺口。

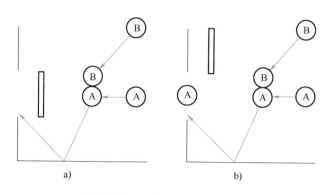

图 3-20　小球碰撞中的真实原因

a）有隔板　b）无隔板

图 3-20a）和图 3-20b）的 A 球都是被 B 球碰撞改变轨迹后穿过了墙上缺口，即 B 球碰撞导致 A 球穿过缺口，在两个图中，B 球都构成 A 球穿过缺口的充分原因。如果我们进行反思，考虑没有 B 球撞击，则图 3-20a）中由于隔板存在，A 球无法穿过墙上缺口，而图 3-20b）中的 A 球仍然可穿过墙上缺口。我们可以说在左图的实际场景中，B 球撞击构成 A 球穿过缺口的实际原因，而在图 3-20b）的实际场景中，则 B 球不构成 A 球穿过缺口的实际原因。两个场景实际原因的区别体现了前文介绍的环境信息的差异，影响 A 球穿过缺口的因素除了 B 球撞击，还有两个场景的环境因素，即 U_Y，考虑图 3-20a）的实际环境，U_Y 中包含了隔板阻挡，因此若没有 B 球撞击，则 A 球无法穿过缺口，而图 3-20b）的实际场景中没有隔板，因此若没有 B 球撞击，A 球依然穿过缺口。在忽略场景环境因素的情况下，B 球构成 A 球穿过缺口的一般原因，在图 3-20a）的情况下，

$$P(\text{A 过缺口} \mid do(\text{B 撞击})) - P(\text{A 过缺口} \mid do(\text{B 不撞击})) = 1$$

在图 3-20b）的情况下，

$$P(\text{A 过缺口} \mid do(\text{B 撞击})) - P(\text{A 过缺口} \mid do(\text{B 不撞击})) = 0$$

两者的平均为 0.5。表明总体上观察，B 球对 A 球穿过缺口的"一般"因果效应是 0.5。

实际上，这种必要性判断也是英美法系进行法律归因的一个重要方法，即若无原则（But for 原则），其指明"若没有被告的行为，损失不会发生"，当事件具有"肯定偏向"时，应该做出有利于原告的判决。这种实际原因在法律上称为事实因，最早由奥地利法学家格拉瑟于 1858 年提出，其思路为假定没有被告人的行为，推断事件的结局是否发生变化[34]。如果没有被告人行为，事件的发生方式及发展序列依然如故，则认为被告人的行为显然与原告损害不存在因果关系。

除了事实因，法律归因的另一个方法是近因，即在判定构成事实因的基础上，还须判定原因与结果之间是否构成相近关系。近因（proximate cause）一词取自拉丁语"causa proxima non remota specutatur"，其意为"只看近因，不看远因"。例如事件 A 引起事件 B，事件 B 引起事件 C，按照事实因，如果没有事件 A 发生，事件 C 也不会发生，则事件 A 构成事件 C 的实际原因，同理事件 B 也构成事件 C 的实际原因，但事件 B 离事件 C 更近，则认为事件 B 为事件 C 的法律原因。相近并不意味着时间或空间上的邻近，而是因果上的临近。《布莱克法学词典》的定义为"这里所谓的最近，不必是时间或空间上的最近，而是一种因果关系的最近。损害的近因是主因或动因或有效原因"。以近因作为因果关系判定的标准首见于美国法院在 1866 年对著名的纽约火灾案的判决[35]，该案建立了这样一项法律原则：如果被告因过失引起的火灾造成大片建筑焚毁，该被告仅对所引燃的首幢建筑的损失承担赔偿责任。

3.4.3 因果抢占

前面提到的案例中，都是只有一个原因影响结果，当有多个原因会造成结果以及这些原因之间还会形成干扰时，实际原因的形式化判断就变得复杂起来。例如一个因果链成立会切断另一个因果链，从而使得其他原因不再存在，这种情况称为因果抢占。我们来看一个案例。

小王和小周是夫妻，二人约定每天早晨出门时都要顺手把家里的垃圾扔掉，即对于垃圾被扔这件事，小王和小周都构成原因。图 3-21 展示了对应的因果结构图。这天，小王先出门，把垃圾扔掉了。直觉

图 3-21 因果抢占示例

上判断，小王是垃圾被扔的原因，但如果应用前文的反事实分析，即假想小王没扔垃圾，那小周出门时就会把垃圾扔掉，因此，小王对于垃圾被扔这件事并不构成必要原因，也就不能判定小王是否应该对垃圾被扔负责。

这个例子体现了多个原因引发的因果抢占问题。该问题最早由大卫·刘易斯提出。为解决这个问题，刘易斯认为不能只关注事件的原因和结果，还须关注事件的过程，因此需要探索原因与结果之间的中介事件。例如，扔垃圾可进一步分解为取垃圾和扔垃圾，因此改造图 3-21 得到图 3-22，在其中加入中介事件"取垃圾"，由此得到小王扔垃圾的因果路径 $X \rightarrow P \rightarrow Z$，

图 3-22 因果抢占过程示例

这条路径上的每个因果关系都满足前文的反事实判断方法，即若没有原因，则不会有结果。而对于小周扔垃圾的路径 $Y \rightarrow Q \rightarrow Z$ 不满足这种

性质，即 $Y \to Q$ 这个关系会被 X 切断，小王提前出门，则无论小周出门还是不出门，都取不到垃圾，因此不构成反事实依赖。在存在因果抢占时，刘易斯认为只有存在 $X \to P \to Z$ 这种因果路径的原因才构成实际原因。

刘易斯对因果抢占问题的解决依赖于因果路径的建立，即需要找出一系列中介事件，从而构成从原因到结果的传导。但实际上，因果关系是不是具有传导性也是一个颇具争议的话题。刘易斯本人给出了这样一个反例：假设红方和黑方是相互对抗的，两边都要采取措施来防止对方胜利从而达到自己的目标，这是一个典型的博弈决策，例如两人对弈、两个国家间的战争等。现黑方首先采取行动，这会导致红方的反击，若最后红方胜利了，那是否可以认为是黑方的行动导致了红方的胜利？

按照因果路径的思想，可以得到这样的路径：黑方行动→红方反击→红方胜利，这里的每条边都满足反事实依赖，即若没有黑方行动，红方不会反击，若没有红方反击，红方不会胜利，由此似乎可以断定黑方行动是红方胜利的原因。这与我们的直觉相违背，毕竟我们认为黑方的行动是为了阻止红方胜利。若没有黑方的行动，红方可能更容易取得胜利。对此，刘易斯也进行了辩护。他认为在实际发生上述事实的世界中，黑方行动确实是红方取得胜利的原因。而没有黑方行动，红方更容易胜利是假想的另一个世界，在那个世界中，可能确实会出现黑方没行动，红方更快取得胜利。但黑方采取行动的现实世界阻止了假想世界的产生，在这个现实世界中，黑方的行动构成了红方胜利的实际原因。

也有学者认为黑方采取行动或不采取行动都会导致红方的胜利，因此黑方仍然不构成红方胜利的原因。针对此质疑，刘易斯辩称原因与结果之间并不是发生与不发生的关系，原因可能只是某种程度上改变了结果的发生倾向，提高了结果发生的概率，例如黑方的先发行动导致自身出现巨大破绽，从而使红方能够轻易攻破黑方，进而获得胜利，即黑方行为提高了红方胜利的概率。例如历史上有名的长平之战，秦赵两国因争夺上党而发生的战略决战。起初，秦国进攻韩国，意图夺取上党，韩国上党郡郡守冯亭不愿降秦，便谋划利用赵国抗衡秦国，因此将上党郡的 17 座城池献给赵国。赵国的赵孝成王同意接收上党，并派出大将廉颇在长平之地阻挡秦军。起初秦赵两国在长平相持，赵国据守不出，秦国由于后勤压力，故散布谣言诟病廉颇，致使赵王临阵换将，将廉颇换成了赵括。赵括一改防守策略，主动出击，致使被秦将白起诱敌深入，并截断后路，赵军被合围并最终大败，秦军斩首、坑杀赵军约 45 万人。在此战中，若赵军不率先出击，秦军仍有可能获胜，但不会如现实中这样迅速，虽然赵括的本意也是想尽快击败秦军，但大家通常还是认为是赵括的轻率冒进导致了秦军的大获全胜。

一个原因对于另一个原因的抢占在因果分析中经常遇到，这种现象导致了原因对于结果的过度确定，其中每一个原因都不是必要原因，从而为确认责任和明确原因的场合带来分析的困难，特别是对于反事实分析，因为反事实标准的说法是"在 X 发生，Y 也发生的前提下，如果 X 不发生，则 Y 也不发生"，现在抢占的概念模糊了这一标准说法，即使原因 X 不发生，Y 仍然可能发生。因此 X 的责任到底有多大，目前仍是一个有争议的话题。

3.4.4 过度确定

因果抢占是最基本的抢占模式，在这种模式中，原因 X 的发生会切断 Y 的因果路径。实际上，并非所有的多因现象都存在这种路径切断问题。例如本节开始提到的秸秆焚烧案例。农民 A 点燃农田秸秆，会烧到田地中间的小草屋，农民 B 点燃农田秸秆，也会烧到田地中间的小草屋，其因果图如下所示。

如图 3-23 所示的结构图中，$X{\rightarrow}P{\rightarrow}Z$ 和 $Y{\rightarrow}Q{\rightarrow}Z$ 是条互不干扰的因果路径，没有出现图 3-22 中那种一条阻断另一条的现象。此时，我们无法简单地应用因果路径切断的方式来进行分析。这

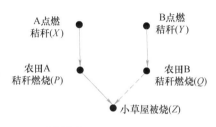

图 3-23　秸秆焚烧结构图

种例子代表了一种被称为过度确定的现象，即多个原因造成同一个结果，这些原因之间相同且独立地影响结果。实际上，该案例可视为一种后抢占，即抢占发生在结果发生后。农民 A 点燃的秸秆由于风向等原因先烧毁了小草屋，而小草屋的被烧毁，切断了农民 B 点的火烧毁小草屋。

除了上面这种情形外，还存在一种称为强势取代的情形，该情形中原因 X 和原因 Y 都有完整路径导致结果，但由于优先级等原因，导致 X 的路径强势取代 Y 的路径而发挥作用，在这种情形下，似乎应该认为强势的一方应该负有责任。此情形的一个经典案例是上校与中士案例[36]。

上校和中士同时对士兵们大声发号施令。依据军规，当上校和中士命令发生冲突时，士兵们必须服从更高级别的军官。但碰巧两位军官的命令一致没有冲突。上校和中士同时喊"前进！"。士兵们听到他们两个的命令后前进。上校和中士的命令显然冗余，如果上校喊"前进！"，而中士保持沉默，或者如果上校保持沉默，而中士喊"前进！"，士兵们仍然会前进。由于士兵服从更高级别的军官，他们前进是因为

上校的命令，而不是因为中士的命令，此时，上校命令强势取代了中士的命令。但是如果中士的命令在前，而上校的命令在时间上滞后于中士，则士兵听到中士的命令就会前进，而不必等待上校的命令，这时中士的命令构成实际原因。

为了确定哪些条件成为实际原因，约翰·麦基（John Mackie）于1965年提出了一个概念，称为INUS条件（Insufficient but Necessary part of an Unnecessary but Sufficient condition），意思是"某个充分不必要条件中的必要不充分部分"。在现实世界里，每一个事件A的发生，都是当前所有条件导致的，因此这些条件自然组成了事件A的充分条件，如果我们逐个排除这些条件，一定到某个时刻，当试图排除条件C时，事件A将不会发生，这个条件C就是一个"对于事件A的不充分但必要部分，"这时可以认为条件C是事件A的实际原因。当然这个条件C一般不是唯一的，它依赖于我们逐个排除已知条件的方法和顺序。为准确阐述INUS，我们定义一个事件A的极小充分条件集合Q，这是一个保证事件A发生的条件集合，但是去除其中任何一个都不再使得事件A会发生。这时Q中的每个条件都是事件A发生的实际原因。

这一描述符合我们对于常识因果的基本直觉，然而，这些描述实际原因的方法也存在缺陷，这在很多推理中都有表现。一个等价的说法似乎可以如此表述，如果添加条件C导致事件A第一次发生，则这时条件C就是事件A的实际原因之一。例如，通过一系列的诊断已经基本可以确定小王得了某种疾病，但是尚不能确诊，这时又发现了小王有某种症状，因此就可以断定小王的确得了疾病，根据INUS条件，该症状是小王得病的实际原因之一，但事实可能并非如此，消除症状并不能使疾病消失，真正导致疾病的原因可能已经在前面的条件中，只是其他辅助条件不够，导致无法确定结论（即无法识别充分条件）。

更有甚者，对于某些疾病，我们无须找到病因，只要根据某些症状就能够准确的确定是否得病，在这种情况下，排除任何原因都不能使疾病消失。

回到上校和中士的例子中，由于两个人的命令对于士兵有同样的效果，因此根据 INUS 条件，两个命令都导致士兵前进这个结果，由于上校的军阶高于中士，因此实际原因是上校的命令，这是典型的强势抢占，但这是由军队的规定造成的，而非因果分析的结果，就数学家而言，上校和中士的命令是平等的，除非他们的命令在时间顺序上有先后。

3.5　本章结束语

本章讨论了因果关系推断和分析中的一些颇有兴趣，也是大家都关心，并且充满争议的问题。3.1 节从吸烟是否导致肺癌这一历史性的争论开始，介绍了因果分析中一些错综复杂和棘手的现象，并从中引出了特异原因和一般原因的概念，两者之间并没有明确的界限，因此也埋下了各种争论的伏笔，同时也涉及了充分原因和必要原因这两个概念，充分原因关注"事件是怎样发生的"，而必要原因关注"事件为什么会发生"，两者对于因果分析都具有基础性的意义。在诸如计量经济学等应用领域，会经常用到断点回归、倾向得分，双重差分等方法（此外还有其他方法，如工具变量、合成控制方法等），3.2 节对此予以介绍。这些方法具有更多的统计学色彩，在实际问题分析中被广泛应用，了解这些方法对于理解因果推断和分析的全貌是有好处的，同时这些方法也经常成为设计因果分析算法时的灵感来源。3.3 节讨论了不完美实验，这类实验在实际生活中是经常遇到的，当实验受到某些条件限制难以达到实验设计的要求或者被人的意志所影响时，实验往往是不完美的，因此在本节中介绍了处理这类实验的基本原则。3.4 节讨论了一个非常现实的问题——实际原因，与理论分析不同，在解决具体问题时，往往需要甄别出问题发生的具体原因，这个原因可能是非常"意外的"。例如打高尔夫球，使球进洞的原因可能不是击打动作，而是球的飞行路径上的一个小树枝改变了球的方向，这个小树枝就成为球进洞的"实际原因"。在多种原因并存或者环境变量发生变化时，弄明白究竟哪个原因是事件发生的主因，在许多实际具体问题分析中都是重要的，这在医学、法学、经济学等领域中表现得尤为明显。

因果推断和分析充满了复杂性和辩证法，除了需要了解它的基本内容和方法外，还需要对实际问题做各种具体分析，掌握本章提供的一些处理实际问题的思路和原则，使我们能够具备更强的洞察能力和办法。

第4章　机器学习与因果分析

4.1　机器学习的神话

2016 年 3 月，谷歌旗下企业 DeepMind 的 AlphaGo 与韩国棋手李世石对弈，李世石当时被广泛认为是过去 10 年中最伟大的人类棋手之一，获得过 18 个世界冠军。现在我们都知道，在那场围棋对决中，AlphaGo 在李世石的主场韩国首尔以 4 : 1 获胜，当时全球超过 2 亿人观看了比赛。后来在 2017 年，AlphaGo 在围棋发源地中国参加了围棋未来峰会，并击败了当时世界排名第一的我国棋手柯洁。有意思的是，当 AlphaGo 与李世石比赛时，解说员看到 AlphaGo 下了一招并称之为"错误"，但事实上这一招并没有错，反而是 AlphaGo 用来取胜的一招。当 AlphaGo 最终在比赛中击败李世石时，解说员又称这一招为"新创"，表明这种强大的技术不再受人类知识的限制，甚至，计算机程序在短短几天内积累了人类数千年的知识。这就是人工智能的力量。

最早的计算机只是被设计用于执行复杂计算的，允许存储数据以及操作这些数据的指令，计算过程可以用程序语言表达。计算机本身没有学习能力，只是执行指令。随着计算机技术的发展，计算机逐步具备了从数据和规则中学习，并将学习到的"知识"应用于现实世界的能力，在某些方面甚至超越了人类。

今天，机器学习已经成为人工智能领域的一项重要技术，可以执行从驾驶汽车到推荐最佳产品的各种任务。感谢无数的数学家、物理学家和计算机科学家，我们从梦想拥有具有自学能力的机器到实际拥有具有这种能力的机器，已经走了很长一段路，未来还会推进这一趋势，使机器学习的能力越来越出色，为人工智能的新的革命提供坚实的技术基础。

现在，我们身处于人工智能时代，原本在科幻小说中出现的主题和场景正在变为现实，有些方面甚至是前所未料的，完全超出人们的预期，机器学习所带来的成果已经彻底改变了现代生活的许多方面。现在，机器学习技术仍正在加速发展，并且在各个领域呈现一派蓬勃发展的景象。

4.1.1 什么是机器学习

先回答这个基本问题。机器学习是人工智能的一种特殊应用，它为机器提供了从数据中自动学习规则和自我提升与改进的能力，机器学习算法使用样本数据自动构建数学模型来做出决策，而使人们无须专门针对这些决策过程进行编程。

这就是机器学习的本质，它专注于构建一种软件，使用算法和模型来帮助计算机系统逐步提升性能。机器学习的主要目标是让计算机等机器在没有任何人为干预或帮助的情况下自动学习，然后根据它们发现的结果相应地调整它们的行动。

机器学习已成为当今许多智能技术的必要组成方面，在许多尖端技术中有着广泛的应用。机器学习还延伸了人类的智能行为，解放了人的脑力劳动。实现了让人类社会进入智能化时代。

这一切都始于观察或者数据，例如直接经验、指导或示例。机学习通过分析样本数据实现数据模型的自动拟合，并在拟合的基础上实现对于新数据的自动分类，从而产生对于问题的明智的决策、优化的选择以及对于新场景的灵活响应。

根据样本数据的特点，通常可以将机器学习简单地分为有监督学习、无监督学习、半监督学习以及强化学习。

1）有监督学习能够在标记样本的帮助下将过去学到的知识应用于新数据。如此一来，算法可以做到预测未来事件，即对已知的训练数据集进行分析，产生某种洞察力（即关联），以对输出值进行预测。在接受足够多的训练后，该模型可以为任何新的输入样本提供目标标签。这些算法还可以将预测的结果与真实的标签进行比较，以发现错误并相应地迭代、修改模型。

2）当提供给算法的数据样本没有任何标记或分类时，则使用无监督学习。无监督学习通过分析未标记数据中隐含的模式，挖掘数据中相互关联的信息，并进而得出某种关联性推论，并由此来区分不同的类别。

3）半监督学习介于这两者之间，它使用的训练样本中既有标记过的数据，也有未标记的数据。一般情况下是少量标记数据和大量未标记数据。使用这种方法的学习模型可以显著提高学习准确性。大多数时候，当获得的标记数据需要附加更多相关数据以便从中学习时，会选择半监督学习。

4）还有另一种类别不得不提，即强化学习，它通过当前模型产生一个结果，然后利用对这个结果的反馈信息，进一步迭代模型。延迟奖励或试错搜索是强化学习算法的关键方法，允许机器自动寻找在特定环境中的最佳行为，并通过度量函数评价，以最大化其性能并获得最佳目标。

4.1.2　机器学习的起源和历史

机器学习的发展分为知识推理期、知识工程期、浅层学习（shallow learning）和深度学习（deep learning）4个阶段。

1. 知识推理期

知识推理期起始于20世纪50年代中期，这时候的人工智能主要通过专家系统赋予计算机逻辑推理能力，"人工智能之父"赫伯特·西蒙（Herbert Simon）和"美国计算机科学家和人工智能先驱之一"艾伦·纽厄尔（Allen Newell）实现的自动定理证明系统（logic theorist），证明了逻辑学家罗素和怀海特编写的《数学原理》中的52条定理，并且其中一条定理的证明比原作者所写更加巧妙。在此之后，美籍华人学者王浩教授在IBM 704计算机上把这本数学史上被视为里程碑的著作中的全部（350条以上）定理，统统证明了一遍，用时仅仅不到9分钟。该书作者罗素得知此事后感慨万端，他在信里写道："我真希望，在怀海特和我浪费了10年的时间用手算来证明这些定理之前，就知道有这种可能。"王浩教授因此被国际上公认为机器定理证明的开拓者之一[37]。

> **基于数据的机器学习 vs. 基于规则的人工智能系统**
>
> 基于规则的人工智能系统：基于规则的人工智能系统工作在一套严格的规则上，这些规则强调"如果"满足或不满足某个标准，那么接下来会发生什么。人们经常问，随着数据量爆炸，基于规则的工具和流程是否正在慢慢过时？答案可能是否定的，它们距离过时还有很长的路要走。比如在误报风险太高的情况下，使用基于规则的方法仍然有意义，可以用于提高预测或者决策的准确度。

> 基于数据的机器学习：机器学习通过数据模拟人类智能。它从给定的数据中学习，就像一个从父母那里学习的孩子，经常会出现好的、坏的和平庸的学习结果，然而，就其学习能力和潜力而言，在恰当的算法和模型下，基于数据的机器学习具备很好的能力和扩展范围。
>
> 在 20 世纪 70 年代末和 20 世纪 80 年代初，人工智能研究的重点是使用逻辑的、基于规则的方法，但是基于规则的学习模型所取得的成绩有限，这个方向上的努力并没有取得期望的结果。

2. 知识工程期与浅层学习

实际上，在 20 世纪 50 年代，就已经有机器学习的相关研究，代表性工作主要是弗兰克·罗森布拉特（Frank Rosenblatt）的感知器。在随后的 10 年中，浅层学习的神经网络曾经风靡一时，特别是马文·明斯基（Marvin Minsky）提出了著名的 XOR 问题和感知器线性不可分问题。虽然各种各样的以感知器为基础的浅层机器学习模型相继被提出，特别是神经网络，对理论分析和应用方面都产生了较大的影响，并发展为具有广泛应用的学习模型，逐步获得了主流地位，围绕神经网络开展了工程化的学习模型构建，产生了各种具有影响力和突出应用成就的机器学习平台，但是也逐渐暴露了一些问题，比如学习分析的难度和训练方法基础理论薄弱，对于实际问题的解决需要依赖经验和技巧，缺乏稳健的算法和模型，对于非随机独立的样本集合具有先天性的学习缺陷。近十几年来，随着深度学习等概念的相继提出，浅层模型在模型理解、准确率、模型训练等方面逐渐被深度学习技术超越。

3. 深度学习

2006 年，杰弗里·辛顿（Geoffrey Hinton）、约书亚·本吉奥（Yoshua Bengio）、杨立昆（Yann LeCun）等人的团队发表了一系列论文，标志着人工智能正式进入了深层网络的实践阶段。同时，云平台和GPU为深度学习的发展提供了基础设施保障，深度学习具有神奇的数据挖掘能力，能够从大量的图片中自动识别特定的对象，并具有从数据中提取知识的能力，这就在极大程度上提升了人类借助机器实现智能化预测和决策的能力。特别是最近几年，新的机器学习算法面临的主要问题更加复杂，机器学习的应用领域从广度向深度发展，这对模型训练和应用都提出了更高的要求。

现在，快速浏览一下机器学习的起源和短暂历史及其最重要的里程碑。

（1）18世纪：统计方法的发展　机器学习中的几个重要概念都源自概率论和统计学，它们的出现最早可以追溯到18世纪。1763年，英国统计学家托马斯·贝叶斯提出了一个概率定理，后来被称为贝叶斯定理，目前它仍然是一些现代机器学习方法的核心概念。

（2）1950年：图灵测试　最杰出和最有影响力的数学家和计算机科学家之一——艾伦·图灵在1950年的一篇论文中充满了关于机器智能的想法。"机器会思考吗？"这一年，他提出了图灵测试，如果机器对问题的回答能够说服人类，则机器可以被称为"智能"。到目前为止，除了一个模拟13岁乌克兰男孩的据说通过了图灵测试的计算机程序外，还没有其他成功的尝试。

（3）1956年：达特茅斯研讨会　"人工智能"一词诞生于这年的研讨会，这被广泛认为是人工智能成为一个领域的奠基事件。研讨会持续了六到八周，有数学家和科学家参加，包括计算机科学家麦卡锡（John McCarthy）、纽厄尔（Allen Newell）、西蒙（Herbert Simon）、明斯基（Marvin Minsky）和克劳德·香农（Claude Shannon）。

（4）1957 年：感知器　这一年见证了由康奈尔航空实验室的罗森布拉特设计的第一个计算机神经网络，称为感知器。它成功地模拟了人脑的思维过程。这就是今天的神经网络的起源。

（5）1981 年：基于解释的学习　杰拉德·德琼（Gerald Dejong）引入了基于解释的学习（explanation-based learning，EBL）的概念。在这种类型的学习中，计算机分析训练数据并通过丢弃似乎不重要的数据创建可以遵循的一般规则。

（6）20 世纪 90 年代：数据驱动的机器学习　机器学习的工作从知识驱动的方法逐渐转变为数据驱动的方法。科学家和研究人员为计算机创建了可以分析大量数据并从结果中得出结论的程序。由此 IBM "深蓝"计算机诞生了，并在 1997 年战胜了国际象棋世界冠军卡斯帕罗夫（Kasparov）。

（7）2006 年：深度学习　这是辛顿创造这一词的元年，他用这个术语解释了一种全新的算法，它帮助计算机具备了感知和区分图像或视频中对象或文本的能力。

（8）2011 年：Watson 和谷歌大脑　对于机器学习来说这是有趣的一年。首先，IBM 的计算机系统"沃森"（Watson）在美国最受欢迎的智力竞赛节目 Jeopardy 上战胜了最强的两位人类参赛者。接着，谷歌开发了配备深度神经网络的谷歌大脑，该神经网络可以从浩海般的数据中自动学习发现和分类物体（例如猫）。

（9）2015 年：机器学习开发平台与应用　亚马逊推出了自己的机器学习平台，更易于访问，并将其带到软件开发的最前沿。此外，微软创建了分布式机器学习工具包，使开发人员能够有效地将机器学习训练分布在多台机器上。

（10）2016 年：AlphaGo　这一年，谷歌的机器学习算法在围棋对弈中击败了人类职业选手。围棋被认为是世界上最复杂的棋类游戏。谷歌开发的 AlphaGo 算法在与世界顶级围棋选手李世石的比赛中赢得了五场比赛中的四场，将人工智能带到了国际新闻头版。

（11）2020 年以来：各行业领域上的大突破　OpenAI 宣布了一种突破性的自然语言处理算法 GPT-3，该算法使用了 1750 亿个参数，具备生成类人文本的非凡能力，表现几乎可以与人类的作品媲美。之后，OpenAI 的研究人员使用新方法训练出一个会做数学题的系统——GPT-f，它能像真正的学生一样，解决 90% 的数学应用题，并宣布了一种将自然语言转换为编程代码的人工智能系统，称为 Codex。基于此项技术，麻省理工学院与哥伦比亚大学、哈佛大学、滑铁卢大学的联合研究团队提出了首个可以大规模自动解决、评分和生成大学水平数学问题的模型，可以说是人工智能和高等教育的一个重要里程碑。2020 年 12 月，DeepMind 发布的 AlphaFold 成功地预测了蛋白质结构，开启了人工智能应用的新的革命，使以前不可想象或非常不切实际的研究成为可能。

4.1.3　机器学习的趋势和未来

机器学习现在负责一些最重要的技术进步，如自动驾驶技术以及银河系探索技术，因为它有助于识别系外行星。斯坦福大学将机器学习定义为"让计算机在没有明确编程的情况下采取行动的科学"。机器学习催生了一系列新的概念和技术，包括驾驶机器人、智能仓储、无人机、电子医生等。

机器学习模型在持续数据输入以及迭代学习中变得非常适应，这使得它们的运行结果越来越准确。机器学习与新的计算技术相结合，促进了可扩展性并提高了效率。结合应用分析，机器学习可以解决各种复杂任务。现代机器学习可用于做出从疾病暴发到股票涨跌的预测。

随着人工智能的发展，冯·诺依曼式的有限状态机的理论基础越来越难以应对目前以深度神经网络为主的计算要求，这些都对机器学习提出了挑战。

4.2　大数据时代的信任危机

数据驱动的机器学习通常需要面对现实世界变化的挑战——数据偏差、噪声、未知转换、对抗性破坏或其他分布变化。这意味着如果机器产生错误的决策，则可能会导致巨大的成本损失甚至危及人身安全。随着易受攻击的机器学习系统被广泛部署，操纵和滥用这些系统可能会产生严重后果。人工智能需要机器学习，而机器学习需要数据——很多正确的数据。为了正确训练模型，样本数据必须满足非常广泛和高质量的标准。

如果你折磨数据足够长的时间，它会承认任何事情
——罗纳德·科斯（Ronald H. Coase）

4.2.1 到底需要多大量的数据呢

机器学习帮助计算机解决复杂问题，而复杂性是现实世界中固有的：我们经常遇到的系统、产品或应用通常需要处理数百、数千甚至数百万个变量。

可以将机器学习训练数据想象成调查数据，调查的样本量越大、越完整，那么得到的结论就越可靠。如果数据样本不够大，就无法涵盖所有的情形或者差异，机器可能就会得出不准确的结论，学习到实际上不存在的模式，或者无法识别出确实存在的模式。因此，在现实世界中，机器学习训练的数据呈现的多样性范围越大，最终人工智能系统就会越好。

此外，更强大的机器学习通常更灵活，这种更强的灵活性和能力是以更多的训练数据为代价的。但是这种能力通常也会因所用于训练的特定数据而出现变化，这就带来了严重的问题。事实上，一些非线性算法（如深度学习）可以随着提供更多数据而持续提高性能，但是也可能由于数据的偏差或者分布不合理的数据而出现结果的错误，如果线性算法在数百个数据样本中实现了良好的性能，那么对于非线性算法可能需要数万个数据样本。

那机器学习建模时到底需要多少数据呢？没有人知道，因为就目前的理论基础而言，这确实是不可知的，是一个棘手的问题，必须通过实证调查或者经验实验找到答案。机器学习所需的数据量取决于许多因素，比如所需要的时间和存储量以及所需要的样本数量。

而"视情况而定"是大多数业内人士在你第一次问到这个问题时会告诉你的答案。通常，机器学习需要的数据比经典统计中需要的数据多。我们经常会用"轻率的"答案来回答"需要多少数据"这个问题："尽可能多地获取和使用数据，越多越好"。如果被问到这个问题，并且对你的问题的具体情况零了解，我会说一些相当"不负责任"的话，比如"你需要成千上万的样本，或者不少于数百"。

如果你非要知道一个看起来合理的答案，那么在你之前，很多人已经研究过大量的机器学习应用问题。他们中的一些人已经发表了他们的结果。也许可以查看研究类似问题的工作，有助于对可能需要的数据量进行估计。也许这些研究可以告诉我们使用特定算法需要多少数据。但就理论而言，没有一个标准，这意味着需要有足够的数据来合理地捕捉输入特征之间以及输入特征和输出特征之间可能存在的关系。另外，也可以运用领域知识或找一位行业专家，就该领域对可能需要的数据规模进行推理，这就涉及结合领域知识或者常识规则，而不仅仅是数据采集的问题了。

4.2.2　为什么数据质量很重要

在大数据时代，高质量的数据是政府决策、企业竞争或者科研进展中一个关键的差异化因素，也是一项宝贵的资产，拥有高质量的数据可以比那些手上没有掌握那么高数据质量的竞争对手更具优势。如果一个数据库中存在大量不合标准、分散、重复和不一致的数据，其负担比带上铁镣铐还更加沉重，不干净、未精炼和有缺陷的数据带来的弊大于利。美国高德纳咨询公司（Gartner）估计，低质量的数据每年会给一个企业或者组织造成巨大的损失。低数据质量阻碍了企业从数据中获得有益的结论，从而导致决策质量低下，并引发重要的合作伙伴、供应商或者监管机构的不满。糟糕的数据质量会像滚雪球般迅速演变成一个重大问题。如今，当大多数企业和组织在利用机器学习工具的力量并为此投入了大量资金以有效地利用数据。

数据质量方面存在的问题包括（但不限于）如下几类。

1）样本或标签噪声：大多数生成或标记的数据或多或少含有一些噪声。

2）类别不平衡：不同类别的输入数据量不平衡。

3）数据同质性：所有可能影响数据的外部过程是否在整个采样时间段内保持不变。

在机器学习中，质量与数量同样重要。这主要是因为基于数据驱动的机器学习只能根据从优质数据中学到的信息有效地完成任务，数据质量低下是目前数据驱动的机器学习的头号敌人，一直存在着"垃圾进、垃圾出"的威胁。事实上，在《牛津经济学》（Oxford Economics）最近的一项研究中，51%的企业的 CIO 将数据质量视为其采用机器学习完成任务的重大障碍。机器学习对数据质量要求非常高，数据质量对机器学习任务的效率、准确性和复杂性都有着巨大的影响。糟糕的数据可能会出现在机器学习中的两个关键阶段，首先是将历史数据用于训练模型的阶段，其次是将新数据用于未来预测或决策的阶段，即使算法适用于手头的任务，如果机器接受了低质量数据的训练，就会进行错误的训练，得出错误的结论，任务完成情况也会不理想。数据正确，意味着大量的无偏数据，涵盖整个领域范围，并且还要有正确的标记、去重等。

然而今天，大多数数据无法满足这一条基本的标准，数据仍然容易受到收集、汇总或标记阶段可能引入的错误或不规则的影响，并不总是符合"正确的数据"标准，可能与手头的问题无关、注释不准确、具有误导性或不完整。原因包括数据创建者不了解领域内容、校准不佳的测量设备、过于复杂的流程以及人为错误。作为补偿，数据科学家在训练模型之前会清理数据，但这是一项耗时、乏味的工作，会占用数据科学家 80% 甚至更多的时间，也是数据科学家抱怨最多的问题。即使做出了这样的努力，数据清理也不可能检测到所有错误，也无法纠正所有的错误。

解决日益复杂的问题不仅需要更多的数据，还需要更多样化、更全面的数据，随之而来的是更多的质量问题，例如，方言使语音识别变得更加复杂，但是收集高质量的方言数据难度可想而知。此外，数据质量的管控在具体应用过程中同样麻烦，比如一个通过机器学习手段寻求提高生产力的企业，虽然在模型开发阶段，数据科学团队可能已经在清理训练数据方面做得很好了，但仍然可能受到未来不良数据的影响，还需要耗费大量的人力发现并纠正错误，这又与人们期望的生产力提升不符。此外，随着机器学习技术在企业中的应用范围越来越广，一个预测模型的输出结果将提供给下一个模型，以此类推，甚至会跨越企业的边界。即便是一个步骤中的小错误也会发生级联效应，导致更多错误并使错误在整个过程中变得越来越大，越来越不可控。

在为任何机器学习使用数据集之前，关键要求之一是了解手头的数据集，对数据进行分析和评估，以了解其是否适合机器学习任务，否则可能会导致分析不准确和决策不可靠的问题。一个自然问题是，能否定义标准指标，让用户能够评估数据的质量。定义质量标准指标不仅有助于评估直接影响模型结果的数据质量，而且有助于用户信任数据，并在需要改进的数据质量的方面提供可解释性。虽然研究人员和行业人员一直致力于提高模型的质量，但在提高数据质量方面的成果仍还有限，比如利用插补法对缺失数据进行填补，那么填补的方式可能会对最后的结果产生影响。由于搜索所有可能方式的时间是一个天文数字，因此一个重要的挑战是找到解决问题的最佳方式。这引发了一些有趣的问题：选择一个正确方式的指导因素应该是什么？如何定量地测量这些因素？是否有可能找到一个最佳方式能够最大限度地提高机器学习模型的性能？

在数据中发现数据质量问题时，可能会求助于数据科学家、领域专家或机器学习科学家以获得数据相关的见解，并采取补救措施来纠正问题。这不禁让人想起基于规则的人工智能系统，可以根据专家自定义的规则来验证数据质量，并且风险较小。此外，"正确的数据"或者"坏数据"的定义本身就与相关的应用场景有关。由于基于数据驱动的机器学习模型更多的是学习数据属性之间的相关性，而非它们之间的因果性，从而使得到的结果缺乏意义，比如对于搜索引擎来说，当试图有效地训练机器向用户返回最佳信息时，这种仅是关联而非因果的结果可能会成为一个问题。如果一台机器以从数据中学到的相关性为基础，我们对它输入了大量关于老鼠是猫的食物的样本，那么机器会把猫粮与老鼠做强关联，这时如果向机器输入猫粮一词，机器就会推荐老鼠，这是一种十分令人沮丧的体验。要解决这些问题，又涉及如何结合领域知识或者常识规则，使得机器根据物体本身的特征去进行甄别，而不是将一些风马牛不相及的东西硬性关联，其中的一条解决路径就是利用因果结构模型。

4.2.3 统计数据也会说谎吗

一名从事机器学习工作的研究者，必须对统计方法有所了解。原始观察本身的产物就是数据，由此提出了一些问题如下。

① 最可能的预期结果是什么？

② 观察的限制是什么？

③ 数据是什么样的？

④ 哪些变量最相关？

⑤ 两个实验有什么区别？

⑥ 差异是真实的还是数据中噪声的结果？

机器学习和统计学之间的区别一直是长期争论的主题。有人说机器学习只是美化了的统计数据，为大数据和更强有力的计算时代重新命名。其他人则说它们完全没关系，以至于甚至不需要了解统计数据也可以执行机器学习任务。除了微积分、线性代数和计算机科学之外，几乎全部机器学习技术来自统计学（例如线性回归和逻辑回归）。有趣的是，经常在 Python 中使用 scikit-learn 等机器学习包的工程师和数据科学家可能都不知道机器学习和统计数据之间的潜在关系。统计和机器学习经常被混为一谈，因为它们使用相似的方法来实现目标。可以看到，为了理解用于训练机器学习模型的数据和测试不同机器学习模型的结果，需要统计方法。这只是冰山一角，因为目前绝大部分机器学习的建模过程中的每一步都需要使用统计方法。可见目前机器学习的方法有多么依赖于统计学。

那么，统计数据可靠吗？

有人说，73.6% 的统计数据是错误的（此观点出自 Mark Suster，一位美国企业家和风险投资家）。真的吗？不，当然，这是一个虚构的数字。统计可靠性对于确保分析的准确性和有效性至关重要。为了确保高可靠性，需要引入各种技术，其中第一个是对照实验，在类似条件下重复实验时应该会得到类似的结果，控制措施是必不可少的，应该成为任何实验或调查的一部分。按专业术语说，就是要控制混杂变量。不幸的是，情况并非总是如此。

虽然数据不会说谎，但实际上它们可以用来误导半真半假的事实。这被称为"误导性统计数据"。然而，通过研究得出半真半假的结论不仅仅只限于数学。爱丁堡大学于 2009 年的一项调查中发现，33.7% 的接受调查的科学家承认做过存在问题的统计数据研究工作，包括主观性数据解释、隐瞒分析细节以及因直觉而放弃观察等，这还是相对严谨的科学家群体。即便是社会上最值得信赖的数据科学家、政府、组织也不能幸免于统计解释过程中可能出现的粗心和偏见。统计数据有多种误导方式，最常见的当然是相关性与因果性，这两个概念经常会被弄混，而且由于观察的角度和获取数据的渠道问题，我们经常会把真正的实际原因漏掉。

喝茶会使患糖尿病概率增加 50%，秃顶会使患心血管疾病风险增加高达 70%！这是从"正确数据"中学习得到的结论，但我们是否忘记提及茶中的糖分含量，或秃顶与年龄增长相关的事实？那么，统计数据可以被操纵吗？他们肯定可以，数据会撒谎吗？看看以下案例，就可以找到答案。

1. 伪相关

在统计学中，伪相关是指两个变量之间因第三方变量发生的相关性，而实际上这两个变量之间并没有真正的关联。这种相关性是危险的，因为它有时会使人们认为一个变量的变化导致另一个变量的变化，而实际上这种相关性纯粹是受第三方变量的影响。事实证明，变量之间的这种相关性在现实生活中一直存在。以下分享了伪相关的 5 个不同的真实示例。

（1）示例 1：硕士学位与票房收入

如果收集每年大学颁发的硕士学位总数和每年产生的总票房收入的数据，会发现这两个变量是高度相关的，如图 4-1 所示。

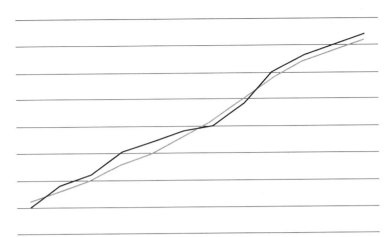

1910年 1920年 1930年 1940年 1950年 1960年 1970年 1980年 1990年 2000年 2010年 2020年

—— 硕士学位总数　—— 总票房收入

图 4-1　硕士学位总数与总票房收入

这并不意味着颁发更多的硕士学位会导致票房收入增加。更可能的解释是，全球人口每年都在增加，这意味着每年会有更多人获得硕士学位，同时每年看电影的人数都以大致相等的数量增加。两个变量之间的相关性是虚假的。

（2）示例 2：麻疹病例与结婚率

如果收集美国每年麻疹病例总数和每年结婚率的数据，会发现这两个变量高度相关，如图 4-2 所示。

这并不意味着麻疹病例的减少会以某种方式导致结婚率降低。这两个变量是独立的。现代医学导致麻疹病例下降，每年由于各种原因结婚的人越来越少。两个变量之间的相关性是虚假的。

（3）示例 3：美国著名演员尼古拉斯·凯奇（Nicolas Cage）出演电影越多，溺死的人就越多？

如果每年收集尼古拉斯·凯奇出演电影的数量和美国溺死人数的

数据，会发现这两个变量高度相关，如图 4-3 所示。

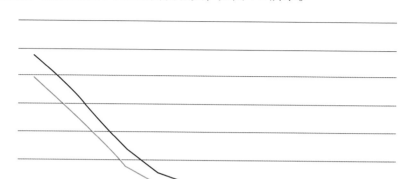

1965年 1970年 1975年 1980年 1985年 1990年 1995年 2000年 2005年 2010年 2015年 2020年

—— 麻疹病例总数　　—— 结婚率

图 4-2　麻疹病例总数与结婚率

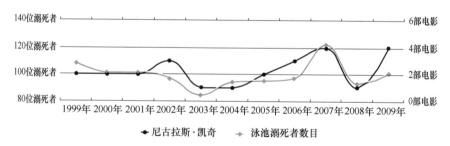

图 4-3　尼古拉斯·凯奇每年出演的电影数与美国溺死的人数

这并不意味着尼古拉斯·凯奇演得越多导致美国更多的人发生溺亡，更可能的解释是由于美国每年消费能力的变化，使得电影业以及出游度假产生变化，这也是一个虚假的相关性。

（4）示例 4：电子游戏销售与核能生产

如果收集每年全球视频游戏总销量和核电站总发电量的数据，会发现这两个变量高度相关，如图 4-4 所示。

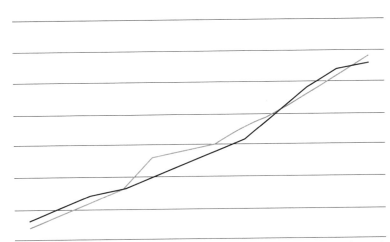

1965年 1970年 1975年 1980年 1985年 1990年 1995年 2000年 2005年 2010年 2015年 2020年

—— 电子游戏销售量　—— 核能发电量

图 4-4　电子游戏销售量与核能发电量

这并不意味着以某种方式增加的视频游戏销售可以导致增加总发电量。其原因是，随着全球人口的逐年增加，需要建造更多的核能发电厂，也有更多的电子游戏被出售。尽管随着时间的推移，这两个变量都稳步增加，但是相互之间并没有关系，两者之间的相关性是虚假的。

（5）示例 5：牛奶喝得多就容易得诺贝尔奖？

如果收集每个国家人均牛奶销售量和获得诺贝尔奖人数的数据，会发现这两个变量高度相关，如图 4-5 所示。

这并不意味着一个变量导致另一个变量增加或者减少，相反，中国等发展中国家这几年也陆续开始获奖，两个变量之间的相关性是虚假的。

统计学家有句谚语"相关不代表因果"，这是一个警告，不要贸然得出两个变量 A 和 B 之间的相关性能够证明一个变量导致另一个变量

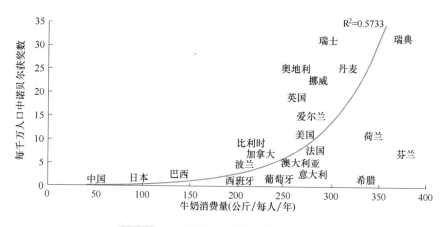

图4-5 人均牛奶消费量与诺贝尔奖人数

的结论。实际上，在以下情况下都可能观察到相关性：

①A直接或间接的传递导致B；

②B直接或间接的传递导致A；

③A和B有一个共同的原因C（如冰淇淋消费增加和森林火灾，两者都是由夏季高温引起的）。

通过前面几章的内容已经知道了，从因果的角度，这些伪相关性可能是由于第三方变量导致的，这个第三方变量通常称为混杂变量，辨析以上示例中两个变量之间的关系还需要考虑混杂变量，如图4-6所示。

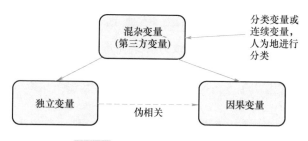

图4-6 混杂变量引起虚假关联

混杂变量会同时影响独立变量和因果变量，从而造成两者之间的伪相关。如果将传统统计和因果推断进行对比，有 3 个特点，见表 4-1。

表 4-1　传统统计与因果推断的对比

	传统统计	因果推断
是否允许因果推理？	否，这是一个禁忌	是，科学的目标是确定因果关系
数据能说明一切吗？	大数据的人说"是"	否
是否允许有一点主观性？	否，还不能量化的东西是不允许讨论的	是（在合理的范围内）

2. 悖论

第 2 章中提到了辛普森悖论是一种统计数据造成的误导性现象，当把人口按照某种属性（比如年龄或者性别）划分成多个子群时，人口中两个变量之间的关联会显现或者消失，甚至逆转。例如，两个变量可能在一个群体中正相关，但在总体中却不是相关的，甚至是负相关的。最著名的一个例子就是所谓辛普森悖论，在 700 例肾病患者中，观察他们的服药情况，发现服药男性的治愈率是 93%，女性的治愈率是 73%，不服药男性的治愈率为 87%，女性的治愈率为 69%。分男女组别考察，能够得出"服药有助于恢复"的结论，但从整体样本考察，会发现不服药的治愈率 83% 高于服药的治愈率 78%。利用同样的数据集，数据也是"正确的"，处理数据的方式稍微做了调整，却出现了截然不同的结论[39]。

辛普森悖论虽然不是新提出的，却是各领域不可忽视"顽疾"。另外一个与我们生活息息相关的案例是，10 年前，某城市市中心的房价是 8000 元/平方米，共销售了 1000 万平方米，高新区的房价是 4000 元/平方米，共销售了 100 万平方米，整体来看，该市的平均房价为 7636 元/

平方米。现在，市中心为 10000 元/平方米，但由于市中心的土地供应
少了，只销售了 200 万平方米，高新区是 6000 元/平方米，但由于新开
发的土地变多了，销售了 2000 万平方米，整体来看，现在该市的平均
房价为 6363 元/平方米。见表 4-2，分区来看房价分别都涨了，但从整
体上看，会产生疑惑：为什么现在的房价反而跌了呢？

表 4-2　10 年前与现在的房价对比

	10 年前	现在	
市中心	8000 元/平方米，共销售 1000 万平方米	10000 元/平方米，共销售 200 万平方米	⬆ 涨
高新区	4000 元/平方米，共销售 100 万平方米	6000 元/平方米，共销售 2000 万平方米	⬆ 涨
××市（总）	7636 元/平方米，共销售 1100 万平方米	6363 元/平方米，共销售 2200 万平方米	⬇ 跌

从数学和概率论的角度来看，表现出悖论的案例无论从数据上还
是计算上都是没有问题的，但仍然让许多人感到惊讶。发生这种情况
是因为数据中隐藏着所谓的潜伏变量，即未被观察到的混杂因素。这
个悖论对于依赖概率统计的一系列领域都有影响，包括决策理论以及
机器学习。那么，目前基于数据驱动的机器学习方法，特别是那些严
重依赖于统计学方法的算法，学习到的模型极大可能也会出现半真半
假、误导性或者反转性的结果。这是因为这些模型往往基于观察数据
的分布情况进行学习，而非数据的生成机制。

4.2.4　机器学习模型稳健吗

前面谈到的这些依赖于观察数据的问题，也是目前数据驱动的机
器学习模型的困境，例如训练数据和测试数据不满足独立同分布的假

设，那么机器学习在分布偏移情况下很难稳健地学习，在新的场景中很难使用现有的模型去进行预测。

因此，当谈到机器学习时，首先想到的指标是学习的准确性，目前许多研究工作都集中在开发精准地且可以高度自信地预测结果的算法上，在训练过程中，需要考虑的一个重要问题是机器学习的稳健性，需要确保它能够很好地推广到各种训练数据集。

1. 数据会随时间变化

以预测建模为例。预测建模是从历史数据中学习模型，并使用该模型对不知道答案的新数据进行预测。从技术上讲，预测建模是在给定输入数据 X 的情况下获取函数 $f(X) = y$ 以预测输出的问题。通常，这种映射被假定为静态的，这意味着从历史数据中学到的函数对未来的新数据同样有效，并且输入和输出数据之间的关系不会改变。

这适用于许多问题，但并非所有问题。

在某些情况下，输入和输出数据之间的关系会随着时间而改变，这意味着反过来，未知的函数也会发生变化。这些变化可能是必然的。例如，根据较旧的历史数据训练的模型所做的预测不再正确。也许这些变化可能被检测到，如果检测到，则可以更新学习模型以反映这些变化，当然在这种情况下，机器将处于不断学习的状态中，这对于某些应用来说是很不方便的。

许多机器学习算法默认假设发现数据的模式是静态的。但是，在实践中，数据的模式会随着时间而演变。这带来了两个重要的挑战：第一个挑战是检测何时发生数据偏移（有些地方也叫概念漂移）；第二个挑战是在不从头开始训练模型的情况下使模型保持更新。

2. 数据偏移

机器学习和数据挖掘中的数据偏移是指基础问题中输入和输出数

据之间的关系随时间的变化。数据偏移现象是由数据分布的变化定义的。这种变化发生在训练集和测试集之间。在创建机器学习模型时，使用训练数据来训练模型，期望在测试数据上使用相同的模型时，它会产生相似的结果。

然而，在机器学习模型的实际部署中，情况可能并非如此。例如，消费者习惯于不断变化。因此，数据的分布肯定也会发生变化。数据偏移的一个概念是指输入和输出变量之间未知的和隐藏的关系。例如，天气数据中的一个概念可能是温度数据中未明确指定的季节，但可能会影响温度数据。另一个例子可能是随着时间的推移可能影响客户购买行为，其中购买行为背后的经济实力未在数据中明确指定。这些元素也称为"隐藏上下文"。

在许多现实世界的领域中，机器学习的一个难题是感兴趣的概念可能取决于一些隐藏的上下文，而不是以预测特征的形式明确给出的。一个典型的例子是天气预测规则，它可能会随着季节的变化而发生根本性的变化，改变的原因通常是隐藏的，事先并不知道，这使得学习任务更加复杂。

对数据的更改可以采取任何形式，在概念上更容易考虑变化存在某种时间一致性的情况，例如在特定时间段内收集的数据显示相同的关系，并且这种关系会随着时间的推移而平滑地变化。请注意，情况并非总是如此，应该对这一假设提出质疑。其他一些类型的更改可能包括：①随着时间的推移逐渐变化；②反复出现或周期性变化；③突发或突然的变化。

从统计学习的观点来看，一个机器学习任务 T 定义为在一个领域 D 上的条件概率 $P(y|x)$ 的建模问题。而根据公式 $P(x,y) = P(y|x)$ $P(x) = P(x|y)P(y)$，其中有 3 个我们可以考虑的概率分布项：输入空

间的边缘概率分布 $P(x)$，输出空间的标签分布 $P(y)$ 以及表示该机器学习任务的条件概率分布 $P(y|x)$。当三者之一发生了变化，就认为源域（训练集）与目标域（测试集）上的分布发生了偏移，即数据偏移。数据偏移有多种表现形式：①变量偏移；②先验分布偏移；③概念偏移。

这是机器学习中一个巨大而重要的话题，因此在本书中不能进行全面的阐述。如果读者对这个主题感兴趣，有大量关于该主题的研究文章，其中绝大多数是关注变量偏移，特别是协变量偏移的，即非原因变量和结果变量的其他变量，包括隐变量。

3. 数据偏移的原因

讨论一下数据偏移的两个最常见的潜在原因：①样本选择偏差；②环境变化。需要注意的是，这些并不总是导致数据偏移。它们只是我们的数据中可能发生偏移的潜在原因。

（1）样本选择偏差 当训练数据包含偏差时，它无法正确反映模型所要应用的环境，有偏差的训练数据和测试数据之间的这种差异产生了样本选择偏差，这种偏差有时也称为"不公平"。

样本选择偏差不是算法或数据处理时发生的过程缺陷，而纯粹是数据收集或标记过程中的系统缺陷，导致从目标群体中选择训练样本的不均匀，从而导致训练过程中形成偏差，进而导致结果的偏差。

在处理不平衡分类时，由样本选择偏差导致的数据偏移尤其重要，因为在一些领域中，少数类对奇异分类错误特别敏感，因为它呈现的样本数量通常很少。在最极端的情况下，少数类的单个错误分类示例可能会导致性能显著下降。

（2）环境变化 也称为非稳定环境，这是指训练环境和测试环境之间存在差异的情况。这可能是空间或时间性质动态变化的结果，也可能是干预或者改变了某个环境变量的结果。

在现实世界的应用程序中，数据通常不是（时间或空间）静止的。最显著的非稳定场景之一是对抗性分类问题，例如垃圾邮件过滤和网络入侵检测。

这种类型的问题在机器学习领域受到越来越多的关注，并且由于一直存在试图攻击当前模型（如分类器）的黑客，通常也需要应对非稳定环境。在机器学习任务方面，黑客有意识地植入一些错误的数据或者打乱原有数据的生成机制，使（即干预或者操纵了）数据发生了扭曲，从而引入了任何可能的数据偏移。

4. 为什么需要分析"稳健性"

稳健性分析能够帮助确定输入变化将如何影响系统的输出。在我们讨论的问题中，系统是一种学习算法，它会摄取数据并从中学习。以监督学习为例，监督学习采用包含数据点和相应标签的标记数据集，训练过程涉及将数据输入该算法并建立模型。现在有了一个基于数据样本训练好的模型，需要估计它的性能。准确度指标表明了有多少样本被正确分类，但它并不能表明训练数据集如何影响这个过程。如果在该训练数据集中选择不同的子集，结果会保持不变吗？如果用相同大小的不同子集重复这个实验，模型会以相同的效率执行它的工作吗？理想情况下，希望模型保持不变并以相同的精度执行其工作。但是怎么才能知道呢？这就是稳健性分析的用武之地。

5. 如何定义稳健性

稳健性是指当改变训练数据时，系统输出的不变程度。如果在修改训练数据时，机器学习的结果没有太大变化，则称机器学习算法是稳健的。注意这个定义中的"太大"这个词很重要。当更改训练集时，结果一般会发生变化。但无论选择哪个子集进行训练，它的变化都不应超过某个阈值，如果它满足这个条件，就说它是"稳健的"。

噪声因素是数据采集问题的一部分，因此现有的稳健性讨论重点涉及训练数据集。如果基于不同的样本子集创建一组学习模型并测量每个模型的误差，那它会是什么样子呢？稳健性分析的目标是为这个误差提出一个上限，希望这个区间尽可能的窄。举个例子，你的朋友小明让你买一些纸箱，并把他所有的东西搬到他的新公寓里。你不知道他有多少东西，所以打电话询问他相关的信息。小明告诉你他肯定拥有少于 1 亿件的东西，即便这个信息确实是正确的，但也不是很有帮助。很明显，实际需要搬运的物品远远低于 1 亿件，1 亿件是一个没有意义的上限，所以设定一个合理的和靠谱的上限非常重要。

那么如何估计稳健性呢？

正如之前所讨论的，变化来自如何选择训练数据集，具体来说就是选择该数据集的特定子集进行训练。为了估计稳健性，将考虑关于对训练集所做更改的稳健性因子。需要一个易于测量的标准，以便以一定的置信度来估计稳健性。有几个指标可用于评估模型预测能力随时间的变化，包括数据稳定指数（data stability index，DSI）、Kolmogorov-Smirnov统计量、Kullback-Lebler 散度（或其他散度）和直方图交集。

从数学上讲，有很多方法可以确定机器学习算法的稳健性。一些常见的方法包括假设稳健性、错误稳健性、留一法交叉验证稳健性等。所有这些不同方法的目标是限制泛化误差，使用不同的方法来计算它，这实际上很有趣！稳健性的概念集中在限制学习算法的泛化误差上。这些方法使我们能够看到它的敏感程度以及需要进行哪些更改以使其更加健壮。

6. 造成稳健性变化的根本原因是什么

可能的原因有以下几个方面。

（1）数据质量　数据质量会对模型性能产生重大影响。这在4.2.2小节中详细描述过了。数据质量是指输入机器学习系统的数据的准确性、完整性和清晰度。数据集在这几个方面的可信度越低，系统就越有可能不稳定。如前所述，许多方面可能会影响数据质量。例如，数据集可能存在不平衡，导致模型结果不公平地支持某些类别；训练数据的代表性不足，或者反映某些重要情形的数据根本不存在或无法采集，导致可能遗漏对数据性能至关重要的特征。

（2）模型衰减　随着时间的推移，模型的预测能力会下降。这主要是由于数据偏移，从而造成输入数据中不可预见的变化引起的。在动态变化的行业和不断发展的环境中，可能会出现不同于训练模型的历史样本分布的新数据分布。数据发生了分布偏移，较旧的数据无法刻画变化后的模式。当差异显著时，它会影响系统预测的可靠性，从而导致模型不能持续提供训练过程中实现的准确度。当它很严重（可能是由于现实世界中的重大事件导致人们的行为发生突然的或重大的变化）时，它就需要被纠正。此外，当数据分布保持不变时，对数据中两个或多个特征之间关系的解释就发生了变化，也可能会导致模型衰减。机器学习模型通常是根据本地或离线环境中的训练数据集构建的，一旦部署到现实世界，输入和输出数据之间的关系可以动态变化。这意味着模型可能无法正确理解新趋势，从而影响其有效性。例如，预测营销活动是否成功的模型可能没有考虑到对客户行为产生严重影响的更广泛的经济问题。

（3）特征稳定性　稳定性指的是数据特征的取值会随着时间或者空间的变化而变动的情况，数据特征是在机器学习系统中用作输入的单个属性或变量。考虑一个预测房价的模型，其特征可能包括房屋的位置、大小、卧室数量、以前的销售价格或任何其他元素。重要特征的频繁变化可能会影响模型的稳定性。有些时候，会刻意地跟踪特征变化以作为模型稳定性的指标。

（4）精度与召回率　精度指的是模型发生误报的概率，即将成立的结果判断为不成立的概率，这是衡量模型能力的一个基本度量指标，而召回率则相反，是模型发生漏报的概率，即将不成立的结果判断为成立的概率，这是衡量模型能力的另一个指标，在机器学习中，这两个指标反映了模型选择的合理性以及数据的真实性与完备性。"高精度"意味着模型发生误报的概率很小，而"低召回率"则意味着模型发生漏报的概率很小。通常，当误报成为主要问题时，精确度很重要（例如，在银行环境中，虚假的欺诈警报会增加工作量，使团队不堪重负）。而当漏报是关键问题时，召回率就变得很重要（例如不恰当地取消营销线索会导致错失销售机会）。在模型训练过程中，精度和召回率之间通常需要权衡取舍，必须确定哪种平衡最适合给定的情况。而这种平衡可能会影响模型的稳定性。

（5）输入扰动　在某些情况下，模型可能会被输入数据偏差所欺骗。即使是很小的输入干扰也会导致系统输出发生变化，这一点还可以被恶意利用。例如"数据中毒"就是对机器学习系统的一种攻击，将用于训练模型的数据污染以破坏学习过程。针对这一问题，目前的方法主要是实施缓解策略，包括完备的数据采样（异常值、趋势、分布等）和构建"黄金数据集"，即一个经过验证过的数据集，其中包含来源已知并且预期行为已知的选定样本，以确保输入的完整性。

这些方法都是从数据样本出发的，并未考虑深层次的知识或者常识，比如变量与变量之间的因果关系。可以清晰地看到，造成稳健性变化的根本原因是数据生成的机制发生了改变，或者说是对相关的变弱量（不管是可观察的还是不可观察的）进行了修改、添加或者删除。

量（不管是可观察的还是不可观察的）进行了修改、添加或者删除。之前了解了因果图，就很好理解这个过程，其实造成这些问题的本质原因就是变量自身或者变量与变量之间的因果关系发生变化。整个因果图发生了改变，数据生成的机制也就随之而变了。

7. 模型需要因果教育

不幸的是，现在的机器学习模型还不够聪明，无法克服数据中的偏差。由于当前的模型只分析相关性而不分析因果结构，因此它们盲目地学习数据中的内容，这些算法具有系统的结构保守性，因为它们旨在重现数据中的既有模式。

为了说明这一点，使用一个虚构且非常简化的示例：想象一个非常典型的数据集，其中包含许多女性在厨房和男性在汽车中的照片。基于这些图片，图像分类算法必须学会预测图片中人物的性别。由于数据选择偏差，数据集中的"厨房与女性"以及"汽车与男性"之间存在高度相关性，高于其他特征与各自性别之间的相关性。由于该模型无法识别因果结构（即区别性别的特征），因此它错误地了解到图片中有厨房就意味着有女性，有汽车就意味着有男性。因此，如果某个图像中有一个女人在车里，机器学习模型会将该人识别为男人，反之亦然。

然而，这并不是人工智能系统无法克服数据偏差的唯一原因，还有一个原因是我们没有"告诉"系统它应该注意这一点。机器学习算法通过优化研发人员定义的某个目标或目标来学习，如果希望人工智能系统了解公平性（如性别偏见是错误的）等，就必须有一套框架将这些人类知识（常识、传统、道德、习俗），特别是其中反映数据生成机制的因果关系有效地纳入到训练过程和优化预测中。目前看来，结构因果方程（因果图）是一个较好的解决方案。

4.2.5　结果可解释吗

现在机器学习应用无处不在，智能系统几乎遍布日常生活的每一个角落。不幸的是，即使在最好的情况下，目前这些成功的机器学习算法也严重依赖于输入数据，而通过前面的讨论，也知道了输入的数据往往会存在偏移、不公平或偏向错误的目标的问题，即便有一个完美的机器学习模型，性能表现优秀，为什么我们只是信任该模型而忽略它做出某个决定的原因？当我们询问系统如何得出答案时，我们不想让机器只是留下一些摆摆手就此作罢的黑箱答案。

1. 为什么需要可解释的机器学习

为什么我们需要对机器学习有解释性呢？问题在于，诸如分类准确度之类的单一指标是对大多数现实世界任务的不完整描述。有的时候机器学习模型确实能得到正确的答案，比如很高的人脸识别率或者极其准确的语言翻译能力，但是并不意味着这个模型是具有智能的。就像 AlphaGo 一样，它虽然击败了人类，但是它是真的从知识层面得到了围棋的真谛吗？或者退一万步说，为什么人们无法理解它下棋的逻辑及其所蕴含的知识呢？为什么人们无法学习它的下棋套路为自己所用呢？

Explainable 和 Interpretable 的区别

两者都可以翻译成可解释性，虽然在很多时候在中文中也没有有意地区分它们，但是两者是有些许区别的。

Explainable 表示对于一个黑箱模型，想办法赋予它可解释性的能力；

Interpretable 则表示一个模型本来不是黑箱（比如线性模型），有可解释的能力。

深入探讨一下可解释性如此重要的原因。比如预测建模时，必须做出权衡：只是想知道预测的结果是什么吗？例如，客户流失的可能性或某种药物对患者的有效性。又或者还想知道为什么做出了这些预测，并可能为了做出解释而造成预测性能下降？在某些情况下，可以不关心为什么做出了某种决定，只要知道测试数据集的预测性能良好就足够了。但在很多其他情况下，了解"为什么"有助于更多地了解问题、数据以及模型可能失败的原因。一些模型可能不需要解释，因为它们用于低风险环境，这意味着错误不会产生严重的后果（例如电影推荐系统），或该方法已经被广泛研究和评估（例如光学字符识别）。对可解释性的需求源于问题形式化的不完整性，即对于某些问题或任务，仅仅获得预测（what）是不够的，模型还必须解释它是如何得出预测的（why），因为正确的预测结果只能部分解决我们的最终需求问题。以下原因推动了对可解释性和解释的需求。[38]

（1）人类的好奇心和学习需求　人类有一个心智模型，当某些意想不到的情况发生时，心智模型会搜寻意外事件的解释，并即时更新。例如，一个人突然感到不适，并自我询问："我为什么感觉这么恶心？"他回想发现每次喝珍珠奶茶都会感到不适（归纳学习）。他更新了他的心智模型，并认为珍珠奶茶引起了不适，因此应该避免。当在研究中使用不透明的机器学习模型时，如果模型只给出预测结果而没有解释，就不会有新知识的发现。人类会产生对机器为什么会得出某种预测结果的好奇心，为了促进学习需求和满足这些好奇心，可解释性变得至关重要。当然，人类不需要对所发生的一切进行解释，比如对于大多数人来说，不了解计算机的工作原理是正常的，但计算机相关的意外事件让人们常常感到好奇，总是想问为什么。例如：为什么我的电脑会意外关机？

（2）人类寻找世界意义的愿望　我们希望协调人类知识结构元素之间的矛盾或不一致。一个人可能会问"为什么我的狗以前从来没有咬过我，今天却咬我了？"对狗过去行为的了解与新产生的经历之间存在矛盾。兽医的解释调和了狗主人的这种矛盾："狗受到了惊吓，发生了咬人行为。"同样地，机器的决定越是影响一个人的生活，解释机器的行为就越重要。如果机器学习模型拒绝贷款申请，这对申请人来说可能是完全出乎意料的，他们希望用某种解释来调和这种期望与现实之间的不一致，实际上不必完全解释整个情况，但至少应该说明或者寻找一个主要原因。另一个例子是产品推荐算法，就个人而言，我一直在思考为什么算法会推荐某些产品或电影音乐给我。很多时候是很清楚的，因为我最近搜索了一台洗衣机，所以网络广告会推荐洗衣机给我，而且我知道接下来几天我的各种 App 会被洗衣机广告"轰炸"。如果我的购物车里已经保存了冬季的帽子，那么推荐一副手套看起来是有意义的。算法推荐给我《长津湖》这部电影，是因为与我有共同喜好的其他电影用户也喜欢这部电影。越来越多的互联网公司正在为其建议添加解释，一个很好的例子是组合产品推荐，如油漆、刷子和梯子经常被一起购买。

目前，许多学科发生了根本性的变化，有些从定性方法到了定量方法（例如社会学、心理学），有些广泛地引入了机器学习的方法（例如材料学、生物学、基因组学），这些新兴的内容虽然给学科带来了新的机遇和面貌的改变，但是可解释性仍然是横亘在我们面前的一道壁垒。科学的目标是获取知识，但是很多问题可以通过大数据集和黑盒机器学习模型来解决，模型本身成为知识的来源，而不是数据，可解释性使得从模型中捕获并提取附加知识成为可能。

（3）机器学习模型需要实现安全和可信　想象一下，一辆自动驾驶汽车会根据深度学习系统自动检测骑自行车的人，我们想要100%确定学习系统是不会发生错误的，因为哪怕有0.001%的概率出现错误，也会出事故。需要解释哪一种特征对识别结果影响最大。比如一种解释可能表明，最重要的学习特征是自行车的两个轮子。这种解释可以帮助我们考虑某些涉及自行车轮子信息的特殊情况，例如后座上正好坐了一个人，而他的双腿正好遮挡了部分车轮。

可解释性是检测数据集偏移的有用工具：通过前文已经知道，一般情况下，机器学习模型的训练数据中都带有偏移问题。这可能会将机器学习模型变成歧视少数群体的种族主义者。一个训练好的自动批准或拒绝信贷申请的机器学习模型可能会歧视历史上被拒过的少数群体，而我们的主要目标是仅对未来最终会偿还贷款的人发放贷款，出现这种情况是由于问题表述得不完整性，也就是说，不仅要尽量减少贷款违约，而且还必须不基于统计数据对某些群体发生歧视，这是一个额外的约束条件，是需要解决的问题的一部分（以低风险和合规的方式发放贷款），机器学习模型优化的损失函数往往未涵盖该约束。

可解释性可以提升将机器和算法融入我们日常生活中的社会接受度：人们将信念、欲望、意图等归结于对象。机器人就是一个很好的例子，比如我有一个智能扫地机器人，我将其命名为"小洁"。如果小洁卡住了，我会想："小洁想继续打扫卫生，但因为卡住了所以向我求助。"后来，小洁打扫完后，搜索充电底座时，我想："小洁有充电的愿望，打算找到底座。"当我发现小洁在尽职尽责地吸尘时打翻了花盆，我还将赋予它人格特征并给出一个解释："小洁有点笨，但很可爱。"这些都是我个人的想法。一个具备能够解释其预测结果的机器或算法将更容易被人类社会所接受。有的学者认为解释甚至是一种社会过程。

解释可以用于人机交互管理：通过产生对某个事物的共识，解释者影响倾听者（接受者）的行为、情感和信念。为了让机器能够与我们互动，它需要对我们人类的情绪和信念产生影响，机器必须"说服"我们，才能实现预期目标。如果我的智能扫地机器人没有在某种程度上解释它的行为，那我不会完全接受它。扫地机器人通过解释它被卡住的原因，而不是简单地停止工作无任何反馈，实现与我达成对这个事件的共识。有趣的是，我们往往希望听到的解释与我们的主观认知具有一致性，但是在有些情况下，解释机器的目标（建立信任）和接受者的目标（理解预测或行为）之间可能存在偏差，这就需要进行沟通，即调整先入为主的想法，寻求真正的原因，也许对小洁卡住的完整解释可能是电池电量非常低，或其中一个轮子无法正常工作，抑或有一个 bug 使机器人一遍又一遍地去同一个地方，而在路径中出现了一个障碍。这些原因（以及其他一些原因）导致机器人卡住了，但它只解释了一个"有什么东西挡住了路"，这也足以让我相信它的行为，并为理解那次事故达成了共识。

解释可以用于对机器学习模型的调试：即使在电影推荐等这种低风险环境中，解释能力在模型的研发阶段以及部署之后都很有价值。当一个模型成为产品时，可能会出现错误。对错误预测结果的解释有助于理解错误的原因，从而使得工程师为如何修复这些错误提供了方向。比如一个区分哈士奇与狼的分类器，在一些情况下，分类器会将一些哈士奇误分类为狼。使用可解释的机器学习方法，会发现由于狼的背景照片大多数有雪，而哈士奇的照片大多数是家居环境。分类器学会了使用"白雪"作为将图像分类为狼的特征，因此错误地认为背景有雪的都是狼。

2. 什么时候不需要可解释性

以下场景说明了何时不需要甚至不想要机器学习模型的可解释性。

（1）模型没有重大影响力　想象一下，一个名叫小明的人正在从事一个机器学习项目，利用"驴友"朋友圈数据预测下一个假期"驴友"会去哪里。小明只是喜欢利用训练好的模型来猜测他的"驴友"将去哪里度假，从而在他们面前炫耀一下他的预言超能力。如果模型是错误的，不会出现严重的问题（最坏的情况是小明有点尴尬而已），即便小明无法解释他的模型输出结果，也没有任何问题。在这种情况下，没有可解释性是完全可以接受的。如果小明开始围绕这些预测的度假目的地开展业务，那情况将会发生大大的改变。如果模型错误，企业可能会赔钱，这种情况下，可解释性就变得重要起来了。

（2）问题得到充分理解　一些应用已经得到了充分的研究，因此对模型有足够的实践经验，并且随着时间的推移，模型的问题已经得到解决。一个很好的例子是用于光学字符识别（OCR）的机器学习模型，它提取来自图像中的文字信息，如身份证照片中的姓名、民族、地址等。这些系统已经研发多年，经过了广泛的使用和验证，很明显它们是有效的。此外，我们对于更多地理解任务过程并不真正感兴趣。

可解释性可能使人或程序能够更容易操纵系统。黑客可以通过某种手段欺骗系统，这个问题是由于模型的创建者和用户之间的目标不匹配造成的。信用评分就是这样一个系统，一方面，银行希望确保贷款只提供给有归还能力的贷款申请人；另一方面，任何申请人都希望获得贷款，即使银行不想给他们贷款。目标之间的这种不匹配会促使申请人利用系统来增加他们获得贷款的机会。如果申请人知道拥有两张以上的信用卡会对他的积分产生负面影响，他只需退回他的第三张信用卡以提高他的分数，并在贷款获批后再申请一张新卡。虽然他的分数有所提高，但偿还贷款的实际概率保持不变。只有当输入的某个变量会直接导致意料中的结果时，系统才有可能被这种经过设计的变量欺骗。只要有可能，就应避免这种变量，因为它们使模型陷入这种危险游戏中。例如，众所周知，谷歌开发了一个著名的名为"谷歌流感趋势"的系统来预测流感暴发，该系统通过统计人们搜索"发烧"的频率来预测流感的规模，因为在正常情况下，只有患上流感的人才会去搜索"发烧"，这就把谷歌搜索与流感暴发关联起来，但该系统后期表现不佳，因为人们知道这件事后，会出于好奇去搜索"发烧"，这就破坏了原来的预测机制，使得这个系统错误地预测了多次流感暴发。当搜索查询的分布发生了偏移时，原有的机器学习系统被欺骗。

3. 可解释性对机器学习的作用

机器学习的可解释性可以提高几乎所有机器学习模型的公平性、安全性、实用性、可迁移性和因果性。

（1）公平性　确保预测是公正的，并且不会暗示或明确歧视代表性样本不足的群体。对于为什么公平性很重要这一问题存在一些有根据的例子。只需要看看新闻，就会发现使用机器学习算法，信用卡为女性提供的信用额度低于男性，美国医院即使明确设计为不使用种族信息，也显现出种族偏见。例如，2015 年，亚马逊的招聘工具错误地学习到男性比女性更擅长做程序员，因此没有以性别中立的方式对软件开发人员职位的候选人进行评分。2019 年，一对夫妇申请了同一张信用卡，虽然妻子的信用评分略好一些，收入、支出、债务也与丈夫相同，但信用卡公司将她的信用卡额度设置得更低，信用卡公司的客服也无法解释。现实世界中的机器学习系统都存在真实的风险，即做出的决定会以某种方式产生偏见，从而对一部分群体产生不利影响。一个可解释的模型可以告诉你为什么它决定某个人不应该获得贷款，由此人类更容易判断该决定是否存在群体（例如种族）偏见。研究人员正在寻找机器学习中的可解释性，以此来对抗偏见并帮助提升机器学习系统的公平性。

（2）安全性　可解释性对安全性也有显著影响。如果不完全了解系统是如何工作的，它们最终可能会以危险和意想不到的方式工作。在搜救或消防场景中，机器人作为合作伙伴提供了巨大的帮助，但如果不知道它们是如何工作的，人类和机器人队友之间的沟通不畅或者产生误解，最终可能会对人类自身造成可怕的伤害。

（3）实用性　最后，机器学习有望比人类更好地找到模式或因果关系。无论是围棋、国际象棋，还是急诊室的分诊，人们不只是需要最后的结果还需要知道产生这些结果的过程或者基本原理，以便获取理解并即时利用这些信息，这不仅促进了安全和公平，还为人类提供有用的信息并帮助更好地完成工作。家庭医疗机器人可以说"现在把这个人带去医院"，但它并不能告诉护士或医生发生了什么事或者原因，如果机器人说"这个人有急性腹痛、高烧和恶心，所以我认为他患有阑尾炎，应该立即就医"，这就非常有用了！

（4）可迁移性　机器学习模型或者系统应该更广泛地应用于除训练样本领域之外的世界，这种应用场景的迁移在人类智能中经常遇到，并且总是能够很好地处理而不需要重新学习。举个不陌生的例子：如果有一个只针对中国人进行训练的贷款审批系统，收到了新加坡人的请求，它仍然能很好地处理这个新加坡人的问题，尽管其中有些细节发生了变化。

4. 什么是可解释性

事实证明，严格定义"可解释性"具有一定的挑战性。人们在谈论机器学习中的可解释性时，通常会想到两个关键领域之一，称它们为内在解释和事后解释。

（1）内在解释（透明度）　可解释模型定义的一种说法是可以查看并完全理解或者复制的模型。比如一个小流程图，总是可以通过几个步骤从输入到输出，该模型清晰，易于解释，并且可以深入了解做出决策的原因，如图 4-7 所示。

许多经典的机器学习方法非常符合透明的设置，如决策树或回归

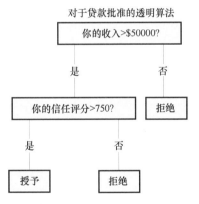

图 4-7　贷款批准流程（决策树）

分类器之类的模型就很容易理解和解释。然而，随着模型的大小开始增长，它们很快会变得庞大且对人类的理解无用，例如具有一千个节点的决策树就不再能算作透明模型了，即使每个单独的决定都很清楚，但没有人会记住一千个节点及其组合所获得模型的完整思维导图。

（2）事后解释　可解释性的另一种说法是为机器学习模型的输出提供解释，这些解释可以采用多种形式，其中最常见的一种是文本解

释。与上面的阑尾炎示例一样，机器学习系统可能会在最终分类结果之外提供自然语言句子，从而为人类决策提供更多的情景或者上下文，如图 4-8 所示。

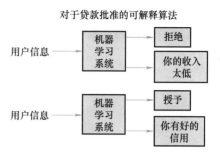

对于贷款批准的可解释算法

图 4-8　可解释贷款批准流程

事后解释的一个主要缺点是，本质上，人类永远看不到幕后真正发生的事情，因为机器学习模型还是一个黑箱系统，即便是输出了解释，人类也无法了解输出这个解释的过程。人类可能需要看到几十种解释才能很好地了解模型的工作原理，即便如此，也可能无法预测它将如何处理看不见的数据。在最坏的情况下，机器会使用一些重要的特征（例如种族或性别）来做出决定，却没有在解释中提及使用该数据，从而会使得不公平性或者偏见永久存在。

人性化的解释

让我们更深入地挖掘并发现人类认为"好的"解释，以及对可解释机器学习的理解。人文研究可以帮助我们找出答案，作为对事件的解释，人类更喜欢简短的因果解释（只有 1 个或 2 个原因），将当前情况与事件不会发生的情况进行对比，尤其是异常原因提供了很好的解释。解释是解释者和被解释者（解释的接受者）之间的社会互动，因此社会背景（即外生变量）对解释的实际内容有很大的影响，当需要针对特定预测或行为的所有因素进行解释时，不需要人性化的解释，而是需要完整的因果属性关系（因果图），如果要求必须指出所有影响结果的特征，或需要调试机器学习模型时，那么可能需要因果属性。

解释是针对"为什么"问题的答案。

① 为什么治疗方案对患者不起作用？

② 为什么贷款被拒绝？

③ 为什么还没有接触到外星生命？

前两个问题可以用"日常"解释来回答，而第三个问题来自"更抽象的科学现象和哲学问题"这一类别。人们通常专注于"日常"类型的解释，因为它们与可解释的机器学习相关。之前以"如何"开头的问题通常可以改写为与因果相关的"为什么"的问题，"贷款是如何被拒绝的？"可以变成"为什么贷款被拒绝？"。

可解释性很复杂。内在解释和事后解释之间存在相当大的差距。通常，在准确性和透明度之间存在一种权衡取舍，这意味着在完美可解释的同时可能无法获得最优性能。为此，目前正在围绕可解释性进行大量研究，试图在机器做出决策后使其合理化，虽然保持某种准确性的透明（白箱）模型可能比起黑箱模型更难创建，但寻找同时满足可解释性和准确性的要求似乎是非常合理的，试图同时最大化两者，尽管这可能会很难。现实世界中人类的许多指导方针或流程都被构建为完全可解释和透明的流程图，提供了关于流程如何工作的清晰图示，在这个基础上，可以找出一条最佳实现路径。在人类拥有现实世界中表现良好的可解释模型之前，仍然存在许多挑战。

5. 可解释模型

想解释机器学习模型的结果，依赖于某种解释方法，即一种生成解释的算法。解释通常以人类可以理解的方式将样本的特征与其目标结果联系起来，也有一些其他类型的解释由一组数据样本组成，如 K-最近邻算法模型。可以使用支持向量机（SVM）预测癌症风险，并使用局部代理方法来解释预测，该方法生成决策树作为解释，或者可以使用线性回归模型，线性回归模型本身配备了解释能力，即基于权重的解释。

实现可解释性的最简单方法是仅使用创建可解释模型的算法，线性回归、逻辑回归、其他线性回归扩展、决策树、决策规则和规则拟合算法都是常用的可解释模型，表 4-3 概述了可解释的模型类型及其属性。如果特征和目标之间的关联是线性的，则模型具有单调性约束，可确保特征与目标结果之间的关系具有某种单调性，特征值的增加总是导致目标结果值的增加或减少，单调性对于模型的解释很有用，因为它更容易理解其中的关系。一些模型可以自动包含特征之间的交互关系来预测目标结果，在任何类型的模型中，可以通过手动创建交互特征，交互可以提高预测性能，但太多或太复杂的交互关系会损害可解释性。一些模型只处理回归，一些模型只处理分类，还有一些模型两者都处理。

从表 4-3 中可以为回归或分类任务选择合适的可解释模型。

表 4-3　几种不同的可解释模型

算法	线性	单调	包含交互关系	任务
线性回归	是	是	否	回归
逻辑回归	否	是	否	分类
决策树	否	部分	是	分类, 回归
规则拟合	是	否	是	分类, 回归
朴素贝叶斯	否	是	否	分类
K-最近邻	否	否	否	分类, 回归

以线性回归模型为例来简单说明，线性回归模型将目标结果定义为输入特征的加权和，利用每个特征所对应的权重来解释这个特征，线性关系使解释变得更加容易，线性回归模型长期以来一直被统计学家、计算机科学家和其他为解决定量问题的人所使用。

线性模型可用于对回归目标（因变量）y 与某些特征（自变量）x 的相关性建模，模型学习到的关系是线性的，对单个样本 i 定义如下：

$$y = \beta_0 + \beta_1 x_1 + \cdots + \beta_p x_p + \varepsilon$$

其中，样本的预测结果是其 p 个特征的加权和，β_j 表示学习到的特征权重或相关系数，ε 是随机误差项，即预测与实际结果之间的差异，一般假设这些误差服从高斯分布，即意味着在正负方向上都可能存在误差，并且是大概率的小误差以及很小概率的大误差。有很多种方法可用于估计最优权重，比如最小二乘法：

$$\widehat{\beta} = \arg \min_{\beta_0, \cdots, \beta_p} \sum_{i=1}^{n} \left(y^{(i)} - \left(\beta_0 + \sum_{j=1}^{p} \beta_j x_j^{(i)} \right) \right)$$

线性回归模型的最大优点是线性，估计过程简单，最重要的是，这些线性方程具有易于理解的解释，这是线性模型在医学、社会学、心理学和许多其他定量研究领域等应用如此广泛的主要原因之一。

线性回归模型中，当 x_j 增加一个单位量，且其他所有特征值保持固定不变时，y 增加 β_j 个单位量，因此在保证没有混杂变量时，β_j 就是 x_j 对于 y 的因果效应。

许多人在使用线性回归模型，这意味着在许多地方，它用于建模和推理能够被接受。从数学上讲，估计权重很简单，并且很多时候可以保证找到最佳权重，并进而可以获得置信区间、检验和可靠的统计理论，但是线性回归模型只能表示线性关系，即输入特征的加权和。线性回归模型的解释是依赖于模型的，而与模型无关的解释方法的最大优势在于它们的灵活性。当模型是非线性时，每个非线性或特征之间的交互关系则必须专门定义。对于许多问题，线性模型在预测性能方面通常也不是那么好，因为可以学习的关系非常有限，并且通常过度简化了现实世界的复杂程度。例如，有一个预测房屋价格的模型，输入包括房间数量和房子大小等特征（房子大小和房间数量是高度相关的，房子越大，房间就越多），如果将这两个主要特征都直接纳入线性模型，可能会出现这样的情况：房子大小是更好的预测因子，并且会得到很大的正权重，而房间数量最终可能会得到一个负权重，因为假设一个房子的大小固定不变，当房间数量和房子大小相关性太强时，增加房间数量反而会使得房子的售价降低，即可能会降低它的权重值，因此对于解决很多类似问题，线性模型往往不能胜任，需要寻求非线性的模型，例如神经网络、支持向量机等。

也有人提出了基于反事实的解释方法，可用于解释对单个样本的预测结果。"事件"是关于样本的预测结果，"原因"是该样本的特定特征值，它们输入到模型中并"导致"某个预测。人们只需要在做出预测之前更改样本的特征值，然后分析预测会发生如何变化。例如预测出现了反转（如信用卡申请被接受或拒绝），或者预测达到某个阈值（如癌症的概率达到10%），预测的反事实解释描述了将预测出现反转时，某个设定特征值的最小变化。反事实是人性化的解释，但反事实受到"罗生门效应"的影响。《罗生门》是一部日本电影，其中一个武士被谋杀是由不同的人讲述的，每个故事都同样很好地解释了结果，但结论相互矛盾。反事实也可能发生同样的情况，因为通常有多种不同的反事实解释，每个反事实都讲述了如何达到某个结果的不同"故事"。一个反事实可能会说改变特征 A，另一个反事实可能会说保持 A 不变但改变特征 B，这是矛盾的。对于每个样本，您通常会发现多个反事实解释（罗生门效应），这很不方便，大多数人更喜欢简单的解释，而不是现实世界的复杂性。这也是一个实际的挑战。假设为一个结果生成了 10 个反事实解释，是否全部都采纳？还是只是选择一个最好的？如果它们都相对"好"，但又大不相同怎么办？必须为每个任务重新回答这些问题。拥有多个反事实解释也可能是有利的，因为人类可以选择与他们先验知识相对应的解释。

6. 什么是好的解释

（1）解释是可对比的　人类通常不会问为什么会做出某个预测结果，而是会问为什么会做出这个预测结果而不是另一个预测结果。人们更倾向于在反事实情况下思考，即"如果输入的 X 不同，预测结果会如何？"对于房价预测，房主可能更会对"为什么预测价格高于他们预期的价格"感兴趣。如果我的贷款申请被拒绝，我不想知道同意或拒绝申请的所有因素，我只对申请中需要更改从而能够获得贷款的因素感兴趣。我只想知道当前申请版本和调整后有可能被接受的版本之间的对比。对于可解释机器学习，对比解释很重要，从大多数可解释的模型中可以提取出一个解释，隐含地将样本的预测结果与采集到的数据或其平均值进行对比。医生可能会问："为什么这种药对我的病人不起作用？"他们可能想要一个解释，于是须将他们的患者与使用该药物有效的患者以及其他无效患者进行对比。对比性的解释比完整的解释更容易理解，对于"为什么药物不起作用"这一问题的完整解释可能包括患者患病 10 年、11 个基因出现了问题、患者自身对药物很快分解成无效的化学物质等，而对比解释可能要简单得多，与有效果的患者相比，无效果的患者具有某种基因组合，使药物效果降低。最好的解释是突出目标对象与对比对象之间最大差异的解释。从因果关系来说，就是要找出因果效应最大或者具有直接因果关系的变量对。

　　那这对可解释的机器学习模型意味着什么呢？由于人类不奢望对预测结果进行完整解释，而是希望将差异与另一个样本的预测结果进行比较（可以是人为的预测），那么创建对比解释与应用本身有关，因为它需要一个参考点，这可能与需要解释的数据有关，也可能与接受解释的用户有关。比如，一个房价预测网站的用户可能想要出售一套房子，那么该用户可能希望获得自己房子的预估售价与网站上另一套房子或附近某套房子售价的对比解释。利用机器学习，自动创建对比解释的解决方案还可能涉及在数据中查找原型，以便于很好地建立对比基础。

　　（2）解释是可选择的　人们一般不会对某个事件的实际和完整原因进行详尽解释抱有太大期望。人们习惯于从各种可能的原因中选择一两个原因作为解释。比如，"股价下跌的原因是最近的俄乌冲突，世界供应链出现了问题，股民的信心不足""中国队由于防守薄弱而输掉了整个比赛，他们给了对手太多空间来发挥他们的战术""高传染性的病毒变异和很多西方国家已经躺平进行群体免疫是全球新冠疫情反弹的主要因素"。一个事件可以被各种原因解释，即罗生门效应。对于机器学习模型，如果可以从不同的特征中做出良好的预测，那将是有利的。组合具有不同特征（不同解释）的多个模型的集成方法通常表现良好，因为对这些"故事"（组合）进行平均可以使预测更加稳健和准确，但这也意味着，为什么做出某个预测有不止一种选择性解释，这对可解释的机器学习模型意味着，即使现实世界很复杂，但做出的解释可以非常简短，只需给出 1~3 个理由即可。就因果理论来说，就是对因果效应进行排序，然后比如说取排名前 3 的因果效应。

　　（3）解释是社会性的　它们是解释者和倾听者之间的对话或互动的一部分，社会背景决定了解释的内容和性质，如果想向技术人员解释为什么央行发行的数字加密货币如此重要，我会这样说："去中心化的、分布式的、基于区块链的分类账本，可以有效保护用户财富安全，这满足了用户需求并提高了使用价值。"但是，对我的祖母，我会说："看，祖母，加密货币有点像电脑黄金，之前人们喜欢买黄金，现在年轻人喜欢买这种电脑黄金。"这对可解释的机器学习模型意味着什么呢？这要求机器学习模型需要考虑目标受众的社会环境。

（4）解释是真实的　好的解释在现实世界中应该被证明是正确的，但令人不安的是，这并不是"好的"解释最重要的因素，例如，选择性看起来似乎比真实性更重要，仅选择一个或两个可能原因的解释很少是充分的。选择性忽略了部分事实，例如，并非只有一两个因素导致股市崩盘，事实是，有数百万种原因影响着数百万不同人们的行为，最终导致崩盘，这对可解释的机器学习模型意味着解释应该尽可能真实地还原生成结果的过程，在机器学习中，这有时被称为保真度。如果说有第二个阳台会增加房子的价格，那么这也应该适用于其他房子（或至少适用于类似的房子）。对于人类来说，解释的保真度可能不如其选择性、对比性和社会性重要。就因果关系而言，其实就是要找到影响结果的充分原因和必要原因，充分原因使得结果得以产生，而必要原因则描绘了结果如何产生。

（5）解释是特异的　人们更多地关注异常原因以解释事件，异常原因都是小概率但还是出现了的原因，消除这些异常原因将大大改变结果（反事实解释）。人类认为这些"异常"原因是很好的解释。假设有一门课程，学生选修了这门课程并完成课堂演讲作业后可以直接通过该门课程，老师可以选择在演讲后额外向学生提问，以测试他们的知识掌握程度，不能回答对这些问题的学生的成绩将为不及格。学生可以有不同程度的准备，这对应于正确回答老师问题的不同概率，想预测一个学生是否会通过该门课程，同时对预测结果进行解释。如果老师不问任何额外的问题，那么通过的机会是 100%，否则通过的概率取决于学生的准备水平以及正确回答问题的概率。于是，会出现以下场景。

① 场景 1：老师大概率会问学生课本以外的问题（比如 100 个学生中问了 95 个），一个没有很认真学习的学生只有 10% 的机会通过问答环节，很不幸，他被抽中回答问题并且不出意料地回答错误，那么这个学生为什么不及格？人们会说是学生不认真学习的错。

② 场景 2：老师很少问课本以外的问题（比如 100 个学生中问了 2 个），对于一个很认真学习的学生，我们会预测他通过课程的可能性很高，不太可能在回答提问环节"掉链子"。当然，如果老师问了一个学生他没有准备的问题，这名学生就很不幸，因为遇到了无法回答的问题。他挂科了，原因是什么呢？现在人们认为更好的解释是"因为老师对这个学生提了一个异常的问题"。

这对可解释的机器学习模型意味着，如果模型的输入特征之一是异常的（例如分类特征中的罕见类别），并且该特征影响了预测结果，则应将其包含在解释中，即便其他"正常"特征具备与异常特征对预测结果同样的影响力。在房价预测例子中，一个异常特征可能是一栋相当昂贵的房子有 10 个阳台。即使一些归因方法发现 10 个阳台对价格差异的贡献与房屋大小、街区位置或装修情况一样，但"10 个阳台"这一异常特征可能是这栋房子如此昂贵的最佳解释。在因果关系中，这还是涉及因果效应的计算问题。如何计算出一个变量 X 被干预或者操纵后（$\mathrm{do}(X=x)$）对其目标变量 Y 的因果效应。如果 X 对 Y 存在因果关系，那么 $X=x$ 中的 x 值越偏离于正常的设定值，那么 Y 的变化可能就越明显。

（6）解释是一般性的　如果一个原因可以用于许多事件的解释，那么这个解释就是一般性的，可以被认为是一个很好的解释。请注意，这与"异常原因可以是很好的解释"的说法相矛盾，一般认为，就解释有效性而言，异常原因胜过一般原因。根据定义，在给定的场景中，异常原因很少见，而一般原因有些时候显得比较笼统，在没有异常事件的情况下，一般性的解释被认为是一个很好的解释。但人们往往会误判事件的联合概率。一个说明一般性解释的正面例子是"房子贵，因为它大"，笼统地解释了为什么房子贵或便宜，人们就会认为它是一个好的解释，符合人们的常识认知。因果关系中，这就涉及一般原因、特异原因、实际原因这些概念。

（7）好的解释与倾听者的信念是一致的　人类倾向于忽略与其信念或者经验知识不一致的信息，这种效应称为证实偏差，解释中不可能避免这种偏差，人们会倾向于贬低或忽略不符合自己信念的解释。

信仰因人而异，但也有群体性的先验信仰，例如政治世界观。好的解释与先前的信念需要达成一致，这个要求很难集成到目前的机器学习模型中，并且可能会严重影响预测性能。人们对房屋大小对价格预测的影响的先前信念或者经验常识是，房屋越大，价格越高。假设一个模型通过数据学习到房屋大小对一些房屋的预测价格产生负向影响，这种学习得到的特征与先前的信念发生强烈冲突，那就可以强制执行单调性约束（一个特征只能影响一个方向）或使用线性模型等，但都不是很好的解决方案，可能事实就是如此而不是模型的问题，强加于学习模型上的约束可能会扭曲预测结果。就因果模型而言，需要一种像结构因果图一样的描述方法将常识、传统、习俗、信念等先验知识与数据相融合，完善数据驱动的机器学习模型。

4.3 从因果关系中寻求突破

由于深度神经网络在计算机视觉、自然语言处理和游戏中的成功应用，机器学习受到了科学界和产业界的极大关注。然而，越来越多的机器学习社区认识到，人工智能难题中仍然缺少对 4.2 节提及的核心问题的解决方案，其中就包括因果关系。这种认识来自以下观察事实：尽管因果关系是贯穿科学、工程和人类认知许多方面的核心组成部分，但在当前的机器学习系统中一般很少明确提及因果关系，要解决因果关系的问题，需要整合因果推理和机器学习能力从而进入下一代智能系统，这为更高水平的智能和以人为中心的人工智能铺平道路。

作用是双向的，因果推理可以受益于机器学习，反之亦然。所有迹象都表明，这样的"嫁接"可以结出丰硕的果实。例如，理解和利用因果不变性是实现分布外泛化（可迁移性）的关键因素，人类在这方面比最先进的机器学习系统做得更好。此外，因果推理方法提供了一种将被动观察和主动实验相结合的系统方法，允许更稳健和稳定地构建环境模型，而且，越来越多的证据表明，将因果和反事实嵌入深度学习系统可以实现实际场景中所需要的高维数据处理和理性推理。

4.3.1　因果机器学习

我们很高兴地看到近年来机器学习的一个新的有前途的研究方向已经开始萌芽，这就是因果机器学习。简而言之，因果机器学习是对能够估计因果效应的机器学习算法的科学研究，在过去的几年里，研究人员已经开发了不同的因果机器学习算法，将机器学习的进步与因果推理理论相结合，以估计不同类型的因果效应。由于因果机器学习是一个相当复杂的话题，本小节将重点介绍什么是因果机器学习，以及为什么它在实践中以及对数据科学的未来很重要[40]。

1. 一个可能需要因果机器学习的问题

就业指导对未来的学习选择有什么影响？想象一下，收到关于一个学生的数据集及其随时间变化的学习路径（如先考研还是先工作），并且希望了解就业指导干预是否会使该学生读研究生的可能性增加或减少。

分析数据集可以找出一些相关性，也许某些学生在接受干预后选择读研究生，而有些则在接受干预后似乎不太可能读研究生。问题是，对于想从事教师这一职业的学生，无论是否接受了就业指导，很可能都对读研究生感兴趣，或者学校可能只为有辍学风险的学生提供就业指导，又或者学校只对那些低收入家庭的学生进行干预。

如图 4-9 所示，学生的兴趣、学业成绩或社会经济状况都会影响接受就业指导的概率，也会影响考研究生的机会。前面已经介绍，这种外部因素被称为"混杂因素"。当存在这样的混杂因素会影响是否接受就业指导以及是否选择读研究生的可能性时，该如何确定就业指导是否影响了学生考研这一选择呢？

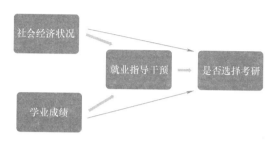

图 4-9 社会经济状况、学业成绩等因素会影响实施干预的选择和干预的效果

　　即使采集到一个很大、很干净且很理想的数据集，也很难识别出因果关系，因果推理在这时充满了困难。传统的机器学习技术主要基于识别相关性，根据过去数据中的模式预测结果。例如，可以训练一个非常简单的机器学习模型（例如逻辑回归模型），只要给出有关学生是否接受干预的信息，就可以预测他们考研的概率，但如果干预与学生的能力和社会经济背景有关，那么机器学习模型可能无法告知太多信息了。

　　如果使用传统的非因果机器学习或统计数据，甚至可能会发现一些奇怪的现象，例如：①仅对男学生而言，干预措施与考研呈正相关；②仅对女学生而言，干预措施也与考研呈正相关；③但把所有男女学生归为一个整体，干预措施则与考研呈负相关。

　　显然，这种现象就是所谓的辛普森悖论，这种现象出奇地普遍。不考虑因果关系的机器学习模型容易受到这种数据误解的干扰。如果只是对机器学习模型输入各种各样的就业指导干预，它只能模拟一个学生，接受了更多干预，但这个模拟学生可能在每次干预时具有不同的社会经济背景，无论如何构建数据图表和机器学习模型，结果都是一样的，无法知道学生在选择上产生的差异是干预的作用更大还是学生社会经济背景的作用更大。

混杂因素的因果问题还有其他类似示例，比如另一个常用的例子，医疗干预会增加康复的机会吗？想根据数千名患者的数据集中了解药物治疗的效果，然而，选择治疗的患者往往比不接受治疗的患者情况更糟，在这种情况下，患者的基础健康状态是一个混杂因素，如果只看接受治疗和未接受治疗的患者，由于那些身体状态好的患者往往选择不治疗而依赖自愈，因此没有接受治疗的人在恢复的比例上似乎更高一些，从而产生了治疗有害而不是有益的错觉。

2. 因果关系的黄金标准：随机对照试验

当干预（就业指导、医疗介入）的效果受到无法控制的混杂因素的影响时，来自不同学科的各种统计技术都尝试着来解释这些混杂因素。然而，消除混杂因素的唯一可靠方法是使用"黄金标准"，即随机对照试验。一家制药公司想知道药物 A 是否比药物 B 更好，那么，如果他们允许患者自主地选择药物，那就会受到混杂因素的影响，但是，如果通过掷骰子来随机分配患者接受任一治疗方案 A 或者 B，那就可以比较两组，并知道结果的任何差异都完全是由于治疗方案的作用，前提是两组的人数要足够多，从而使其他因素在两个不同的人群中有相同的分布。

无论谈论制药、就业指导还是任何其他领域，想要进行随机对照试验都需要一个理想但通常都无法实施的情境：①可以接触到足够多的自愿参与者；②有商业批准，或道德批准，抑或法律批准；③有足够的资源进行随机对照试验；④有足够长的时间进行试验和观察。

3. 如果不能实施随机对照试验怎么办

在现实世界中，人们经常发现自己拿到的是已经收集到的数据集（例如上面提到的学校学生的数据），或者人们只可以作为观察者观察事件的发展但无法干预（比如无法做到给所有医院的病人分配治疗方案）。对于这些棘手但非常常见的情况，跨学科的研究人员设计了许多统计技巧来消除或解释混杂因素，并旨在发现因果关系，下面介绍两种常见的方法。

（1）**数据集分组** 用于消除混杂因素影响的一种简单的方法是对数据进行分组，以学生的学业成绩为例，可以对不同经济条件和学术能力的学生群体进行单独的分析，并尝试确定就业指导干预措施是否与贫困、在校成绩高的学生的考研率有关。这种方法存在的问题是如果总体数据量不大，则进行分组后每一组的数据集可能太小从而无法进行有意义的分析，并且当混杂变量是连续的而不是离散类型时，这会因为分组太多也很难实施。此外，数据量减少也会使人们失去一些统计信息。最重要的是，还需要了解混杂因素的知识背景并有相关的数据才能对其进行分组设计，因此当混杂因素未知时，无法使用这种方法，比如如果没有关于学生是否来自单亲家庭的数据集，就不能对此进行分组，也不能将其作为混杂因素进行检验。

（2）**背景变量匹配** 另一种消除混杂因素的方法是将每个接受干预的学生与没有接受干预的、具有相似学习状态与社会经济背景的学生进行匹配。有许多统计技术可以计算这种匹配，例如倾向得分匹配。然而，背景变量匹配方法计算量大、不灵活，并且由于混杂因素在某些情况下甚至反而会放大偏差。

霍兰德（Paul Holland）的座右铭：没有操纵就没有因果关系

这里需要明确一点，不论统计技巧有多么强大、多么花哨，只有随机对照试验才是唯一的黄金标准，正如我们的历史名言："实践是检验真理的唯一标准。"

4. 社会科学中的因果推理

在某些领域，如经济学、社会学或政策分析，研究人员很少有机会进行随机对照试验那样适当的实验研究。自 20 世纪 30 年代以来，社会科学领域研究人员不得不使用统计方法来尝试识别因果关系。

（1）准实验　如果有一个因素影响了干预方案的分配，而你认为这种影响是随机的或没有偏差的，那么你就可以假设你实施了随机对照试验，在这样一种假设情况下进行的实验称为准实验，准实验在某些数据的采集上是被动的、非控制的，而决定这些数据的某些因素被认为对实验结果没有偏差性影响。比如在服药治疗疾病的观察实验中，如果病人的性别在服药组和不服药组中分配是自然均衡的，也就没有必要对于性别进行控制。

（2）工具变量估计　在 20 世纪 80 年代，计量经济学中流行的一种特殊的准实验叫作工具变量估计。在就业指导干预的例子中，想象一下有一个数据集，其中不仅包含所有已发生的就业指导干预，还包括那些原定进行但后来由于学生无法控制的因素而取消的干预。假设有两个学生，一个参加了就业指导课程，一个未参加，如果这两个学生报名参加就业指导课程的动机或社会经济背景不存在任何差异，那么是否参加就业指导课程就是一个与混杂因素无关的变量，因为对于未参加的学生而言，没能参加就业指导课程完全是因为随机的原因，由此这两个学生在就业上的差别就是由是否参加指导课程而导致的。在这种情况下，学生未参加就业指导课程的原因成为识别就业指导课程效果的工具变量，提供了一种评价就业指导课程效果的方法。

工具变量必须对准实验中的自变量有直接影响，但对因变量没有直接影响。一些很好的工具变量，可以帮助我们实施一个准实验，它们一般来自：①自然灾害；②官方的行政措施；③流行病等不可控事件。

就业指导干预的例子中，工具变量必须是一个影响学生是否参加就业指导课程的变量，而不会影响他们选择考研，如图 4-10 所示。

图 4-10　工具变量介入因果分析

学生的社会经济背景不适合作为工具变量，因为它会直接影响学生是否考研的选择，与是否接受就业指导无关，如图 4-11 所示。

图 4-11　社会经济背景对于是否考研有直接影响

不能将社会经济背景用作工具，还有一个原因就是无论干预如何，它都会直接影响考研的选择，而流行病导致就业指导课程被取消这样的事情对于是否考研没有影响，如图 4-12 所示。如果认为流行病对于考研也有影响，那么就是另外的一个故事了，其中的因果推理模型要重新设定。

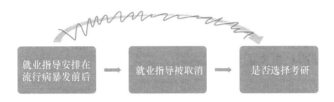

图 4-12　合适的工具变量不会影响考研的选择

5. 因果机器学习的起源

说起起源，就不得不提到经济学和社会学。从 6 世纪的宗教书籍到 2022 年的因果机器学习，包括因果自然语言处理，人们可以使用机器学习、统计学和计量经济学来模拟因果效应。经济学和其他社会科学的分析主要围绕因果效应的估计，即一个特征变量 X 对于结果变量 Y 的干预效应。实际上，在大多数情况下，人们感兴趣的事情在于所谓的干预效应，干预效应是指干预对结果变量的因果效应。比如在经济学中，分析最多的干预效应之一是对企业进行补贴对企业收入的因果效应[42]。

按照鲁宾提出的潜在结果框架，对个体的干预效果定义如下：

$$e_i = Y_i(1) - Y_i(0),$$

其中，$Y_i(1)$ 指个体 i 接受干预后的结果，$Y_i(0)$ 表示个体 i 未经干预的结果。然而，由于个人可以接受或不接受干预，因此，我们只能在同一个时间点观察到个体的两种结果中的一种，所以对个体干预效果的比对是不可直接观察的。这个问题也被称为因果推理的基本问题。然而，在某些假设条件下，可以确定其他个体干预（或者未干预）效果的平均值，我们用这个平均值作为该个体实施反事实的值，这虽然不是很准确，但在常识和统计范围内是可以接受的。随机分配干预的实验中，这些效果的平均值自然是可以估算的，从而可以通过实验直接识别个体干预效果水平，然而，在许多情况下，随机实验是不可能的，研究人员只能使用观察数据。因此，预测和因果推理尽管密切相关，但又是截然不同的两个问题。

相比之下，（监督）机器学习一般传统上更加侧重于预测，即根据特征变量对结果变量进行预测。机器学习模型旨在发现给定数据中的复杂结构并对其进行泛化，以便它们可用于对新数据进行准确的预测。这些算法可以处理大量的变量，并以非线性和高度交互的方式将它们组合起来，机器学习算法在实践中已被证明并且取得了巨大的成功，被用于从医学领域到金融领域的各种应用。

6. 融会贯通，两全其美

尽管经济学家和其他社会科学家对于因果的期待强于预测，但他们依然对机器学习方法的预测优势很感兴趣，例如精确的样本预测能力或处理大量变量的能力，但正如我们所见到的，经典机器学习模型并非旨在估计因果效应，使用机器学习中现成的预测方法会导致对因果效应估计存在偏差。必须修改现有的机器学习技术，以利用机器学习的优势来持续有效地估计因果效应，这就促使了因果机器学习的诞生。

目前，根据要估计的因果效应类型，因果机器学习可以大致分为两个研究方向，其中一个重要的方向就是改进机器学习方法以用于无偏且一致的平均干预效应估计。平均干预效应是整个目标群体中所有个体干预效应的平均值，并且可能是计量经济学因果分析中最常见的参数。该研究领域的模型试图回答以下问题：客户对营销活动的平均反应是什么？价格变化对销售额的平均影响是多少？此外，因果机器学习研究的另一条线侧重于改进机器学习方法以揭示干预效应的特异性，即识别具有大于或小于平均干预效应的个体亚群。这些模型旨在回答以下问题：哪些客户对营销活动的反应最大？价格变化对销售额的影响如何随着顾客年龄的变化而变化？

7. 决策问题需要因果答案

因果机器学习对商业等领域的重要性不容忽视。企业经常使用经典的机器学习工具来处理决策相关的问题，例如设定什么样的价格或针对哪些客户进行营销活动，但是，在做出预测和做出决定之间存在很大差距，要想制定出数据驱动的决策，对因果关系的理解是关键性的。用日常商业业务中的两个例子来说明这个问题。

（1）示例 1：弹性定价

每家企业定价管理的核心是了解客户将如何应对价格变化，为了设定最优价格，公司需要知道在不同假定的价格水平下能卖出多少产品，最实用和最有意义的指标叫作需求价格弹性，尽管使用经典的机器学习方法来估计需求价格弹性似乎很简单，以价格水平作为输入特征来预测作为结果的销售额，但在实际应用中，这种方法并不能表明价格水平对销售额的因果效应。

做出预测和做出决策之间存在许多差别，需要了解基本假设以优化数据驱动的决策制定。假设采集到了每个航空公司机票价格和上座率的历史数据，通常价格和上座率呈正相关，因为航空公司通常的定价政策会规定在其上座率增加时提高座位价格，在这种情况下，经典的机器学习模型将回答以下问题，如果在某一天，机票价格很高，那么当天上座率的最佳预测是什么？该模型能够正确预测上座率的可能性很高，然而，由此推断价格上涨会导致更高的上座率是错误的，根据一般经验，知道真正的因果效应恰恰相反，如果一家航空公司在任何地方都将票价提高10%，那这家公司就不太可能卖出更多的机票。

（2）示例2：客户流失

企业喜欢在机器学习的帮助下解决的另一个常见问题是预测客户流失，即客户是否放弃该企业提供的服务。这些企业对确定流失风险很高的客户十分在意，他们可以通过实施干预措施来应对，以防止这些客户流失。

经典机器学习算法已被证明非常擅长预测客户流失。不幸的是，这些结果不能充分解决公司的资源分配问题，即干预策略最好针对哪些客户。面向客户的资源配置优化问题具有因果性，对于哪些客户，干预策略对防止客户流失的因果效应最强？一项研究表明，在许多情况下，流失风险最高的客户群体与对干预措施反应最大的客户群体之间的重叠率远远低于100%。因此，将客户流失问题视为预测问题并使用经典机器学习模型来解决并不是最好的，从而可能为企业带来较低的回报率。

8. 每个数据科学家的愿望

除了这些活生生的应用案例，因果机器学习引起数据科学家兴趣的一个更深刻的原因是其泛化能力，具备描述数据之间因果关系能力的机器学习算法可泛化到新的环境中，但这仍然是目前机器学习的最大挑战之一。

为了说明这一点，珀尔给出了一个经典的公鸡和太阳的例子。基于公鸡打鸣和太阳升起的数据，机器学习算法会将它们关联起来，并且由此可能能够准确预测太阳何时升起，比如公鸡打鸣了，太阳则将在之后不久升起来，这种只能预测相关性的模型不可能泛化到没有公鸡的情况，在这种情况下，机器学习算法永远不可能预测太阳会升起，因为它从未观察到这样的数据点，即没有公鸡。但是，如果机器学习算法捕捉到了真正的因果关系，即太阳升起是因为地球自转，那么即使没有公鸡，它也完全能够预测太阳升起。当然，如果数据中只有公鸡打鸣和太阳升起两个特征变量，则它无法获取真正的太阳升起的原因，如果数据中有更多的特征（不一定要有关于地球自转的描述），也许就可以知道真正的原因，但是到底需要什么样的特征，目前人们还知之不多。

9. 没有因果推理就没有真正的人工智能

珀尔从更深层次分析这些问题，认为如果机器不会因果推理，将永远无法获得达到真正人类水平的人工智能，因为因果关系是人类处理和理解周围复杂世界的关键机制。预测相关性的能力并不能使机器变得智能，仅允许机器根据算法提供的数据对现实进行建模。

此外，机器学习算法需要识别因果效应以具备提出反事实问题的能力，即询问在某种干预下某些因果关系将如何变化。反事实的算法化能够使机器具备真正的思考能力，从反思过去行为中受益，并拥有这种直到现在为止人类特有的世界观和思维方式。由于反事实是道德行为和科学思想的基石，因此机器只有学会了因果推理，才能与人类更有效地交流，并以自由意志达到道德人的地位。尽管这听起来有点玄乎，变得非常哲学化，但我们希望这能够帮助了解因果机器学习是什么，以及为什么因果不仅在实践中而且对于整个数据科学的未来都是必要的。因果机器学习体现了因果性思想对于机器学习算法设计的指导作用，随着人工智能的发展，越来越多学者开始认识到因果推断对于克服现有深度学习、机器学习在抽象、推理、可解释性等方面的不足具有重要意义。

4.3.2 因果发现

虽然因果推理是一个强大的工具，但它需要一把"钥匙"来开启。也就是说，它需要一个因果模型。然而，在现实世界中，通常不确定哪些变量会相互影响，这就是因果发现可以提供帮助的地方，因果发现旨在从数据中推断因果结构，换句话说就是给定一个数据集，导出一个描述它的因果模型。

那么，该如何发现事物之间的因果关系呢？虽然随机对照试验是最直接的解决方法，但由于实验技术局限、实验耗费代价巨大等原因，越来越多的专家学者希望能够通过采集到的观察数据直接推断出变量与变量之间的因果关系，这也是当前因果机器学习领域的研究热点，因果发现便适用于从一堆纷繁复杂的数据中，挖掘出不同变量之间因果效应的网络结构。

因果发现没有标准的方法，有各种各样的技术可用，而且这些技术彼此之间几乎没有任何相似之处。我们的目标是勾勒出不同算法的共同属性，并介绍一些关键思想。因果发现是逆问题的一个例子，就好像冰块化了之后，需要根据留在厨房台面上的水迹来预测原来冰块的形状一样，显然这是一个难题，因为可能很多不同形状的冰块都可能产生相同的水迹。如果将其与因果联系起来，水迹就像数据中变量之间的统计关系，而冰块就像是潜在的因果模型。为了进行因果发现，需要重新认识两个描述因果机制的工具，也就是因果图和结构因果模型。

1. 因果发现的常见假设

先说明一下解决逆问题的常用方法，即需要先对试图揭示的内容做出假设，这就有效缩小了可能的解决方案的范围，并有望使问题得到解决。在因果发现法中，有以下 3 个常见的假设。

1）非循环性：因果结构可以用有向无环图 G 来表示。

2）马尔可夫属性：所有节点在以父节点为条件时都独立于它们的非后代节点。

3）忠实性：真实分布中的所有条件独立性都可以用 G 表示。

如前所述，没有一种单一的因果发现法可以支配所有其他方法，尽管大多数方法是使用上述假设（也许更多）的，但不同方法的细节可能会有很大差异。

2. 因果图

因果图是在贝叶斯网络的基础上定义的，它们都满足有向无环图的形式，并遵从马尔可夫性和忠实性假设，这是图与数据之间融合的关键，实现了图的连接性和变量的统计独立性之间的"联姻"，即给出了常识与数据结合的一条通路。区别是，贝叶斯网络是由一系列条件概率描述的有向无环图，而因果图引入由 do-算子定义的干预，突破了条件概率只能学习到相关性的限制，从而能够学习到更稳定的结构。

这里，需要严格控制混杂变量以消除其带来的偏差。然而，长期以来，统计学家时常困惑于具体应该控制哪些变量。在链式结构 $X \rightarrow Z \rightarrow Y$ 中，如果控制中间变量 Z，会切断 X 和 Y 之间的间接因果联系，得出 X 对 Y 没有影响的错误结论；在对撞结构 $X \rightarrow Z \leftarrow Y$ 中，如果控制对撞点 Z，就会产生 X 与 Y 之间的虚假关联，从而错误地认为 X 对 Y 有因果效应。我们已经在第 2 章中了解了后门准则，它们可以帮助识别并消除因果图中的混杂变量，将 do-算子表示的干预分布转化成条件分布，在此基础上可以利用观察数据使用统计方法进行因果推断。利用因果图能够计算确定变量之间的因果效应，但因果图本身无法直接看出变量之间的因果效应。

3. 结构因果模型

为了更进一步描述因果变量之间的确切因果效应，可以使用结构因果模型，通过一系列函数方程对由图所描述的因果关系进行形式化定义，将因果发现转化为函数估计问题。在结构因果模型 $X_j = f_j(Pa_j, U_j)$ 中，除了因果变量 X_j 外，Pa_j 是一组直接影响 X_j 的变量，称为 X_j 的父变量，另外还有一组随机变量 U_j，称为外生变量，它们只影响其他变量，但不受任何变量的影响，相当于环境变量，用于描述 X_j 受环境影响所产生的不确定性，同时经常假设它们是相互独立的，并满足高斯分布。相比因果图，结构因果模型包含了更多的信息，不仅有一个观测分布，还有干预分布和反事实分布，还可以在因果图干预的基础上，进一步支持反事实推理，如图 4-13 所示。

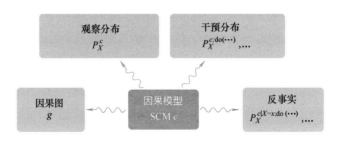

图 4-13 结构因果模型蕴含的信息

4. 因果发现的具体方法

基于观测的因果发现，就是要对生成数据的因果结构进行估计，用于确定一个因果图的实际结构（如图 4-14 所示），主要包括两类：基于约束的方法和基于评分的方法[43]。

（1）基于约束的方法　基于约束的方法剔除因果关系图中不符合因果马尔科夫假设和因果忠诚性假设的边，主要通过一系列假设检验，

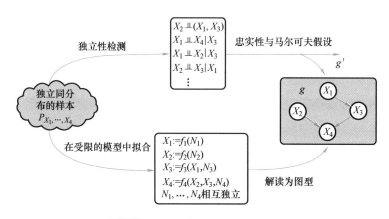

图 4-14 通过数据确定因果图结构

判断在给定一个集合 V 后,两个节点之间是否条件独立。以该类方法中的经典 PC (Peter Spirtes and Clark Glymour) 算法为例,为了避免对所有可能的集合 V 进行搜索,在因果图构建过程中,从一个全连接图开始,通过逐渐增加条件集合的大小,来判断两个变量之间是否条件独立,如果可以找到一个集合使得两个变量之间条件独立,就可以去掉两个变量之间的边。如果两个变量 (X, Y) 之间条件独立,即它们之间没有直接相连的边,但存在路径 $X—Z—Y$,且 Z 无法使得 (X, Y) 之间条件独立,那么就可以确定一个对撞结构 $X{\rightarrow}Z{\leftarrow}Y$,在确定了所有边的方向以及删除了多余的边之后,就确定了所要找的图,这种方法在很多场合下是有效的,但是并不能保证在所有场合下有效。

(2)基于评分的方法 通过对模型类型作相应的假设限制,直接拟合一个结构因果模型。拟合的效果通常由一个评分函数进行评价,该评分函数通常包括两个部分:一是要最大化对数据的拟合程度;二是对图结构的复杂程度进行惩罚。使用梯度上升或者下降的方法,可以对拟合程度与复杂性程度两个维度进行逐步优化,在对最优图结构进行搜索时,经常也使用贪婪搜索方法等局部搜索方法,也可以使用如动态规划、混合整数规划进行精确搜索，另外也可以通过有效地结合基于约束的方法，节约计算成本，得到更加准确有效的模型估计。

总体上来说，从数据中构建因果图，目前仍然没有万能的方法，每一种方法都有其适用的范围，综合性的使用上面提到的一些方法，并且尽可能多地挖掘数据所提供的信息，才能实现因果图构建的目标，这一方面还有很多问题需要研究和解决。

5. 因果发现与机器学习

在满足因果忠诚性假设的情况下，可以通过在观察数据中进行条件独立测试来发现因果图，但是这种方法存在一些问题：一是数据量总是有限的，而条件独立测试是很难的，尤其是在连续变量和高维变量的情况下，没有额外的假设，条件独立测试很难进行；二是条件独立测试可能会产生无法分辨边的方向。近年来通过假设结构方程的类型，人们发现这两个问题都可以被解决，回顾一下之前的例子，可以很好地说明为什么假设结构因果模型中的方程形式是必要的。

假设一个简单的结构因果模型只有两个变量 X 和 Y，其方程形式可以写为

$$X = U_X$$

$$Y = f(X, U_Y)$$

其中，$U_X \perp\!\!\!\perp U_Y$。现在假设 U_Y 是一个随机变量，那么从有限的数据中很难得到有关结构因果模型的足够信息。因为 U_Y 是不可观测的，且 f 可以是任意不同的函数。所以需要限制 f 关于 U_Y 的复杂度，一个简单的限制为加法噪声模型

$$X = U_X$$

$$Y = f(X) + U_Y$$

对函数形式的限制不仅使 f 学习变得容易，还可以打破独立性测试中因

果对称性，即可以确定马尔可夫等价类中边的方向。例如前面提到过的可识别模型，如线性高斯模型等。限制函数类型只是一种识别因果结构的方法，其他方法依然存在，根据稀疏机制偏移（sparse mechanism shift，SMS）假设条件，不同环境的分布偏移可以极大地帮助我们识别因果结构，这些环境可以来自干预、不平稳的时间序列或者不同的视角。

稀疏机制偏移（sparse mechanism shift，SMS）假设

分布的微小改变一般是稀疏地或局部地体现在因果分解中，即它们通常不会同时影响所有的数据生成机制。这个概念由因果领域领军人物、马普智能系统研究所所长舍尔科普夫（Bernhard Schölkopf）及"深度学习三巨头之一"约书亚·本吉奥（Yoshua Bengio）等人提出，SMS 假设近期已经被用来学习因果模型、模块化结构和解耦表征。

SMS 假设揭示了自然界的一个有趣而重要的事实，即一个由因果机制建构的系统（人类、动物、机器人、智能机构等），对于环境具有很好的适应性，当外部环境发生不太剧烈的变化时，系统只需要做局部的和少量的调整，就可以很好地适应变化。这对于机器学习中碰到的分布外泛化（out-of-distribution generalization）问题的解决（即可迁移性）具有极大的启示性。

4.3.3　因果模型对机器学习的意义

前面所有关于因果学习范式的讨论，都没有特别提到样本集合的独立同分布假设，相反，希望做出一个较弱的假设，应用于模型的数

据可能来自不同的分布，但大部分观察的数据都难以满足一定的要求。这会带来以下几个严峻的挑战。

1）在许多情况下，需要从给定的原始的输入变量获取因果变量，这种变量可能是非常底层的（如图像的像素），难以提取有用的信息。

2）对于数据的哪些方面揭示了因果关系这个问题，目前还没有达成共识，甚至对于因果关系本身的理解也存在众多观点。

3）传统的实验方案得到的训练数据和测试数据不足以推断和评估因果模型，因此需要新的测试，例如获取环境信息和干预措施。

4）缺乏可大规模使用的因果机器学习算法的问题，即便目前有了一些突破进展，但仍然很有限。

尽管存在这样或那样的挑战，但因果模型对于机器学习还是有着很多深刻的影响。

1. 稳健性

有人提出假说，因果关系应该对分类器是否易受对抗攻击有影响。这些针对机器学习系统的攻击目前很常见，包括对输入的微小的扰动，人类观察不到这些扰动，它们却改变了分类器的输出。这些攻击显然针对的是统计机器学习中独立同分布的假设，一旦数据违背这个假设，模型出现错误是很自然的。这也揭示了，当前人工智能分类器表现出的稳健性与人类分类器表现出的稳健性差别较大，如果这两个稳健性的度量方式都已知，那么就可以尝试找到攻击的手段。现在的对抗学习方法可大致归结于此，把机器的稳健性度量建模成一个数学描述，从中找到使分类器的输出发生最大变化的样本。

因果模型如何提升机器学习系统的稳健性呢？最近有研究证实了，如果分类器具有了可迁移且稳健的因果机制，就很难找到有效的对抗样本。所以结合因果，可以使机器学习模型更好地抵御对抗攻击，现在假设已处于因果环境中，因果模型被分解为多个独立的组件，每个组件是一个自主的因果模块。在给定一个因果模型时，需要确定允许对哪些变量进行干预。可以大胆地假设，由自主模块构成的因果结构，在替换或者增减某个局部模块时，系统的功能不会受到大的影响，表现出某种稳健性，这正是 SMS 假设。而在决策时，稳健性同样重要，这时可能需要考虑其他参与者行为的决策，这些参与者的行为可能经常发生变化，从而要求决策具有应对这些变化的能力。例如，为了获得更高的信用分数，一个人可以改变他们当前的债务情况（通过还清债务），或者通过搬到更富裕的社区来改变他们的评级，这些都有可能对偿还概率有积极的因果效应。一个人可以通过行为变化来改变统计机器学习算法对其信用的评级，而对于银行来说，则只有用影响信用的真正原因来构建因果模型，才能保证系统对于各种情况的正确响应，即稳健性。

2. 可迁移性

在一个复杂的世界里，人们经常面临着一个领域的学习结果迁移到另一个领域，为每个领域设立一套完全独立的学习机制是不明智，也是不可能的。人类学习知识的一个特点就是可以将不同领域的知识进行对比、联想和迁移。不论是人类、动物还是机器只能获取有限的资源和信息，即我们得到的关于每个任务的数据有限，因此需要找到汇集或者重复使用这些数据的方法，许多领域的有用的或者有效的数据少之又少，所以需要盘活已有的不同领域的数据。此外，在计算资源方面，动物大脑的容量是有限的，进化神经学表明一个脑区可以用于不同任务。在很多应用场景中，部署在嵌入式系统中的机器学习模型由于电池大小和能量储备也面临着类似算力限制的问题。因此，未来的人工智能模型应该拥有与动物一样的能力，通过知识迁移解决现实世界中一系列的问题，因此这就需要存在与人类相似的可迁移的计算能力。

要做到这一点，一个通行的方法是将现实世界上相应的对象或事件都组成模块化的结构。换句话说，如果世界是模块化的，包括它的成分、生成机制等，并在环境、任务和场景中发挥作用，那么模块化是一种明智的选择。例如，如果自然光的变化（太阳、云层等的位置）意味着视觉环境可以出现不同数量级的光照条件，那么神经系统中的视觉处理算法应该能够应对这些变化，而不是为每种光照条件都构建一个单独的识别模型，如果神经系统通过某种调节机制来补偿光照引起的变化，而使得计算资源通过微调即能够被重复使用，那么这种计算机制本身就不必与导致亮度差异的物理机制（太阳移动、云层遮挡）相联系，不必为每一种物理环境构建一个计算环境。学习此类方式的一个明智的选择是寻找决定计算结果的独立因果机制，而机器学习可以在其中发挥作用。从而使得学习出来的计算模式可以帮助我们在不同领域进行知识迁移，这无疑是一种经济而高效的计算模式，也是人类智能所采取的通用方式。

众所周知，深度学习擅长学习并保存统计特性相关的数据表征，然而，它没有考虑变量的因果属性，也就是说它不关心重构这些变量的干预属性。因果学习应该超越统计相关性结构的表征，转向支持干预、推理和决策的模型，实现康拉德·洛伦兹（Konrad Lorenz）的"思考即为在想象中行动"这一概念，这最终需要人工智能具有反思自己行为的能力，想象可能的情况，甚至可能需要自由意志，从社会、文化、传统和习俗中学习这些能力至关重要，这是一个尚未进入机器学习研究阶段的主题，但它是人类智能的核心。

3. 强化学习

强化学习是人工智能的一个领域，用于学习与环境的交互过程，例如下棋或自动驾驶。人工智能被认为是一个"代理"，可以根据"奖励"选择采取某种行动，强化学习允许代理有时采取已有的行动方案，有时"探索"以前尚未采用过的行动方案，目的是为未来学习更好地行动作决策。研究人员最近对强化学习进行了优化，结合贝叶斯网络的复杂性来处理混杂因素和其他影响，以期通过强化学习得到因果关系。

强化学习是机器学习中更为接近因果研究的一个领域，它常常会直接计算 do-操作的概率，即干预的效果。例如在在线策略（on-policy）评估学习中，就可以直接估计对当前策略进行某种干预的概率。但当涉及离线策略（off-policy）评估学习或者离线强化学习时，与因果相关的问题就变得十分精妙。强化学习和因果结合可分为两个方面：一个是从强化学习环境中学习到因果关系（因果发现），另一个是利用因果模型进行规划和行动（因果推理），强化学习环境中的因果发现及推断与通常的因果学习相比存在更多的挑战。

基于模型的强化学习是和因果紧密相连的，因为它本身就是在模拟行动（干预）对当前环境状态的影响。它期望学习到一个环境的模型，刻画环境中的一些因果关系，从而可以与环境进行交互，来解决目前强化学习中的种种问题，所以利用因果推断的方法来帮助智能体学习一个更好的环境模型是很直观的想法。

此外，尽管强化学习已经取得了令人瞩目的成功，但它需要的样本量往往在现实应用中无法满足。而且，强化学习在面对一些训练时没有见过的微小环境变化时是十分脆弱的。在理论上和实践中，稳健性和泛化问题对这一领域的未来发展都是至关重要的，为了设计能够在不同环境和任务中进行推断的机器，一种解决思路是使机器能够学习不同环境间的不变性，也就是因果图中的不变性。从数据中学习不变性的一个关键要求很可能是可以实施干预并从干预中学习。认知心理学研究认为，只有通过实验才能发现因果关系，这恰好可以通过建模，强化学习环境的结构化，智能体从中通过干预和观察效果来发现因果关系。而且，因果模型可以学到具有一组潜在的独立因果机制，以对环境进行建模。因此，即使数据将来有一些分布上的变化，智能体的内部结构也无须全部推倒重来。当然，关于如何明确地定义与计算强化学习的泛化性，仍然有许多悬而未决的问题需要研究。

此外，反事实推理已经被证明可以提高强化学习算法的效率和性能，并已被应用于多代理环境中实现对过去经验的交流，这与认知心理学是相符的。反思可以让我们推断过去行为的作用，以在未来可以根据目的选择相应的行为，所以未来强化学习的研究应该重点考虑反事实推理，智能体可以在想象空间中行动，构想假说，并用合适的干预进行验证。

4. 可解释性

在自然科学中，应用机器学习的一个基本问题是，可以在多大程度上通过机器学习补充人们对物理世界的理解。一个有趣的应用是用神经网络对物理系统进行仿真，可以大大提高工程模拟器的效率。此外，缺少系统性干预试验条件常常是存在于其他应用领域中的问题，比如医疗健康、社会法制等领域。个性化医疗就是一个例子，人们可能希望通过多种数据源（如电子健康记录和遗传信息）建立患者健康状态的模型。然而，如果想在受控环境下通过一系列数据训练出一个病人健康状况诊断模型，与医生的诊断经验相比，这个模型可能无法提供更多的信息，并且在实际应用时往往没有作用，尽管自动生成某些结论甚至策略可能是有用的，但是理解决策背后的因果机制是提供个性化和可靠的治疗方案所必需的。因果学习及推断对于理解医学现象有很多潜在的帮助，例如，流行病暴发的背景下，因果分析可以就帮助区分各种因素对于病死率的不同影响。

再举一个有关于天文学的例子，在仪器数据有干扰（混杂因素）的情况下，因果模型可以被用来识别系外行星，系外行星经常被探测到，因为它们运行到主星前面凌日时部分遮挡了主星，导致主星亮度略有下降。为了减少仪器对测量的影响，研究人员可以消除相距数光年恒星之间的测量噪声，这在开普勒系外行星搜索任务中下显得尤为重要。2016 年，因果模型的应用使得人类发现了 36 颗候选行星，其中 21 颗随后被确认为真正的系外行星，四年后，天文学家在系外行星 K218b 的大气中发现了水的踪迹，这是首次在太空可居住区发现系外行星存在液态水。

如下几个因果机器学习领域将会对未来的世界和生活至关重要。

① 大规模非线性因果关系学习；

② 因果表征学习；

③ 理解目前深度学习方法中的数据偏移问题；

④ 学习正确描述现实世界的因果模型（观察、干预、反事实这 3 个层次）。

4.4　下一代人工智能

在大数据时代，需要突破"所有知识都来自数据关联"这一框架，这就涉及因果关系范式融合领域知识、常识约束的问题研究。这样一种因果体系给出了因果关系分析和推断的思想和方法，包括 do-算子、反事实、原因的充分性与必要性等。"因果关系已经经历了一个重大的转变，从一个神秘模糊的概念转变为一个具有明确语义和逻辑基础的数学定义"。在下一个 10 年里，这个框架将与现有的机器学习系统相结合，可能引发"第二次因果革命"，也可能带来下一代人工智能的热潮。

4.4.1　因果建模的层次

如果将机器学习的功能与动物的功能进行比较，会发现机器在自然性更强的关键领域能力表现相当有限，这包括对新问题的处理和对新环境的泛化，这里不仅指从一个数据集到下一个数据集的泛化（从同一分布中采样），还指从一个问题到下一个问题的迁移，这是一种更难的问题。这一缺点并不令人吃惊，因为机器学习常常忽视动物所擅长的大量使用信息的能力，如干预、领域迁移、时间结构等。总的来说，这些因素对机器学习系统来说都是极其复杂的，同时也经常试图在预处理中将它们简化掉甚至是排除在外，但这样做可能丢失了机器学习中最宝贵的部分，即对于因果结构机制的学习。

1. 机器学习亟须解决的 3 个问题

简单回顾一下机器学习中亟须解决的三大问题。

（1）稳健性　随着广泛采用深度学习方法，计算机视觉、自然语言处理和语音识别等研究，大量探索了最先进的深层神经网络结构预测的稳健性。潜在的动机源于这样一个事实，即在现实世界中，数据来源的分布通常很少受到控制。在计算机视觉中，训练集与测试集数据分布的变化可能来自像素差、相机模糊、噪声或压缩质量，或来自摄像机位移、旋转或角度。由此，人们提出了简单的算法来模拟干预，以专门测试分类和识别模型的泛化能力，如空间偏移、模糊、亮度或对比度的变化、背景控制和旋转以及在多种环境中采集的图像等。通过简单的干预研究深层神经网络模型的稳健模式，有可能深入了解数据偏移的问题。到目前为止，尽管已经利用数据增强、预训练、自监督学习等方法取得了一定的进展，但对于如何解决这些问题还没有达成明确的共识。有人认为这样的修正可能是不够的，在独立同分布假设之外进行泛化不仅需要学习变量之间的统计关联，还需要学习潜在的因果结构，以明确数据生成的机制，并允许通过干预概念模拟分布变化。

（2）可迁移性 婴儿对物体的理解基于跟踪随时间变化而表现一致的物体，这一机制可以让婴儿快速学习新的任务，因为他们对物体的知识和直观理解可以重复使用。类似地，能够高效地解决现实世界中的任务需要在新的场景中重用学习到的知识技能。研究已经证明，能够合并或不断学习环境知识，并且能够重用已有知识的机器学习模型效率更高，通用性也更好。如果将现实世界模块化，许多模块会在不同的任务和环境中表现出相似的行为，因此，面对新环境或新任务，机器可能只需要调整其内部表示中的几个模块即可，因此，当学习因果模型时，由于大多数知识（即模块）可以在无须进一步训练的情况下重复使用，从而只需要较少的样本以适应新环境或新任务。

（3）可解释性 可解释性是一个微妙的概念，不能仅使用布尔逻辑或统计概率的语言完全描述，还需要额外的干预的概念，甚至是反事实的概念。因果关系中的可操纵性定义关注的是这样一个事实，即条件概率（看到人们打开雨伞表明正在下雨）无法可靠地预测主动干预的结果（合上雨伞并不能阻止下雨）。因果关系被视为推理链的组成部分，它可以为与观察到的分布相去甚远的情况提供预测，甚至可以为纯粹假设的场景提供结论，从这个意义上说，发现因果关系意味着获得可靠的知识，这些知识不受观察到的数据分布和训练任务的限制，从而为可解释的学习提供明确的说明。

2. 因果学习建模的 3 个层次

谈及对自然现象建模，自然而然就会想到物理模型，一般通过微分方程组来描述，如牛顿定律，它根据时间的演变对物理机制进行建模，使得人们可以预测物理系统未来的行为，推断干预的效果以及预测变量之间的统计相关性，并且还可以提供物理知识的解释，让人们可以解读其因果结构。如果说微分方程是对物理系统的全面详尽的表述，那么统计模型可被看作一种表面粗糙（只是基于观察）的描述，它无法预测干预的效果，但是它的优点在于通常只需要从观察数据中进行学习，而微分方程则通常需要专家来提出。因果建模则存在于这两个极端之间，它期望能够像物理模型一样预测干预的效果，但同时可以在一些假设下，通过观察数据找到这样的模型，以发现新的知识[41]。

表4-4给出了不同模型之间的分类与层级，并且给出了分级的依据，越高层的模型拥有更多、更强的知识表达能力，这些能力从低到高分别是在独立同分布条件下的预测能力、在分布偏移/干预下的预测能力、回答反事实问题的能力以及是否蕴含物理现象的本质。就因果模型而言，目前主要有两套流行的因果模型：珀尔的结构因果模型和因果图，以及鲁宾的潜在结果框架，两者都可以预测、干预和回答反事实问题，对于"发现定理知识"目前还不确定是否可行。但潜在结果模型的不同之处在于，其基于统计方法，从数据中进行学习的能力很强，但对于混杂变量的识别缺乏算法性描述，珀尔指出，这就是结构因果模型中的后门变量，因此可以在因果图上予以确定，但如何从数据中学习因果结构模型还亟待进一步研究和检验。

接下来阐述一下统计模型、因果图和结构因果模型之间的差异。

图4-15描述了3个变量的统计模型（左）和因果模型（右）之间的差异。统计模型只能给出一个联合概率分布，而因果模型可以表示一组联合概率分布，每个可能的干预是一个独立的分布。

表 4-4　不同模型的分类和层级

模型		预测（IID）	预测（干预/non-IID）	反事实问题	发现定理知识	从数据中学习	结合已有知识
物理（知识、规则）模型		√	√	√	√	?	√
因果模型	结构因果模型	√	√	√	?	?	√
	因果图	√	√	√	?	?	√
	潜在结果框架	√	√	√	?	√	×
统计模型		√	×	×	×	√	×

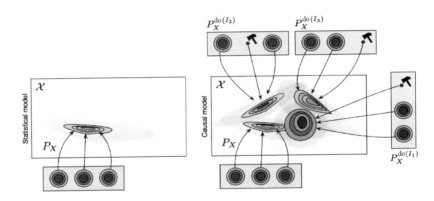

图 4-15　预测模型与因果模型之间的差异[42]

统计模型也可以被定义成一个图（如贝叶斯网络），图中变量的联合概率分布与因果图一样可以根据马尔可夫性质进行分解，但得到的边并不一定是因果的。因为，只依赖于统计独立性，无法分辨马尔可夫等价类，如 $X_1 \to X_2 \to X_3$，$X_1 \leftarrow X_2 \leftarrow X_3$ 和 $X_1 \leftarrow X_2 \to X_3$，它们都具有同样的条件独立 $X_1 \perp\!\!\!\perp X_3 | X_2$。故马尔可夫条件是不足以用来进行因果发现的。

因果图允许计算干预的分布，当一个变量被干预时，就把它设为固定值，并且切断与其父节点的边，在新的图中计算得到的即为该干预的分布。

结构因果模型则包含因果变量和带有独立噪声的结构方程，也可以计算干预分布，因为它可以表达成因果图的概率分解的形式。因果图和结构因果模型都允许计算干预分布，但只有结构因果模型能够进行反事实推理。

总结起来，统计模型的概念基础是一个联合分布 $P(X_1,\cdots,X_n,Y)$，可以近似计算 $E[Y|X]$。因果学习则考虑了一类更丰富的联合分布，并试图利用这些分布来表达具有因果因子分解的情况，它涉及因果条件 $P(X_i|Pa_i)$（Pa_i 表示 X_i 的父节点）这些条件如何相互关联以及它们所对应的干预或变化。一旦通过外部人类知识或学习过程获得这些因果模型，那么因果推理就可以对干预、反事实和潜在结果的影响得出结论，相比之下，统计模型一般只能推断独立同分布情况的结果。

具体地说，基于统计模型的机器学习模型只能对相关关系进行建模，而相关关系往往会随着数据分布的变化而变化；而因果模型基于因果关系建模，抓住了数据生成的本质，反映了数据生成机制的关系，这样的关系更加稳健，具有分布外泛化的能力。

（1）在独立同分布条件下的预测能力　统计模型只是对观察现实世界的粗浅描述，因为它们只关注相关关系。对于样本 X 和标签 Y，可以通过估计 $P(Y|X)$ 来回答一些问题，如"这张特定的照片中有一只狗的概率是多少？""已知一些症状，心力衰竭的概率是多少？"等，这些问题是可以通过观察足够多由 $P(X,Y)$ 所生成的独立同分布数据来回答的。尽管机器学习可以把这些事做得很好，但是仅有预测结果对于人们作决策是不够的，而因果科学为其提供了一种补充，举例来说，古代欧洲认为，鹳出现的频率和人口出生率正相关，的确可以训

练一个统计学习模型来通过鹳出现的频率预测人口出生率，但显然这两者并没有什么直接的因果关系。统计模型只有在独立同分布的情况下才是准确的，如果干预改变了数据分布，就会导致统计学习模型出错。

（2）在分布偏移/干预下的预测能力　进一步讨论干预问题，它更具挑战性，因为干预会使人们跳出统计学习中独立同分布的假设。继续用鹳的例子，"在一个地区中增加鹳的数量会增加该地区的出生率"就是一个干预问题。显然，人为的干预会使数据分布发生变化，统计学习赖以生存的条件就会被打破，所以它会失效，此外，如果可以在存在干预的情况下学习一个预测模型，那么就有可能得到一个在现实环境中对分布变化更加稳健的模型。实际上，这里所谓的干预并不是什么新鲜事，很多事情本身就是随时间变化的，例如人的兴趣偏好，或者模型的训练集与测试集本身在分布上就存在不匹配的现象。神经网络的稳健性已经获得了越来越多的关注，成为一个与因果推断紧密连接的研究话题。在分布偏移的情况下预测不能只局限于在测试集上取得高准确率，如果希望在实际应用中使用机器学习算法，那么必须相信在环境条件改变的情况下，模型的预测结果也是准确的。实际应用中的分布偏移类别可能多种多样，一个模型仅仅在某些测试集上取得好效果，不代表可以在任何情况下都能够信任这个模型，这些测试集可能只是恰好符合某种分布，为了可以在尽可能多的情况下信任预测模型，就必须采用具有回答干预问题能力的模型，至少统计学习模型现在看起来是不行的。

（3）回答反事实问题的能力　反事实问题涉及推理事情为什么会发生，想象实施不同行为所带来的后果，并由此决定采取何种行为来达到期望的结果，回答反事实问题比干预更加困难，也是对于人工智能来说非常关键的挑战。如果一个干预问题是"如果现在让一个病人有规律进行锻炼，那么他心力衰竭的概率会如何变化?"那么对应的反事实问题就是"若这个已经发生心力衰竭的病人一年前就开始锻炼，那他还会得心力衰竭吗?"显然回答这样的反事实问题对于强化学习是很重要的，它们可以通过反思自己的决策，制定反事实假说，再通过实践验证，就像科学研究一样。

虽然统计模型比因果模型弱，但它们仅需要从观察数据（例如图像、视频、语音等）中进行有效学习。另外，尽管存在从观察数据中学习因果结构的方法，但学习因果关系通常需要从多个环境中收集数据，或者需要有能力进行干预，一般情况下，也需要有一些像共因假设那样的条件，换句话说，知识都被编码于可观测的数据之中，人们希望开发一种方法，用适当的归纳和学习范式来取代人工总结的经验和知识，使机器能够主动地从数据中提取更多的知识，这将有利于因果学习模型的完善。

4.4.2 因果之梯——构筑稳固的基石

最后，用"因果之梯"来总结一下因果机器学习的问题，因果之梯即珀尔提出的"三级阶梯"，是一种思考使用因果推理工具以实现推理层次的结构，这个梯子有 3 层，每一层都建立在前一层之上，以达到越来越高的抽象高度，这 3 层分别是关联、干预、反事实。

（1）关联层

第一层可以被认为是现代机器学习范式的形式。事实上，第一层并不真正需要有向无环图来表示变量之间的交互关系，在这个层次中，只需观察变量之间的统计关系，例如可以通过频率计数概率地评估变量之间的关系，或训练"特征-标签"相关的模型（如神经网络）。如果观察一个对象与另一个对象联合出现，则一个对象与另一个对象相关联。例如，购买啤酒的购物者也更有可能购买尿布，数学上可以表达为

$$P(尿布 \mid 啤酒) > P(尿布)$$

关联也可以通过计算两个事件的相关性来衡量。已经知道，关联关系不代表因果关系。如果有一个人工智能系统，只需要询问这个系统有关当前的问题，那么对所有变量 $X = \{X_1, \cdots, X_n\}$，一个联合分布 $P(X_1, \cdots, X_n)$ 就足够了。如果已知联合分布 $P(X_1, \cdots, X_n)$，那么可以回答以下形式的任何问题：如果观察到变量 X 的值为 x，那么变量 Y 的值为 y 的概率是多少呢？

（2）干预层

第二层可以断言事件之间的特定因果关系。因果关系是通过试验性地执行一些影响其中某些事件的动作来评估的。比如把啤酒的价格翻倍，购买尿布的概率是多少？因果关系不能通过检查历史价格变化来确定，因为这些价格变化可能是由于其他一些原因产生的，与这次价格变化的背景不同，干预性的提高啤酒价格在数学上可以表达为

$$P(尿布 \mid do(啤酒))$$

通过干预，改变了这个系统的原始分布 $P(X_1, \cdots, X_n)$，因此，为了回答有关干预的问题，需要能够计算当一个变量的分布发生变化后，另一个变量的分布会发生什么变化，一旦具备了这种能力，就可以回答以下形式的任何问题：如果强制将一组变量 X 设置为 x，那么变量 Y 的值为 y 的概率是多少呢？

一旦爬到第二层，就会发现为了进行干预试验，还需要一些脚手架进行固定，这就是有向无环图发挥作用的地方。需要明确的是，因果图中的边不可能天生就摆在那里，还需要通过数据上的某些假设来获得。例如，很明显，一个"记录驾驶员是否收到超速罚单"的变量，它的父节点可能是"是否开得太快"这个变量，因此利用常识，将这一条边构建到因果图中。在没有其他先验知识的情况下，变量之间的边是否存在、方向如何，以及顺序是什么可能更微妙，需要一种因果发现的方法来寻找这些有向边，并利用观察数据评估拟合后的因果图，在某些情况下，可以通过实验来确定这些因果图中的边。例如，假设有一个变量代表电台正在播放某首歌曲，另一个变量代表我们当时的心情，可能会发现换一首（干预）正在播放的歌曲可能会改善我们的心情，而干预心情可能不会影响正在播放的歌曲。因此可以推断出歌曲→情绪是因果结构中的方向。

　　事实上，要完成因果推理，一种有效方法就是使用黄金标准——随机对照试验。在一些传统科学中，可以设计随机对照试验，或者在可能不那么严格的 A/B 测试环境中进行实验，在这种环境中，有一个假设（如歌曲会改善心情），并通过一些干预来测试它（换一首歌曲），同时与对照组（对歌曲不做任何干预）进行比较。

　　此外，可以不去尝试获取新数据，或者说不去尝试通过随机对照试验获得新数据，而是将关注点聚焦到已有的观察数据集上。这么做的好处是，只需要对有向无环图进行某种重新配置，这就是为什么可以容忍混杂变量的方式，当面对越来越复杂的图（例如含有多个混杂变量）时，可以使用珀尔提供的指南来选择切断哪些路径，这就是后门标准，另外还有作为后门标准补充指南的前门标准。这么做的意义在于能够基于现有的观察数据进行干预试验，而无须获取新的样本。换句话说，可以在不进行任何实际干预试验的情况下，模拟干预试验的运行情况。

　　一般来说，单纯的观察数据不足以预测干预后会发生什么，要回答有关干预后会发生什么的问题，还是需要该领域的相关知识或必须获得实验/干预数据（例如随机对照试验）。如果可以进行干预，那么从技术上讲就不需要任何模型，只是看看实际干预后会发生什么。但是，对于无法直接干预的情况，就必须依赖于某种知识模型，例如不能强迫地震发生，但是仍然有一个关于这个领域的知识模型，可以让人们认识到"地震可能对建筑物造成破坏"这一说法。

　　（3）反事实层

　　第三层是被称为反事实的最高推理形式的地方，这在某些方面可以追溯到大卫·休谟和约翰·斯图尔特·密尔等哲学家的教义，它涉及对过去事件的另一个替代的想象或者反思，或者同一实验在不同环

境下会发生什么等问题，例如，将啤酒的价格提高一倍，消费者仍然
会购买尿布的概率是多少？

反事实可以表明因果关系的存在，有能力回答反事实的模型也有
能力回答有关干预的问题，在极致情况下，这样的模型甚至可以为物
理定律所用，如惯性定律，若力不施加到静止的物体上，物体就不会
移动。在反事实层面，可以提出以下形式的问题：已知变量 X 的观察
值为 z，若强制将变量 X 设置为 x，那么变量 Y 的值为 y 的概率是多少
呢？添加到问题中的新条件是 $X=x$。你可能会想"等等，我们已经在
干预中将这个变量（如啤酒）作为条件了，为什么还同时能将它作为
观察条件？"没错，你是对的，只能在干预完成后将某个变量作为观察
条件，而不是在干预发生前。

要理解为什么在干预之前对变量进行调节很困难，请考虑以下问
题：现在已经知道了今天小明和小黄没有来上课，如若小明来上课，
那么小黄会来上课吗？观察到的条件 $X=z$（小明没来上课）与干预条
件 $X=x$（小明来上课）相矛盾。在因果结构上，干预前的世界与干预
后的世界发生矛盾。但有时，这种矛盾可能不是那么明显，可能没有
那么容易直接看出来。例如，目前天空完全晴朗，若火山爆发了，小
明还会去上课吗？在这种情况下，干预（火山爆发）将导致天空中产
生大量灰烬，导致与已观察到的信息（天空晴朗）相互矛盾。

为了计算反事实，需要定义某种方式，使干预前的世界可以为干
预后的世界提供信息，即便这两个世界产生矛盾。干预后的世界只是
一个假设，无法直接观察到，比如如若不接受治疗，有多少死亡的患
者会存活下来？因此，为了计算反事实，需要一个模型将现实世界
（观察到的 $X=z$）连接到假想世界，当然，困难来自于指定一个与提出
反事实问题时意思相匹配的假想世界。刘易斯（David Lewis）等哲学

家对反事实提出了一种叫作"最邻近世界"的方法，在这种方法中，干预被认为发生在与我们观察到 $X=z$ 的现实世界最接近的假想世界之中，最邻近世界方法的一个缺点是不清楚世界之间的相似性应该怎么度量。珀尔在他的结构因果模型中通过外生变量实现了最邻近世界方法的可计算性，简单说，就是假设不同世界之间的外生变量是相同的，因此，在现实世界中观察到的信息 $X=z$ 可以为外生变量 U 提供信息（或者叫作证据），并且这个信息 $P(U=u\,|\,X=z)$ 可以延续到干预后的假想世界。最后请注意，如果令 $X=\phi$，那么反事实问题就变成了干预问题。因此，反事实包含了干预，并理所当然地赢得了它的阶梯顶端的位置。

　　反事实就是用想象力来考虑某个事件的另一个版本会是什么样，这触及了因果推理的核心。随着我们知道了计算这些世界模型的方法，我们可以在这些模型上进行反事实调查并提出"如果……那么……"之类的问题，它为解决现代机器学习范式的基本限制打开了大门。反事实模型可以获得适应不断变化的世界的能力（稳健性、可迁移性），人们可以因此而了解决策的基本原理。模型不再只是生成预测的黑匣子，它们开始能够阐明因果关系，这可能会为通用人工智能所需要的更高层次的认知能力打开大门，在阶梯的顶端，所有这一切以及更多的能力都是可能的。

　　当然，对第三层所能达到的程度的期望还是要谨慎一些，因为不能保证因果方法可以成功地解决所有人工智能问题。数据科学家有责任振作起来并重新审视已经提出的这些理论。有些人提倡（深度）强化学习可以进行因果推理，说"与纯统计模型不同，强化学习可以执行干预，从而使强化学习模型学习到因果关系"。本书想表达的是，强化学习没有区分第二层（干预）的因果关系以及第三层（反事实）的因果关系。

最后，在结束这一小节前想要强调一点，它可能有助于证明因果推理的必要性。在很多情况下，如果没有对数据去做刻意的检查，那么数据中有些违反直觉的细微之处可能是无法被察觉到的。最出名的场景就是辛普森悖论，在对数据进行适当分组或者加权后，两种数据选择的方式会使得不同方案之间的结果发生反转，确定哪一个是正确的结果，需要有系统性的计算方法。

4.5 本章结束语

多年来，已经有许多人尝试去开发因果机器学习模型，或将因果关系引入现有人工智能框架。下文为我们在翻译珀尔的大作《因果论》时，请珀尔为中文版写的一个序，就将它作为本章的结束语吧。

二十年前，当我为这本书的第一版（2000 年）写序言时，我说了一句相当大胆，导致朋友们都劝我低调的话："因果关系已经经历了一个重大的转变，从一个神秘模糊的概念转变为一个具有明确语义和逻辑基础的数学定义。悖论和争议已经得到了解决，棘手的概念已经明释，那些长期以来被认为是形而上学或无法描述的因果实际问题，现在只需要基础的数学知识就能够求解。简单地说，因果关系已经数学化了。"

今天再回过头来读这段话，我觉得我当时如果不是目光短浅的话，那么肯定就是有点保守了。我之前所说的"转变"其实是一场"革命"，它改变了许多科学的思维方式。现在许多人称之为"因果革命"，它在科学界引发的激情正在不断蔓延到教育界和实际应用领域。我非常兴奋地看到，本译著的出版将中国读者也带入此次革命之中。

随着我们进入大数据时代和机器学习的"数据拟合"热潮之中，

因果推断和因果建模的重要性也在过去二十年中得到了进一步体现。

"数据拟合"是我经常用于描述"以数据为中心"这一思维方式的词语，它牢牢地统治着统计学和机器学习，与着眼于因果推断的"数据解释"思维方式形成了鲜明对比。数据拟合学派相信，只要我们在数据挖掘方面足够聪明，理性决策的秘密就来源于数据本身。与此相反，数据解释学派并不把数据看作一个独立的研究对象，而是把它看作解释"现实"的一种辅助手段，"现实"代表着数据产生的过程。

数据拟合是当今大多数机器学习研究者的主要研究范式，尤其是那些从事连接主义、深度学习和神经网络技术的研究者，他们采用了无模型、基于统计的学习策略。这些策略在计算机视觉、语音识别和自动驾驶等应用领域取得了令人瞩目的成功，激起了人们对这些方法的全面覆盖和无限潜力的期望，同时也削弱了人们对基于模型方法的兴趣。

然而，正如我在《为什么》(The Book of Why)（2018 年）一书中详细阐述的那样，许多"数据科学"领域的研究人员也已经意识到，从当前实践效果来看，机器学习无法产生智能决策所需的那种理解能力。此外，从数据拟合到数据理解的转变不仅仅涉及技术上的转变，它还意味着一个更加深刻的范式转换，即从"所有知识都来自数据本身"这一假设，到一个完全陌生的范式，根据这个范式，以现实的因果模型形式描述问题。需要额外的数据信息。

摆在你面前的这本书就描述了这样一种框架，它能够通过融合领域知识、常识约束、文化传承的概念等来补充数据信息，最重要的，我们天生就具备这样的因果抽象能力，就像幼儿能够快速了解他们的玩具世界环境那样。该框架为基于统计的机器学习中遇到的基本问题提供了科学的解决方案，这些问题包括：混杂控制、中介、个性化、普遍性、适应性、选择偏差、数据缺失、可解释性等。在下一个十年里，这个框架将与现有的机器学习系统相结合，从而可能引发"第二次因果革命"。

我希望这本书也能使中国读者积极参与到这一场即将到来的革命之中。

参 考 文 献

［1］ 钱学森，于景元，戴汝为. 一个科学新领域：开放的复杂巨系统及其方法论 ［J］. Nature，1990（1）.

［2］ COMOLATTI R，HOEL E. Causal emergence is widespread across measures of causation ［J］. arXiv preprint arXiv：2202.01854，2022.

［3］ 冯端. 漫谈物理学的过去、现在与未来 ［J］. 物理，1999（9）：1.

［4］ 弗兰克·梯利. 西方哲学史 ［M］. 贾辰阳，解本远，译. 北京：光明日报出版社，2014：96-99.

［5］ 何向东，王磊. 中西哲学因果关系研究的回顾及其启示 ［J］. 哲学研究，2010（2）：8.

［6］ 李耳. 道德经 ［M］. 陈默，译注. 吉林：吉林美术出版社，2016.

［7］ 孔子. 论语 ［M］. 肖卫，译注. 北京：中国文联出版社，2016.

［8］ 周易 ［M］. 杨天才，张善文，译注. 北京：中华书局，2011.

［9］ 林平汉，罗耀九，叶文心. 严复全集 ［M］. 天津：天津教育出版社，2018.

［10］ 任继愈. 中国佛教史 ［M］. 北京：中国社会科学出版社，2007.

［11］ 休谟. 人类理智研究 ［M］. 吕大吉，译. 北京：商务印书馆，1999.

［12］ 康德. 纯粹理想批判 ［M］. 邓晓芒，译. 北京：人民出版社，2004.

［13］ 朱迪亚·珀尔，达纳·麦肯齐. 为什么 ［M］. 江生，于华，译. 北京：中信出版集团，2019.

［14］ FROSINI B. Causality and causal models ［EB/OL］.（2014-03-01）.［2022-09-15］. https//www. researchgate. net/publication/267239482_Causality_and_Causal_Models/link/5493ea8f0cf286fe3126a301/download

［15］ 李井奎. 大侦探经济学 ［M］. 北京：中信出版集团，2021.

［16］ PEARL J. Causality，model，reasoning，and inference ［M］. 2nd ed. Cambridge：Cambridge University Press，2009.

[17] BAREINBOIM E, CORREA JUAN, IBELING D, et al. On Pearl's hierarchy and the foundations of Causal Inference [EB/OL]. (2021-03-01). [2022-08-15]. https://causalai. net/r60. pdf

[18] VERMA T S, PEARL J. Equivalence and synthesis of causal models [C]//Proceedings of the 6th Conference on Uncertainty in Artificial Intelligence. 1990: 220-227.

[19] TSAMARDINOS I. The max-min hill-climbing Bayesian network structure learning algorithm [J]. Machine Learning, 2006, 65.

[20] PEARL J, GLYMOUR M, JEWELL N. 统计因果推理入门 [M]. 杨矫云, 安宁, 李廉, 译. 北京: 高等教育出版社, 2020.

[21] PEARL J. 因果论: 模型、推理与推断 [M]. 2版. 刘礼, 杨矫云, 廖军, 等, 译. 北京: 机械工业出版社, 2022.

[22] CARPENTER C, DOBKIN C. The effect of alcohol consumption on mortality: regression discontinuity evidence from the minimum drinking age [J]. American Economic Journal-Applied Economics, 2009, 1 (1): 164-182.

[23] ANGRIST J D, Keueger A B. Does compulsory school attendance affect schooling and earnings? [J]. Quarterly Journal of Economics, 1991, 106 (4): 979-1014.

[24] MOORE T. 致命的药物 [M]. 但汉松, 译. 北京: 中国水利水电出版社, 2006.

[25] BERTRAND M, MULLAINATHAN S. Are emily and greg more employable than Lakisha and Jamal? A field experiment on labor market discrimination [J]. American Economic Review, 2004, 94 (4): 991-1013.

[26] AKTURK M. Diabetes Dataset [EB/OL]. Kaggle, [2023. 3. 27]. http://www. kaggle. com/datasets/mathchi/diabetes-data-set.

[27] GUIDO W I, THOMAS L. Regression discontinuity designs: a guide to practice [J]. Journal of econometrics, 2008, 142 (2): 615-635.

[28] GUIDO S, LUDGER W. Empirical methods in the economics of education [J]. The Economics of Education (Second Edition), 2020, 3-20.

［29］ PAUL R R, DONALD B R. The central role of the propensity score in observational studies for causal effects ［J］ Biometrika, 1983, 70（1）: 41-55.

［30］ MICHAEL R P, KIRSTY L, ANNA T, et al. Randomized trial of introduction of allergenic foods in breast-fed infants ［J］. N Engl J Med, 2016, 374: 1733-1743.

［31］ SOMMER A, DJUNAEDI E, LOEDEN A A, et al. Impact of vitamin A supplementation on childhood mortality: a randomised controlled community trial ［J］. The Lancet, 1986, 327（8491）: 1169-1173.

［32］ SOMMER A, ZEGER S L. On estimating efficacy from clinical trials ［J］. Statistics in medicine, 1991, 10（1）: 45-52.

［33］ MCCOY C E. Understanding the intention-to-treat principle in randomized controlled trials ［J］. Western Journal of Emergency Medicine, 2017, 18（6）: 1075-1078.

［34］ GLASER J A. Abhandlungen aus sem oesterreichischen strafrecht ［M］. ［S. l.］: Tendler & comp, 1858.

［35］ HART H L, HONORÉ T. Causation in the Law ［M］. Oxford: Oxford University Press, 1985.

［36］ SCHAFFER J. Trumping preemption ［J］. The Journal of Philosophy, 2004, 97（4）: 165-181.

［37］ 张效祥. 计算机科学技术百科全书 ［M］. 2 版. 北京: 清华大学出版社, 2005.

［38］ MOLNAR C. Interpretable Machine Learning: A Guide for Making Black Box Models Explainable ［Z/OL］. Github, （2023-03-02）.

［39］ PEARL J, MACKENZIE D. The book of why ［M］. New York: Basic Books, 2018.

［40］ ATHEY S. Beyond prediction: using big data for policy problems ［J］. Science, 2017, 335: 483-485.

［41］SCHÖLKOPF B，LOCATELLO F，BAUER S，et al. Toward causal representation learning ［J］. Proceedings of the IEEE，2021，109（5）：612-634.

［42］YAO L，CHU Z，LI S，et al. A survey on causal inference ［J］. ACM Transations on Knowledge Discovery from Data（TKDD），2021，15（5）：1-46.

［43］GUO R，CHENG L，LI J，et al. A survey of learning causality with data：Problems and methods ［J］. ACM Computing Surveys（CSUR），2020，53（4）：1-37.